FANT

di

Matilde S

PARTE PRIMA

I.

- Il fioretto di domani è questo - disse il predicatore, leggendo un cartellino: - Voi offrirete a Maria Vergine i sentimenti di rancore che avete nel cuore e abbraccerete la compagna di scuola, la maestra, la serva che credete di odiare.

Nella penombra della cappella vi fu un movimento tra le educande grandi e tra le maestre: le piccine non si mossero. Delle piccine qualcuna sonnecchiava, qualcuna sbadigliava dietro la manina: sui rotondi visetti si dilatava la contrazione della noia. La predica era durata un'ora e le piccole non capivano nulla. Avevano voglia di cenare e poi di dormire. Ora il predicatore era disceso dal piccolo pulpito, e sull'altare, Cherubina Friscia, la maestra sagrestana, accendeva i ceri col lumino. La cappella entrava a poco a poco nella luce. I volti sbiancati e sonnacchiosi delle piccole si facevano rosei in quel chiarore: dietro, le grandi rimanevano immobili, con gli occhi che ammiccavano nello sbarbaglio, con le facce rilassate nella indifferenza. Qualcuna, col capo abbassato, pregava. Su queste teste chine batteva la luce dei ceri, giocando sulle grosse trecce costrette sulla nuca, su certi riccioli biondi, invano tenuti a posto dalle pettinessine. Poi, come tutta la cappella fu illuminata per la recita del rosario, il gruppo delle educande, coi vestiti bianchi di mussola, i grembiuli neri, e le cinture di varii colori per distinguere le classi, prese un aspetto gaio, malgrado la stanchezza e la noia che pesavano su quella gioventù.

Un profondo sospiro sollevò il petto di Lucia Altimare.

- Che hai? - le chiese sottovoce Caterina Spaccapietra.

- Ho male, ho male.... - mormorò l'altra vagamente.

- Perchè?

- Questo predicatore mi attrista: egli non intende, non sente Maria.

E le pupille nerissime nella cornea azzurrognola si dilatarono, come per una visione. Caterina non rispose. La direttrice intonava il rosario, con una voce grave, con un acuto accento toscano. Diceva lei sola il Mistero, poi tutte le educande in coro l'accompagnavano nel Gloria Patri, nel Pater, con un'acuzie di voci stridule, con un ondeggiamento di voci basse. Ella diceva l'Avemaria sino al frutto del tuo ventre, Gesù: le maestre e le educande ripigliavano, seguitando. La cappella si empiva di frastuono, poiché a ogni ripresa di preghiera le educande entravano con un grande slancio di voce, che pareva effusione di cuori ardenti: le bambine, invece, si divertivano a quel giuoco, e mentre la direttrice diceva, solitaria, la sua parte, esse misuravano il tempo per entrare tutte insieme, come uno scoppio. Ridevano pianamente, urtandosi. Qualcuna si chinava sulla spalliera della sedia che aveva davanti, fingendo di raccogliersi, ma strappando i capelli alla compagna che stava dinanzi. Si udiva un ticchettìo di rosari smossi sotto i grembiuli: ci scherzavano. Le grandi, indietro, serbavano un contegno esemplare, sotto l'occhio acuto della direttrice che le vigilava. Ella vedeva benissimo che Carolina Pentasuglia aveva un garofano all'occhiello, quando nel giardino del Collegio non crescevano garofani: che sul petto, sotto la mussolina dell'abito di Ginevra Avigliana, si disegnava un quadratino, di carta, evidentemente: che Artemisia Minichini, dai capelli corti e dal mento virile, aveva, come al solito, una gamba accavalcata sull'altra, per disprezzo della religione: vedeva e notava. Lucia Altimare, gli occhi spalancati e fissi ad un cero, la bocca stirata a destra, pregava, scossa ogni tanto da sussulti nervosi: accanto a lei Caterina Spaccapietra pregava tranquillamente, l'occhio senza sguardo, il volto immobile e senza espressione. La direttrice ripeteva le parole dell'Avemaria senza pensare al loro senso, distratta, preoccupata, sdebitandosi rapidamente della sua preghiera.

Fra le piccine un'agitazione si diffondeva: esse si piegavano, si sollevavano lievemente sulle seggiole, parlavano sottovoce fra loro, tormentavano i rosari. Virginia Friozzi aveva in tasca un grillo vivo, con un filuccio di seta legato alla zampa; prima ci aveva tenuta la mano sopra per non farlo muovere, poi gli aveva fatto far capolino dall'apertura della tasca, poi lo aveva cavato fuori e nascosto sotto il grembiule; infine, non potendo più resistere, lo aveva mostrato alla sua vicina di destra e a quella di sinistra. La voce era corsa: le bimbe erano inquiete, comprimendo il riso, non rispondendo più in tempo. A un tratto il grillo dette una strappata al filo e svolazzò, zoppicante, in mezzo alla viottola che si apriva fra le due file di sedie. Vi fu uno scoppio d'ilarità.

- Friozzi non andrà a parlatorio domani - disse la direttrice severamente.

La bimba impallidì a quella punizione così dura che le impediva di vedere sua madre. Cherubina Friscia, la maestra sagrestana, dal volto scialbo e consunto di zitella anemica, scese dall'altare e confiscò il grillo. Vi fu un momento di silenzio, e si udì la voce affogata di Lucia Altimare che balbettava:

- Maria.... Maria.... Maria bella....

- Preghi sottovoce, Altimare - avvertì la direttrice con una certa dolcezza.

Il rosario ricominciò, senza interruzione. Alla Salve Regina tutte s'inginocchiarono con grande romore di sedie e le parole latine furono dette in coro, quasi acclamando. Caterina Spaccapietra aveva appoggiato la testa al pomo della sedia dinanzi. Lucia Altimare si era buttata giù, col capo sulla paglia, con le braccia cadenti, trasalendo.

- Ti va il sangue alla testa, Lucia - mormorò la compagna.

- Lasciami stare.

Le educande si rialzavano. Sul piccolo organo erano salite una maestra e una educanda, per le litanie della Vergine. La maestra preludiò sopra un motivo semplice, religioso: una voce fresca, pura, di un timbro squillante, si allungò, si allargò nella cappella, ridestandone gli echi addormentati, una voce giovane che pregava, che invocava:

- Sancta Maria!

E di giù, tutte le educande, in tono minore, risposero:

- Ora pro nobis!

La cantatrice era in luce, sulla tribuna dell'organo, con la faccia verso l'altare. Era Giovanna Casacalenda, una fanciulla alta, dalle forme splendide sotto l'abito bianco, dalla testa forte su cui si ammassavano i capelli bruni, dagli occhi tanto neri che parevano bistrati. Stava lì sopra, come isolata, lasciando andare la passione della sua ricca gioventù nella voce pastosa e morbida, tutta piena del piacere di cantare, parendole di librarsi, di vivere in quel canto. Le educande si voltavano a guardarla, prese da quel diletto del canto che è proprio della gioventù: come la voce di Giovanna si abbassava, di giù un coro saliente rispondeva:

- Ora pro nobis!

Ella sentiva il trionfo. La testa eretta, gli occhi meravigliosamente neri nuotanti in un fluido, la mano destra lievemente appoggiata alla balaustrata di legno, l'altra abbandonata lungo la gonna, con la gola bianca che si gonfiava come per un palpito d'amore, intonava nelle note medie, saliva sino alle acute, vi appoggiava la voce, poi discendeva mollemente alle gravi, puntando il canto:

- Regina angelorum!

Un momento di silenzio per gustare ancora le ultime note, e di giù le voci infantili e quelle giovanili si entusiasmavano nella risposta:

- Ora pro nobis!

La cantatrice fissava l'altare, ma pareva che vedesse qualche cosa di là, pareva che una visione le apparisse, che una musica, non potuta udire dalle altre, ella udisse. Ogni tanto nel suo canto passava un soffio che lo riscaldava, che lo rendeva ardente: ogni tanto la voce si assottigliava come un filo d'oro, come il trillo dolce di un uccellino: ogni tanto la voce pareva s'inginocchiasse in un mormorio, in un balbettìo delizioso.

- Giovanna vede il cielo - disse Ginevra Avigliana ad Artemisia Minichini.

- O il teatro - rispose brutalmente l'altra, che non credeva a nulla.

Pure, quando Giovanna arrivò alle poetiche immagini che chiamano la Vergine porta del cielo, vaso di elezione, torre di Davide, un impeto nuovo trasformò il canto in un inno. Dentro la cappella i volti si arrossivano nella beatitudine di quella musica stupenda: Caterina Spaccapietra, come assorta, non rispondeva: Lucia Altimare, senza far romore, senza singhiozzare, piangeva. Le lagrime le scorrevano per le guance un po'scarne, dai pomelli sporgenti, le piovevano sul petto, sulla mani, si disfacevano sul grembiule - e lei non le asciugava. Caterina le porse di nascosto il fazzoletto, ma l'altra non ne accorse.

Il predicatore, padre Capece, uscì sull'altare per la benedizione. Le litanie finivano con l'Agnus Dei qui tollis peccata mundi: la voce della cantatrice pareva vinta da una grande stanchezza. Di nuovo tutte le educande si inginocchiarono, e il prete pregò. Sull'organo, Giovanna, inginocchiata anch'essa, respirava profondamente. Dopo cinque minuti di preghiera tacita, sulle teste abbassate risonò lento l'organo e parve salire, da una sfera aerea al cielo, una voce vibrante che magnificava il Sacramento nel Tantum ergo. Giovanna non era più stanca: anzi il suo canto si rinforzava, pieno di vita, maestoso, in una fluttuazione così appassionata che pareva quasi voluttuosa. Un'aura d'amore spirava su quelle teste giovinette e un senso mistico turbava quei cuori. Il momento diventava solenne, nell'agitazione della preghiera, nell'appressarsi della Benedizione: quell'istante supremo domava e atterrava quelle fanciulle in una prostrazione dolorosa e squisita. Indi tutto tacque: un campanellino squillò tre tocchi: per un momento Artemisia Minichini osò alzare gli occhi, lei sola, guardando quei corpi abbandonati sulle seggiole, guardando sfacciatamente l'altare - presa da un timore puerile, li chinò. Il Divino Sacramento, nella sua spera d'oro lucido, levato nelle mani del prete, benediceva in circolo la chiesa.

- Muoio.... - disse Lucia Altimare.

Sulla porta della cappella, nel lungo corridoio illuminato a gas, le maestre attendevano a raccogliere le classi per condurle in refettorio. Una commozione rimaneva sui volti, ma le piccole sgambettavano, si pizzicavano e strillavano, prese dall'allegria scoppiante dell'infanzia, costretta per troppo tempo in un luogo chiuso. Si sgranchivano le gambe, si urtavano, ridevano. Le maestre, un po'correndo, un po'gridando, un po'acchiappandole pel braccio, un po'pregando, un po'minacciando, tentavano di metterle in fila due per due. Si avviarono le piccine piccine, poi le più grandette, poi le grandicelle. Il corridoio risonava di queste voci:

- Le azzurre, dove sono le azzurre? - Eccole qui, tutte. - Manca Friozzi. - Dov'è Friozzi, delle azzurre? - Presente! - In linea e a sinistra, mi raccomando. - Le verdi, in riga le verdi, o domani senza frutta al pranzo. - Presto, è sonata già due volte la chiamata del refettorio. - Federici, delle rosse, camminate dritta! - Signorine bianco-verdi, suona per la terza volta la campana. - Le tricolori sono tutte? - Tutte. - Manca Casacalenda. - Ora viene: è ancora sull'organo. - Manca Altimare. - Dov'è Altimare? - Spaccapietra, sapete dov'è Altimare?

- Or ora era qui, sarà scomparsa nella confusione. Ho da cercarla?

- Cercatela e venite con lei in refettorio.

Così il corridoio si vuotava e il refettorio era tutto gaio, tutto illuminato.

Caterina andava su e giù, pei corridoi deserti, col suo passo ritmico, cercando la sua amica Altimare. Scese a terreno: la chiamò due volte verso il giardino: nessuna risposta. Risalì, senza impazienza, abituata a queste ricerche: entrò nel dormitorio. I letti bianchi si allineavano sotto la cruda luce del gas: Lucia non vi era. Una piccola inquietudine si manifestava sul viso roseo di Caterina. Passò due volte innanzi alla cappella, senza entrarvi: alla terza si decise, avendo trovata la porta socchiusa. La chiesa era quasi immersa nell'oscurità. Una lampada che ardeva innanzi alla Madonna, diradava appena l'ombra. Lei s'inoltrò, un po'intimorita, malgrado l'equilibrio sereno de'suoi nervi: era sola, era all'oscuro, in chiesa.

Sopra un gradino dell'altare, sul velluto rosso del tappeto, una forma bianca giaceva distesa, con le braccia aperte, il capo abbandonato: figura spettrale. Era Lucia Altimare, svenuta.

II.

Il ventaglio di Artemisia Minichini, fatto con un grande foglio di carta manoscritta, si agitava rumorosamente.

- Minichini, voi annoiate il professore - disse Friscia, la maestra assistente, senza levare gli occhi dall'uncinetto.

- Friscia, voi non avete caldo? - chiese insolentemente la Minichini.

- No.

- Beata voi che siete insensibile.

Nella classe dove le signorine tricolori prendevano la loro lezione di Storia d'Italia, il meriggio afoso si faceva sentire. Due finestre sul giardino, una porta sul corridoio, tre file di banchi, e venti alunne. Sopra una predella alta, la scrivania e la poltrona del professore. I ventaglini si agitavano, dove vivamente, dove con un movimento stracco. Qualche testa si chinava sul libro, come insonnolita. Ginevra Avigliana guardava il professore, fisamente, approvando col capo, mentre il volto aveva la espressione della distrazione. La Minichini, posato il ventaglio, aveva aperto l'occhialino e guardava sfacciatamente il professore col naso in aria, una ciocca di capelli arricciata sulla fronte, ridendo di quel suo riso muto che irritava le maestre.

Il professore spiegava la lezione a voce bassa. Era piccolo, magro, meschino: poteva avere un trentadue anni, ma la sua faccia emaciata, dove il bruno del colorito s'ingialliva nel pallore di qualche lunga malattia, pareva di un convalescente. Una grossa testa di scienziato sopra un corpo miserabile di nano: una criniera folta, selvaggia, dove già apparivano i capelli bianchi: gli occhi fieri, timidi: una barbetta di un nero sporco, rada sulle guance scarne. Una bruttezza infelice e pensierosa. Parlava, immobile, con gli occhi chinati, movendo solo la mano destra. Sul muro l'ombra di quella mano pareva quella di uno scheletro, tanto era sottile e adunca. Egli spiegava lentamente, scegliendo le frasi. Quelle fanciulle lo intimidivano, alcune perchè intelligenti, altre perchè impertinenti: tutte perchè donne. La sua austerità di studioso si turbava dinanzi a quegli occhi luminosi, dinanzi a quelle forme aggraziate e giovanili; quegli abiti bianchi facevano un miraggio davanti alla severità dell'uomo che si è proibito di sognare. Un profumo acuto si diffondeva nella classe, malgrado fossero vietati i profumi: chi lo aveva? Poi, in fondo al terzo banco, Giovanna Casacalenda, senza leggere, senza prestare attenzione, con gli occhi socchiusi, morsicava una rosa, furiosamente; qui innanzi, Lucia Altimare, pallida, coi capelli molli sul collo, un braccio abbandonato sul banco, reggendosi la fronte con una mano, nascondendo gli occhi guardava il professore attraverso le dita: ogni tanto si toccava le labbra troppo rosse con un fazzolettino di batista, quasi a temperarne la febbre. Il professore sentiva sopra di sé lo sguardo filtrante tra le dita di Lucia Altimare, e vedeva, senza guardarla, Giovanna Casacalenda che distruggeva la rosa coi dentini. Egli rimaneva imperturbato nell'apparenza, parlando ancora di Carmagnola e della congiura del Fiesco, fissando, per suo punto di mira, la faccia tranquilla di Caterina Spaccapietra che scriveva rapidamente, nel suo quaderno di storia, la spiegazione.

- Che scrivete nel vostro libro, Pentasuglia? - chiese la maestra Friscia che la spiava da qualche tempo.

- Nulla - disse quella, una biondina ricciuta, arrossendo.

- Datemi quel pezzetto di carta.

- A che serve? Non vi è niente.

- Datemi quel pezzetto di carta.

- Non è un pezzetto di carta, maestra Friscia - disse audacemente Minichini, pigliando quel pezzetto come per porgerglielo. - Sono due, tre, quattro, dodici frammenti inutili....

E lo lacerava, salvando la compagna. Un silenzio si fece nella classe: avevano paura per Minichini. La maestra chinò il capo, strinse di più le sottili labbra di beghina, e riprese l'uncinetto, come se nulla fosse. Il professore sembrava non aver inteso nulla, scorrendo certi suoi fogli, ma, dentro, il suo animo doveva essere agitato. Una curiosità giovanile gli veniva di sapere che pensassero quelle fanciulle, che scrivessero nei loro bigliettini, a chi rivolgessero veramente il loro sorriso quando guardavano il busto di gesso del re, a che sognassero, stringendo la cintura tricolore intorno alla vita. Ma il volto smorto e gli occhi di un grigio falso di Cherubina Friscia, la sorvegliante, gli facevano paura.

- Avigliana, dite la lezione.

La fanciulla si alzò e parlò dei Visconti, rapidamente, guardando in aria, come se fosse un pappagallino bene ammaestrato. Richiesta perchè facesse qualche commento storico, fu incerta, rispose balbettando: non aveva capito nulla.

- Minichini, dite la lezione.

- Professore, non la so.

- E perchè?

- Era domenica ieri e uscimmo. Non ho potuto studiare.

Il professore scrisse un'osservazione sul registro: la fanciulla si strinse nelle spalle.

- Casacalenda?

Quella non rispose. Si guardava intensamente le mani bianche e come modellate nella cera.

- Casacalenda, volete dire la lezione?

Stordita, spalancando i suoi occhioni, lei incominciò, incespicando a ogni parola, distraendosi, confondendosi, sbagliando tutto: il professore le suggeriva e lei ripeteva, con la sua aria compiacente di bestia giovane, bella e forte: non sapeva nulla, non capiva nulla e non se ne vergognava, conservando la sua placidità plastica, umettando le sue labbra un po'feroci di Diana, contemplando le sue unghie rosate. Il professore crollava il capo malcontento, non osando sgridare quella splendida e stupida creatura, la cui voce aveva intonazioni incantevoli....

Egli fece due o tre altri tentativi: ma la classe non aveva studiato, per l'uscita del giorno prima. Così si spiegavano i fiori, i profumi, i bigliettini: le dodici ore di libertà avevano sconvolto le fanciulle. Esse avevano gli occhi pieni di visioni: avevano visto il mondo il giorno innanzi. Egli si raccolse, confuso, mentre nella classe un senso di vergogna e di rispetto chiudeva tutte le bocche. Egli l'amava tanto quella scienza della storia: il suo acume critico sapeva misurarne i grandi orizzonti: il suo ideale era vasto - e soffriva di doverla offrire in briciole a quelle fanciulle aristocratiche, belle e indolenti, che non volevano saperne. Giovane ancora, s'era inaridito e invecchiato nei severi studi - ed ecco, ora, gli si rizzava innanti la gioventù gaia e noncurante, che vuol vivere e che non vuole sapere. Un'amarezza gli saliva alle labbra, contro quelle creature frementi di vita che disprezzavano il suo ideale: un'amarezza di non potere essere anche lui bello, vigoroso e ricco di spensieratezza, per amare, per essere amato. Gli sgorgava dal cuore l'angoscia e gli avvelenava le vene e il cervello per dover avvilire la scienza sua innanzi a quelle frivole e disumane fanciulle. Ma la tempesta crescente fu domata e nulla ne apparve di fuori, se non un lieve rossore sui pomelli scarni.

- Poiché nessuna di voi ha imparato - disse lentamente a voce bassa - nessuna avrà fatto neppure il còmpito.

- Altimare e io lo abbiamo fatto - rispose Caterina Spaccapietra. - Non siamo uscite - soggiunse, quasi a spiegazione, per non offendere le amiche.

- Leggete allora voi, Spaccapietra. Si tratta di Beatrice di Tenda, mi pare.

- Sì, di Beatrice di Tenda.

Spaccapietra si alzò e lesse con la sua voce pura e lenta:

"L'ambizione aveva sempre signoreggiato gli spiriti dei Visconti di Milano, i quali tutto osavano per potersi mantenere nel sovrano potere. Non dissimile dai suoi predecessori fu Filippo Maria, figliuolo di Gian Galeazzo, succeduto a suo fratello Gian Maria. Costui per mire di interesse, sposò Beatrice di Tenda, vedova di Facino Cane, condottiero di ventura. Era Beatrice di Tenda donna virtuosa e falcoltosissima, ma già innanzi negli anni. Portò al marito in dote il dominio di Tortona, Novara, Vercelli, Alessandria; ma egli, appagato il desiderio di ricchezze, l'ebbe presto a noia. La fece accusare di aver mancato ai suoi doveri di moglie per un tale Michele Orombello, scudiero. Vera o falsa l'accusa, bugiardi o sinceri i testimoni, Beatrice di Tenda fu provata rea e salì sul patibolo, insieme con Michele Orombello, nell'anno 1418, che era il quarantottesimo della sua età, essendo ella nata nel 1370".

Caterina aveva già piegato il foglio, e il professore aspettava ancora. Passarono così due minuti.

- Non vi è altro?

- No.

- Come, solo questo?

- Solo.

- È un còmpito molto scarso, Spaccapietra. Non è che la narrazione pura e semplice del fatto storico come sta nel libro di testo - anzi più semplice ancora. Non v'ispira nessuna considerazione l'infelice fine di Beatrice?

- Non saprei.... - mormorò l'alunna, pallida di emozione.

- Eppure siete donna.... Appunto vi avevo assegnato un compito dove si poteva manifestare qualche nobile affetto, la pietà, il disprezzo per la falsa accusa.... che so io? A questo modo la storia diventa una cronologia. Il compito è arido: voi non avete fantasia, Spaccapietra.

- Sì, professore - rispose umilmente la fanciulla, rimettendosi a sedere, mentre le lagrime le gonfiavano gli occhi.

- Sentiamo Altimare.

Lucia Altimare, come se si scotesse da un letargo, cercò lungamente tra le sue carte, con una crescente espressione di stanchezza. Poi lesse lentamente, con voce sottile, strascicando le sillabe, come sopraffatta da una invincibile lassitudine.

- Più forte, Altimare,

- Non posso, professore.

E lo guardò con tale occhio malinconico che questi si pentì dell'osservazione. Ella si toccò di nuovo le labbra col fazzoletto, come se fossero arsicce, e continuò:

".... per la mala ambizione del regnare. Era Filippo Maria Visconti gagliardo della- persona, occhio di falco, cavaliere fortissimo e bellissimo in arcione. Le fanciulle che lo vedevano passare, vestito di maglia, con la cotta di velluto sul cui petto era ricamata l'affascinante e astuta biscia, emblema dei signori Viscontei, sospiravano, esclamando: quanto è bello! Ma sotto così leggiadre apparenze - come sempre accade in questo tristissimo mondo, dove le apparenze sono il grossolano scenario della vita - egli nascondeva un animo pravo. Oh! diffidate, donne gentilmente affettuose, di chi si aggira intorno a voi con modi cortesi, con parole invescatrici, con squisitezze di sentimento: egli v'inganna. Tutto, tutto è menzogna, tutto è putridume, tutto è cenere! Ben sel seppe la infelice Beatrice di Tenda, di cui vi narro la pietosa storia. Era costei una giovane vedova, donna di costumi intemerati, di forme stupende: biondo il crine come l'oro filato; azzurro l'occhio, degno di specchiare la purezza del firmamento; candida la pelle, come il petalo soave del giglio. Nel suo primo matrimonio con Facino Cane, condottiero di ventura, ella era stata poco felice. Facino Cane, soldataccio grossolano, assetato di sangue, feroce, avvezzo alle armi, al vino, al rozzo parlare dei campi soldateschi, non era l'uomo del cuore per Beatrice. Guai ai matrimoni, dove l'uno dei coniugi non comprende e non sa apprezzare l'animo dell'altro! Guai ai matrimoni dove l'uomo non intende tutta la mistica poesia, tutto l'arcano sentimento del cuore femminile! Sono unioni sciagurate, di cui pur troppo la corrotta e sofferente società moderna è piena. Facino Cane morì. La vedova lo pianse sinceramente, ma il suo cuore vergine di affetti palpitò quando conobbe il valoroso e malvagio Filippo Maria Visconti. Ella si fece nel volto pallida come la luna, quando si trascina, malaticcia, per le volte dell'empireo stellato. E lo amò con l'entusiasmo di tutta la sua gioventù, con l'onestà di un'anima pia, che sa adorare il Creatore nella creatura e unire l'amore divino all'amore umano. Beatrice, pura e bella, sposò Filippo Maria per amore: Filippo Maria, anima nera, sposò Beatrice per interesse. Per qualche tempo, sul trono ducale, l'augusta coppia fu felice, smentendo il detto popolare che nega la felicità ai principi. Ma erano attoscate quelle rose d'Imene; ma nell'erba molle di rugiada si celava il serpe, perfido emblema dei più perfidi Visconti. Ottenute le ricchezze di Beatrice, Filippo Maria, che altro non bramava, l'ebbe presto a noia, come ogni uomo di cuore arido e di costumi depravati ha costume di fare. Aveva anche annodato una turpe relazione con certa Agnese del Maino, donna quanto altra mai pessima; e vieppiù lo incalzava il desiderio di disfarsi della moglie. Eravi nella corte viscontea lo scudiero Michele Orombello, giovanetto trovatore, poeta, che aveva osato alzare gli occhi fino alla sua signora, di cui era perdutamente innamorato. Non corrispondeva l'onesta donna tale passione, sebbene la malafede e il tradimento di Filippo Maria infelicissima la rendessero, e quasi giustificassero un ricambio: solo si mostrava cortese allo sfortunato amadore. Di tutto accortosi Filippo Maria, fa subito incarcerare Michele Orombello e la casta sposa, accusandoli d'infedeltà. Sottoposta alla tortura, Beatrice resiste e si proclama innocente. Michele Orombello, o perchè più giovane e quindi più debole innanzi al dolore, o perchè consigliato perfidamente di confessare, per la salute di Beatrice, afferma.

"I giudici, servi vilissimi di Filippo Maria, e tremanti alla sua volontà, condannano al patibolo la più infelice fra le donne e il più sciagurato fra gli amanti. La pia donna sale al patibolo, rassegnata, baciando il crocifisso dove il Redentore agonizza e muore per i nostri peccati. Poi, visto il giovane scudiero che, piangente, disperato, sale con lei al supplizio, gli grida: Io ti perdono, Michele Orombello! E lui: Ti proclamo la più innocente fra le spose! Ma a nulla vale: la volontà del prence deve eseguirsi. La mannaia recide il bruno capo dello scudiero; Beatrice grida: Jesu Maria! e la mannaia recide la bionda testa. Spettacolo miserando a cui tutti inorridiscono. Ma niuno osa proclamare infame il temuto Filippo Maria. Così sempre nella vita: la virtù è oppressa e il vizio trionfa. Solo dinanzi all'Eterno Giudice tutto è giustizia; solo dinanzi a quel Dio di misericordia che ha detto: Io sono la risurrezione e la vita".

Un silenzio profondo seguì la lettura. Fra loro le alunne si guardavano, sottecchi, tutte sconvolte. Caterina guardava Lucia con certi occhi spaventati e meravigliati. Lucia rimaneva in piedi, pallida, ansante, sdegnosa, con le labbra assottigliate. Taceva il professore, tutto pensoso.

- Il còmpito è lungo, Altimare - disse finalmente. - Voi avete troppo fantasia.

Di nuovo, silenzio. Poi la voce secca, maligna, fischiante di Cherubina Friscia:

- Date a me quel còmpito, Altimare.

Tutte tremarono, prese da un terrore ignoto.

III.

Esse, le tricolori, le più grandi, le più belle, le più orgogliose, nelle ore destinate ai lavori donneschi avevano il privilegio di potersi riunire in gruppo in un cantuccio del lungo salone dei lavori donneschi. Le altre alunne stavano nei banchi, dietro ai telai, in fila, staccate l'una dall'altra, obbligate al silenzio.

Le tricolori, dalle cui mani uscivano i più leggiadri e i più costosi lavori per l'esposizione annuale, godevano di una certa tolleranza. Così, strette in circolo, voltando le spalle alle altre, chinando il capo, ciarlavano sottovoce. Ogni volta che la maestra dei lavori si avvicinava, cambiavano discorso, le domandavano un consiglio, mostrandole il lavoro. Era la loro ora migliore, quasi senza sorveglianza, liberate dall'occhio di pesce fritto di Cherubina Friscia, potendo discorrere di quel che volevano. Camminavano i lavori, ma volavano i pensieri e le parole.

Giovanna Casacalenda ricamava, nella batista finissima, una tovaglia di altare - un ricamo sottile, spumoso, una meraviglia - e aveva certe rotondità di braccio, certe volatine di dita per tirare il filo, tutte aggraziate e studiate. Ginevra Avigliana era assorbita in un merletto coi fuselli, a punto veneziano: doveva regalarlo alla direttrice alla fine del corso: ogni palmo costava cinque lire di seta. Carolina Pentasuglia ricamava in oro un cuscino di velluto rosso. Giulia Pezzali ricamava in ciniglia uno stracciacarte. Ma non pensavano al lavoro, tirando l'ago, arrotolando i fuselli, facendo volare la spoletta. Non vi pensavano quella mattina, in cui non si parlava d'altro che dello scandalo Altimare.

- Dunque l'hanno chiamata in Direzione? - domandò Vitali che ricamava, con le perline, un cartoncino bucherellato.

- No, non ancora. Credete che la chiameranno? - disse timidamente Spaccapietra, che non levava gli occhi dalla camicia che cuciva.

- Diamine! - esclamò Avigliana. - Non hai intese le cose spinte che ci erano nel còmpito? Una ragazza non deve saperle.

- Altimare è innocente come una creatura che nasce - rispose gravemente Spaccapietra.

Nessuna rispose. Ma tutte guardarono verso Altimare. Staccata da loro, lontana, solitaria, con la testa china, faceva filacce. Era la sua nuova inclinazione, quella di far filacce per gli ospedali. Si era segregata volontariamente, ma pareva calma.

- Sciocchezze, amiche mie, sciocchezze - osservò Minichini, passandosi maschilmente la mano nei capelli. - Queste cose si sanno, ma non si possono dire.

- Ma scrivere che una moglie può tradire il marito, Minichini? che te ne pare?

- Scusa, nel mondo è sempre così. La signora Ferrari tradisce suo marito con mio cugino - soggiunse Minichini: -li ho visti io.... dietro una porta....

- Come, come, che cosa?... - chiesero due o tre, e le altre spalancavano gli occhi.

- Viene la maestra - avvisò Spaccapietra.

- Al solito, Minichini, voi non lavorate? - osservò la maestra.

- Sapete che mi fa male agli occhi.

- Queste sono le vostre lenti? Non siete molto miope, mi pare. Potreste lavorare.

- E perchè?

- Ma per la casa vostra, quando vi ritornerete....

- Mia madre ha tre cameriere: voi forse non lo sapete - disse l'altra, rizzandosi come una vipera.

La maestra si chinò sul lavoro di Avigliana, mormorando qualche cosa come orgoglio.... insolenza. Minichini si strinse nelle spalle. Dopo un momento:

- Di'dunque, Minichini: che cosa faceva la signora Ferrari con tuo cugino, dietro la porta?

- Lo volete proprio sapere?

- Ma sì, ma sì, ma sì....

- Ebbene, si baciavano.

- Ah! - fece il coro, subitamente impallidendo e arrossendo.

- Sulle labbra, nevvero? - chiese tranquillamente Casacalenda, mordendo le sue per farle venire più rosse.

- Già.

Le fanciulle tacevano, pensando. Sempre Minichini, coi suoi racconti, turbava le ore del lavoro: diceva le cose più semplici con certe reticenze maliziose e certe franchezze rudi che agitavano quelle fantasie.

- Voglio farmi, quando esco da questa casa, una vestaglia ricamata, come questa tovaglia - disse Casacalenda: - fa bene sulla pelle.

E la provò sulla mano: una trasparenza rosea e provocante.

- Dio, quando uscirò da questa casa! - esclamò Avigliana.

- Ci vogliono ancora tre mesi, otto giorni, e sette ore - disse Pentasuglia.

- Altimare vorrebbe già esser fuori - mormorò Vitali.

- Chissà che castigo avrà - disse Spaccapietra.

- Per me risponderei delle insolenze alla direttrice.

D'un tratto un zittìo si udì. Entrava la vice-direttrice: un avvenimento. Solo per un momento Altimare alzò gli occhi e le batterono le palpebre. Continuò a far filacce. La vice-direttrice si chinò, così per far mostra di niente, su due o tre telai, facendo qualche osservazione. Infine:

- Altimare, la direttrice vi desidera.

Quella si alzò, d'un pezzo solo, camminando rigida, tra due file di collegiali, senza guardare nè a destra nè a sinistra. Le collegiali tacevano, lavorando attivamente.

- Madonna Santa, aiutala tu - pensò Caterina Spaccapietra.

- Me ne parlò la mia sorella maritata: i libri di Zola non si possono leggere - disse Giovanna Casacalenda.

- Cioè, si possono leggere - osservò Minichini: - ma non conviene dire, innanzi ai giovanotti, che si sono letti.

- Uh! quanti libri ho letto che nessuno sa - esclamò Avigliana.

- Io so di un matrimonio che non si è fatto - disse Minichini - perchè la fidanzata si lasciò sfuggire di aver letto La Signora dalle Camelie....

- La Signora dalle Camelie, quanto deve esser bella! Chi l'ha letta, ragazze?

- Io no, io no, io no - fu un coro, accompagnato da lievi sospiri.

- L'ho letta io - confessò Minichini.

- Viene la maestra - mormorò Vitali alla vedetta.

- Che avete, che non cucite, Spaccapietra? - chiese la maestra.

- Nulla - fece costei, e chinò gli occhi sul cucito. Le tremavan le mani.

- Vi sentite male? Volete uscir fuori all'aria?

- No, grazie, sto bene: preferisco star qui.

- Sei in pena per Altimare? - chiese Avigliana.

- No.... no.... - mormorò l'altra vergognandosi.

- Che le potranno fare? - domandò Casacalenda.

- Diamine! non la mangeranno mica - disse Minichini: - se le fanno qualche cosa, noi la vendicheremo.

- La direttrice è crudele - disse Avigliana.

- E la vice-direttrice è una birbona - soggiunse Vitali.

- Sì che Cherubina Friscia non scherza, per malignità - osservò Pentasuglia.

- Dio mio, fateci uscire presto da questa casa - esclamò Casacalenda.

Tutte le teste si abbassarono in questo desiderio. Vi fu un po'di silenzio. Caterina Spaccapietra traeva lentamente l'ago, presa da una stanchezza grave.

- Minichini bella, raccontaci questa Signora dalle Camelie - pregò Giovanna Casacalenda con la sua dolce voce, dove soffiava la passione dell'ignoto.

- Non posso, core mio.

- Perchè? Tanto è terribile? Raccontala, Minichini. Artemisia bella, raccontaci questo libro.

Le altre non parlavano. Ma negli occhi lampeggianti si leggeva la curiosità, ma sulle labbra aride il desiderio disseccava le parole. Giovanna pregava per loro, con gli occhioni supplichevoli e un sorriso languido sopra le grosse labbra.

- Lo racconterò, ma non ne dirai nulla, Giovanna.

- No, amore caro.

- Oggi la storia non potrà finire....

- Non importa, non importa, va pure.

- Ebbene, lavorate assiduamente, senza guardarmi, come se non mi ascoltaste. Io mi rivolgerò tranquillamente a Giovanna, come se le facessi un discorso qualunque: lei approverà ogni tanto col capo o dirà qualche parolina. Ma per carità, non date a vedere che mi prestate attenzione.

"Così, nel tempo, a Parigi viveva una povera sartina che si chiamava Margherita Duplessis....

- Violetta Valéry - interruppe Pezzali: - ho udita la Traviata.

- Non m'interrompere: il nome è mutato.... "Era una splendida creatura, a quattordici anni, delicata, sottile, con lunghi capelli biondo-castani, gli occhi grandi e azzurri: forma fantastica. Era poverissima, con un abito di percallo stinto, uno scialletto nero trasparente per la vecchiaia, e gli stivalini scalcagnati. Passava ogni giorno dal friggitore e comperava due soldi di patate. La conoscevano per la biondina dalle patate fritte. Ma ella era nata per le cose belle, per il lusso, per l'eleganza: ella non poteva essere povera e infelice. Resistè per un pezzo, ma non per molto. Un giorno la bella colomba ebbe un nido profumato....

- Che aveva fatto? - chiese storditamente Avigliana.

- Era diventata.... una di quelle.

- Ecco Altimare - disse Spaccapietra alzandosi a metà sulla seggiola.

Tutte si voltarono. Lucia si avanzava lentamente, con un passo incerto, urtando qua e là nelle sedie, come se non vedesse. Le braccia le pendevano lungo l'abito, come abbandonate nel vuoto. Non era pallida in viso; era livida. Gli occhi sbarrati. Sedette al suo posto, ma non riprese il suo lavoro. Le sue compagne la guardavano, sbalordite. Sempre quella magra figura di ascetica ardente le aveva intimidite, ma oggi le spaventava. Certo qualche cosa di gravissimo aveva dovuto accadere fra lei e la direttrice. Senza dire nulla, Caterina Spaccapietra depose il lavoro, uscì dal circolo delle tricolori, e andò a sedere vicino a Lucia. Costei sembrò non se ne accorgesse, rimanendo lì come impietrita, con una espressione penosa sul volto.

- Che hai, Lucia?

- Nulla.

- Dimmi, Lucia, hai dovuto soffrir molto? Soffri ancora?

Neppure un respiro; neppure una linea del volto si mosse.

- Lucia, sai che non posso dirti nulla per consolarti. Io non so dirti.... non so.

E tacque. Le prese una mano fra le sue: era gelata. Questa mano rimase inerte, senza vita: Caterina la carezzò in silenzio, come se volesse mettervi del calore, un fremito. In verità ella cercava qualche cosa da dire, ma non trovava, non sapeva. Stava lì accanto, un po'curva, cercando di farsi guardare da Lucia. Le tricolori di lontano spiavano. L'intiero collegio era in attenzione.

- Se tu piangessi, Lucia?- suggerì timidamente Caterina.

Niente. Nessuna impressione. L'altra sentiva crescere il suo imbarazzo e la sua confusione.

- Dimmi dunque, Lucia, dimmi che hai. Consolarti, vedi che non posso. Ma parla, piangi, sfogati; tu soffochi.

Nulla. D'un tratto la mano di Lucia Altimare si contrasse nervosamente: ella si alzò ritta in piedi, come irrigidita, si cacciò le mani nei capelli, li strappò, poi gittò un grido lungo, straziante, orribile - e via di corsa per il salone. Lo scompiglio fu grande. Caterina Spaccapietra rimase un momento stordita.

- Al terrazzo! - le gridò Minichini - lì è il pericolo. Al terrazzo!

Lucia Altimare fuggiva pel salone, con la testa china, la veste bianca che- sbatteva intorno alle gambe, disciolte le trecce nere che sbattevano sulle spalle. Fuggiva pel salone, fuggiva pel corridoio, senza guardarsi innanzi, sentendo dietro il respiro affannoso di quelle che correvano per raggiungerla. Nel corridoio lungo raddoppiò la velocità; alle scale che conducevano al refettorio buttò via la sua cintura tricolore.

- Altimare, Altimare, Altimare! - gridavano dietro le sue compagne, ansimanti. Ella non si voltava: faceva le scale a salti: inciampò, si rizzò subito, riprese lena, uscì nel corridoio superiore che fiancheggiava il dormitorio, si slanciò alla prima porta, la trovò chiusa: ruggiva di dolore.

- Altimare, per carità, Altimare, Altimare! - ripeteva l'eco del collegio in tumulto.

Corse a un'altra porta, la spinse, entrò nel dormitorio: dinanzi al Cristo, sul suo letto, fece un gesto folle di saluto. In fondo alla corsìa era il balcone che dava sul terrazzo. Sempre, a trenta passi, correvano dietro, dieci, quindici fanciulle: poi tutto il collegio. Lei non udiva. Oramai non la raggiungevano più. In uno slancio supremo arrivò al balcone, lo schiuse, corse sull'asfalto nero che bruciava al sole di luglio, acciecata di luce, acciecata d'aria, acciecata di disperazione, quasi vedendo abbassarsi al suo desiderio il parapetto di pietra. Ma lì giunta, mentre si segnava in furia, due braccia l'afferrarono alla vita, braccia di ferro.

- Lasciami, Caterina, lasciami buttar giù.

- No.

- Lasciami, voglio morire.

- No.

E per un minuto lottarono sul terrazzo ampio e deserto, presso il parapetto, dopo il quale era il precipizio. Caterina la teneva stretta, affannando ma non lasciandola: Lucia si dibatteva con moti serpentini: le dette dei pugni, la graffiò, la morsicò. Poi mise un urlo e cadde svenuta sull'asfalto.

Quando le altre giunsero, quando giunse il collegio intero su quell'immenso terrazzo, Caterina agitava il fazzoletto sulla faccia di Lucia e si succhiava dalla mano il sangue delle graffiature.

- Senza te era morta - disse Minichini, baciandola. - Come hai fatto?

- Sono venuta per la scala della cappella - rispose Caterina, semplicemente. - Direttrice, scusi, vorrebbe far portare dell'aceto?

IV.

Nel giardino le piccole facevano la ginnastica, ridendo, strillando: sul terrazzo, dove le grandi passeggiavano nella ricreazione, giungevano le voci attenuate per l'altezza. Nella serenità violacea di quel tramonto, in gruppi di due, di tre, di quattro, le grandi passeggiavano lentamente, discorrendo, fermandosi presso il parapetto, figure bianche su cui si staccava vivamente il grembiule di merino nero. Tre o quattro maestre andavano e venivano intente a qualche lavoro d'uncinetto, cogli occhi bassi e la fisonomia immobile, ma prestando orecchio attentamente. Quell'ora della ricreazione era la più aspettata della giornata e la più malinconica.

Quell'aria larga, quel vasto orizzonte che circondava quella fiumana di case che dal colle di Capodimonte, dove si ergeva il collegio, dilagava al mare, quell'aura di libertà, mettevano la tristezza in quei temperamenti giovanili, affoganti per esuberanza o ammiseriti per una precoce anemia. Tutte le mestizie segrete, tutte le tenerezze struggitrici, tutte le effusioni angosciose, tutte le aspirazioni indefinite, tutt'i bisogni di sospirare, di piangere, che la vita crescente mette nelle fanciulle, trovavano in quell'ora la loro espansione.

Salivano lassù le collegiali col desiderio dell'aria aperta, infinita, con l'ansietà del prigioniero che vorrebbe avere le ali: davano un grido di gioia, di liberazione, al trovarsi lassù, abbarbagliate, frementi, bevendo l'aria, bevendo la luce da tutti i pori

Correvano le garrule parole, scoppiavano le risate, esse si rincorrevano come se avessero ancora dieci anni, esse, le grandi fanciulle di quindici e di diciotto: per poco non giuocavano di nuovo a capinnascondere. Non pensavano più alle conversazioni morbose dove si ammalava la loro precoce fantasia; non pensavano più a mormorare contro la direttrice e le maestre, eterno tema su cui ricamavano le variazioni più maligne. Diventavano schiette, allegre, infantili. Un giorno, in un impeto di gaiezza, Artemisia Minichini aveva costretta Cherubina Friscia a fare un giro di valtzer - ed era parsa una cosa buffa e naturale.

Ma dopo un quarto d'ora quella esaltazione cadeva dileguandosi a poco a poco. Si chetavano le risa, si abbassavano le voci, come timorose: alla corsa succedeva la passeggiata lenta e grave; si formavano le coppie, i terzetti, dove prima era un coro. E venivano alle labbra fioche e rade le parole - e tutte le pene soffocate di una vita, che vibrava già tutta, facevano curvare quelle teste nel tramonto di estate.

Lucia Altimare era ritta in piedi, presso il parapetto, guardando Napoli, ma come se non vedesse. La figura esile si disegnava sul cielo già sbiancato, e la linea sottile del profilo acquistava una purezza, una nitidezza elegante, che la faceva rassomigliare a un cammeo antico. Invero quei bruni capelli, tenuti un po'alti, parevano un casco bruno. Accanto a lei stava Caterina Spaccapietra, guardando Napoli con i suoi trasparenti occhi grigi. Pareva pensosa, distratta; ma un momento che Lucia guardò giù, ella trasalì e fece un gesto come per trattenerla.

- Non temere, non mi butto più - disse Lucia Altimare con la sua voce bassa e debole, abbozzando un tenue sorriso. - Ero pazza la settimana scorsa, ma tu mi hai fatta rinsavire. Cioè non tu, ma Dio: per la tua bocca, per le tue mani, il Signore mi ha salvata dall'estremo peccato, dall'ultima perdizione.

Cavò di tasca il rosario azzurro: baciò il piccolo crocifisso d'argento e la medaglia della Madonna.

- Che vuoi, Caterina? fu una follìa. Ma qui dentro - e si chinò a dire sottovoce - nessuno mi capisce, nessuno! Tu sei buona e intendi; ma se sapessi tutto! se potessi dirti tutto! Qui non possono intendermi. La direttrice, in quel giorno, fu fredda e crudele con me. Disse che io avevo scritte frasi indegne di una figlia di gentiluomo, che dimostravo di sapere cose che una fanciulla non deve sapere, che il professore, la maestra, le mie compagne erano scandalizzate, che era necessario a lei mandare quel compito a mio padre, con una lettera severa. Io tacqui, Caterina: che potevo dire? Ma soffrivo mille morti, mi sentivo dentro dilaniare il cuore. Tacqui, non piansi, non pregai. Ritornai in sala, agonizzando di dolore e di vergogna. Mi parlavi, non ti udivo. La morte passò come un: lampo attraverso l'anima mia, e l'anima mia se ne innamorò. Dio.... scomparve.

Tacque, stanca nella voce e nella persona. Caterina che l'ascoltava, presa dalla seduzione di quel linguaggio sentimentale, le disse:

- Fatti dunque coraggio, Lucia. Manca poco al settembre. Ce ne andremo di qui.

- Che importa questo? - disse l'altra alzando le spalle - muterò pena. Vedi tu, lassù sotto il colle del Vomero, un piccolo campanile? È la chiesa in cui sono stata battezzata. In quella piccola chiesa vi è una Madonna tutta vestita di nero, con l'abito ricamato d'oro: ha nelle mani un fazzolettino bianco: rivolge gli occhi straziati, e nel suo cuore divino di donna e di madre, nel suo cuore vivente e sanguinante, sono sette spade di dolori. Caterina, mi hanno battezzata nella chiesa della Madonna dei sette Dolori; è l'Addolorata la mia protettrice. Io soffrirò sempre.

Caterina ascoltava con una espressione di pena.

- Tu esageri. Sai tu forse la vita?

- Io la so - disse l'altra, crollando il capo. - Mi pare di aver vissuto assai, di aver provato assai, di essere diventata vecchia. Mi pare di aver trovato dappertutto cenere e fango. Sono nauseata. Siamo nati solo pel dolore.

- È Leopardi ancora, Lucia. Mi avevi promesso di non leggerlo più.

- Non lo leggerò più. Ma senti, noi siamo tutti esseri ciechi, miserabili, che vanno alla infelicità e alla morte. Vedi questa Napoli bella, sorridente, voluttuosa nei suoi colli fioriti, nel suo mare divino, nei suoi colori smaglianti? Tu l'ami nevvero?

- Sì, perchè ci sono nata - disse a bassa voce l'altra.

- Io la odio, nelle sue vie piene di gente, nei suoi profumi di fiori, di carni, di vini spumanti, nelle sue notti stellate e provocanti. La odio perchè è il riassunto del peccato e del dolore. Laggiù, laggiù dove quei parafulmini sottili si elevano nell'aria, sono i quartieri nobili: vi è la corruzione e il dolore. Qui sotto, dove più le case si ammassano, dove più diventano brune, qui sono i quartieri popolari: corruzione e dolore. Essa è peccatrice come la città di Sodoma, peccatrice come Gomorra, essa è donna peccatrice come la Maddalena. Ma si tortura nel suo peccato, inonda di lagrime il suo letto, si torce nella fatale notte di Ghetsemani. O città trionfante, maledetta e agonizzante!

Il suo gesto tagliò l'aria come un anatema. Ma subito l'eccitamento si abbassò, scomparve la fiammella rossa salita alle guance.

- Star qui ti fa male, Lucia: vuoi che passeggiamo?

- No: lasciami parlare. Penso troppo, e il pensiero fa un solco troppo profondo, quando non si può metterlo nelle parole. T'ho io contristata, Caterina?

- Un poco. Temo per la tua salute.

- Perdonami. Certe cose non dovrei dirtele: tu non ami udirle.

- T'assicuro....

- Hai ragione, cara. Ma sai, senza nessuna esagerazione, la vita non è bella. Hai tu mai pensato all'avvenire, a quest'oscuro avvenire che c'incombe così d'appresso?

- Qualche volta

- E non ne hai avuto paura?

- Non so....

- L'avvenire è tutto una paura, Caterina. Sai tu quello che farai della tua vita?

- Io lo so.

- Chi te lo ha detto, spensierata fanciulla? Chi te l'ha pronunciata la parola del futuro?

- È volontà di mia zia che io sposi Andrea Lieti.

- Ubbidirai?

- Sì.

- Senza rammarico?

- Senza rammarico.

- O povera, povera! Questo Andrea ti ama?

- Credo.

- Tu l'ami?

- Mi sembra.

- L'amore è un dolore, il matrimonio è un'abominazione, Caterina.

- Spero di no - rispose l'altra, chinando il capo e congiungendo le mani.

- Io non mi mariterò giammai. No, giammai - soggiunse Lucia, rizzando il capo e guardando il cielo alta e diritta nella sua superbia mistica.

Cresceva il crepuscolo violetto. Le educande s'erano fermate, sempre in gruppi, presso il parapetto, guardando certe finestre che si accendevano ancora di raggi, guardando il mare lontano che diventava di grigio-ferro, guardando i rondoni che filavano come frecce sui tetti, con quello stridìo acuto che pare la loro preghiera della sera.

Giovanna Casacalenda confessava a Maria Vitali che quell'ora le faceva venire il desiderio di morire, morire d'un colpo solo: che poi la imbalsamassero, la vestissero di un abito di raso bianco, le sciogliessero i lunghi capelli sotto un serto di rose, e che fra cento anni un poeta s'innamorasse di lei. Artemisia Minichini aveva il suo aspetto lugubre: le pugna chiuse nelle taschette del grembiule, i gomiti serrati ai fianchi, una ruga che le attraversava la fronte, le labbra assottigliate. Carolina Pentasuglia, la piccola, bionda e poetica innamorata, diceva a Ginevra Avigliana che avrebbe voluto trovarsi lassù, nella Danimarca, su quel tetro, nebbioso e tempestoso mare del nord, su quelle spiaggie deserte dove soffia fra gli abeti il vento aquilonare. Perfino Cherubina Friscia si scordava di spiare i discorsi delle educande, e con le mani inerti, l'occhio vagante, pensava una vita intiera da passare in collegio, sempre chiusa, senza parenti, senza amici, povera zitellona vergine, odiata dalle fanciulle.

- Credo - diceva piano Lucia a Caterina - che mio padre voglia ammogliarsi di nuovo. Non ha osato farlo prima; ma la pazienza umana è una cosa così fragile! Egli è mondano, mio padre. Non m'intende: la mia presenza lo attrista. Egli avrebbe bisogno di una gaia spensierata fanciulla che gli rallegrasse la casa. Non sono io quella.

- E che farai? qualche cosa dovrai pur fare, Lucia.

- Sì, qualche cosa farò.... non per me, ma per gli altri. Le grandi istituzioni hanno bisogno di grandi sacrifizi. Se fossi un uomo, andrei in Africa a esplorare le regioni sconosciute: se fossi uomo, diventerei monaco missionante nella Cina, nel Giappone, lontano, lontano. Ma sono donna, una debole e inutile donna.

- Potresti rimanere con tuo padre, intanto.

- No. Egli ha una gioventù ritardata e io ho una vecchiaia precoce. La mia presenza sarebbe un eterno rimprovero in casa sua. Ebbene, senti. Io cercherò una idea nobile, buona, santa, a cui consacrare il mio spirito e la mia attività: io cercherò una piaga da lenire, un'ingiustizia da riparare, un torto da ristabilire: cercherò dappertutto l'ideale di umanità a cui sacrificare la mia vita. Non so che cosa farò: ancora non lo so. Ma sia come Sorella della Croce rossa sui campi di battaglia, sia come Suora di carità negli ospedali, sia come Dama visitatrice nelle carceri, sia come fondatrice e maestra di qualche asilo infantile, io avrò impiegata a pro di qualche sventura umana la forza e il coraggio di una esistenza inutile.

Caterina non rispose. Lucia la guardò, con un lieve moto di sdegno sulle labbra.

- Non ti pare bello tutto questo, Caterina?

- Molto bello. Te lo permetteranno a casa tua?

- Vorrei vedere che me lo impedissero! Sarebbe una tirannia crudele.

- E la salute?

- Resisterò.... o morirò. Sarà la morte più bella, affranta dalla fatica, con la soddisfazione del dovere compiuto.

- Io non sarei capace di tanto - mormorò Caterina dopo un breve silenzio. - Io ho l'anima piccola.

- Non importa, cara, - disse l'altra, carezzandole infantilmente i capelli. - L'ideale dell'umanità non è per tutti.

La sera era giunta, la ricreazione era finita. Le collegiali rientravano nel dormitorio, passando di là nel corridoio, scendendo per le scale, avviandosi alla cappella per la preghiera della sera. Andavano, senza guardarsi, senza parlarsi, come assalite da un fastidio profondo che le isolasse. Andavano due a due, ma senza tenersi a braccetto: due si tenevano per mano, ma con una stretta molle, come per lasciarsi. Alle spalle loro Napoli si stellava di lumi: esse entravano nella pace raccolta del Collegio, nè si voltavano indietro. L'oppressione di quella lunga ora occidentale affannava i loro petti, e in quell'andare alla cappella, senza un bisbiglio, senza un sorriso, ci era qualche cosa di funebre. Il balcone, richiuso in fretta da Cherubina Friscia che veniva l'ultima, stridette nel suo paletto rugginoso, come un riso d'ironia.

V.

Era l'ultima lezione. Moriva l'agosto, finivano le lezioni. Tutte le fanciulle, dopo le vacanze di settembre e ottobre, sarebbero rientrate pel san Carlo. Ma le tricolori, quasi tutte diciottenni, compiti gli studi, uscivano nel settembre per non rientrare più. Quel giorno, alle due del pomeriggio, assistevano all'ultima lezione di storia, l'ultima fra le ultime. Dopo di quella il corso degli studi era assolutamente finito.

Così vi erano in tutte quelle fanciulle e nella stanza e nell'ambiente tante cose insolite. Per questo i capelli biondi e ricci di Carolina Pentasuglia erano pettinati alla monella, come mai non erano stati: una testolina birichina tutta folta di riccioli. Giovanna Casacalenda, tolto il grembiule, era rimasta tutta bianca: un candore splendido, tagliato alla vita dalla cinta di lana tricolore. Artemisia Minichini portava al collo, attaccato a un nastro di velluto nero, un grosso medaglione d'oro. Ginevra Avigliana portava nel giro della cintura, proprio sotto il cuore, tre rose rosse. Ma tutte rimanevano serie e composte in quella classe che già pareva deserta: sui banchi non un libro, non un foglio di carta, non una penna. I calamai chiusi. Alcuni cassetti aperti, vuoti. In un angolo, per terra, dietro la lavagna, un mucchio di carte stracciate, spiegazzate, fatte in pallottole, fatte in pezzetti. Sopra una parete, fatto a saggio di calligrafia, stampatello, tondo e inglese, tutto svolazzi, un quadro che diceva così: - Nell'anno scolastico.... compivano gli studi del quinto corso ginnasiale le signorine.... - E la prima era Lucia Altimare. Era la chiusura, il volume serrato, la parola Fine. Le signorine non si voltavano mai dalla parte del quadro. Qualcuna aveva gli occhi lievemente arrossiti.

Quel giorno la lezione si svolgeva grave, severa. Tutte avevano studiato quel periodo del 1815 col quale termina il programma di Storia. Ogni tanto il professore faceva qualche osservazione critica, che le alunne ascoltavano attentamente. Caterina Spaccapietra, l'annotatrice diligente, segnava con una matita sopra un pezzo di carta. Il professore, quel giorno, era più brutto e più pallido che mai: sembrava più magro, più meschino nei panni che gli facevano addosso tante pieghe sgraziate. Sulla cravatta di raso rosso cupo, di pessimo gusto, un grosso cammeo, uno di quei vecchi gioielli senza valore delle famiglie provinciali, era la nota più ridicola della sua persona. Quel giorno egli fuggiva con più cura gli sguardi delle collegiali. Le stava a sentire con una grande attenzione, con gli occhi socchiusi, dicendo di sì col capo, mormorando qualche bene sottovoce. Ogni tanto dava il commento, come parlasse a se stesso, distratto.

Così suonò la mezz'ora. Come i minuti passavano, la voce di quella che diceva la lezione si faceva più bassa, più tremula: poi, in fondo, il professore aggiunse certe notizie storiche intorno a Napoleone. Parlava piano e scegliendo le parole. Quando ebbe finito, scoccarono i tre quarti. Maestro e alunne si guardarono, presi da una pena subitanea, da un imbarazzo doloroso.

L'insegnamento di storia era finito.

- La classe chiede il permesso di far leggere la sua lettera di congedo - disse Cherubina Friscia, senza che niuna emozione turbasse la sua voce indifferente.

Egli esitò: una indecisione angosciosa gli si dipinse sul volto.

- Io preferirei leggerla a casa.... con più raccoglimento.... - balbettò lui, non trovando nulla di meglio da dire.

- No, no, ascoltatela, professore! - supplicarono due o tre voci tremanti.

- È l'uso, professore - disse seccamente Friscia.

Ci fu un minuto di silenzio. D'improvviso le facce si erano fatte pallide, turbate tutte da una medesima commozione. Egli aveva chinato il capo e pensava; finalmente:

- Leggete - disse, e parve si raccogliesse, dietro la mano che gli nascondeva gli occhi.

Altimare si alzò, cavò da una busta le lettera e la lesse, fermandosi a ogni parola, staccando le sillabe, smorzando la voce.

"Stimato e amato professore. Invero la sorte è stata cieca e crudele, scegliendo me per dare a voi, egregio professore, l'ultimo addio di una classe che parte. Troppo colpita da questo comune dolore, pensando di quanta solitudine ci circonderà questo distacco, sentendo nel cuore uno spasimo senza nome, io sicuramente non saprò far passare , nelle parole tutta la passione che è nel nostro spirito esulcerato, per colui che fu il nostro maestro e la nostra guida. Oh! non giudicate da quello che io vi scrivo, quello che noi tutte sentiamo per voi. È così pallida, così debole, così inefficace la parola, e il sentimento così profondo. Professore, noi partiamo...."

Un singulto interruppe la lettura. Ginevra Avigliana, con la testa abbassata sul banco, la faccia tra le mani, piangeva.

".... da questo collegio dove vivemmo i più dolci anni della vita, dove passammo l'infanzia e l'adolescenza in compagnia delle care amiche, nei severi studi che dovevano conformarci l'intelletto a un ideale di educazione. Noi lasciamo questa casa dove abbiamo tanto sorriso e tanto imparato: la casa testimone dei nostri giuochi, dei nostri combattimenti con la scienza, dei nostri sogni. Dio ci pare che tutto un passato scompaia...."

Silenziosamente, Carolina Pentasuglia piangeva, col cuore serrato, sentendosi affogare.

".... che venga travolto in un vortice, che la nostra gaia gioventù sia sparita, e che c'incomba grave il peso di una vita piena di doveri. Noi non osiamo guardare l'avvenire senza paura, noi vorremmo prolungare quest'ultimo giorno di collegio, noi vorremmo gridare alla direttrice, ai professori: Perchè ci scacciate? eravamo così felici! O teneteci, teneteci con voi!..."

La leggitrice non ne poteva più: la voce era diventata rauca, i singhiozzi le spezzavano la parola, le lagrime l'accecavano. Si asciugava col fazzoletto gli occhi e le guance, proseguendo con pena.

".... ma questa è la dura legge che impera sugli umani. Un conoscersi, un amarsi, un dividersi: sempre il distacco dalle persone con cui si sarebbe vissuti felici. Ebbene, noi raccogliamo le nostre rimembranze, ripensiamo in questo giorno la vita vissuta, e tutt'i benefizi ricevuti dalla scienza vostra, dai vostri ammaestramenti, dal vostro costante indulgente amore, ci si ripresentano. Per quanto faceste siate benedetto e ringraziato. Sarete il più affettuoso ricordo che porteremo nella battaglia della vita, sarete una luce amica nel tenebrore fitto che forse ne aspetta. Se v'increscemmo mai, perdonateci. Ve lo chiediamo per quest'ora d'angoscia a cui giungiamo preparate, ma che pertanto ci riempie di sgomento. Ricordatevi di noi senza rancore...."

La leggitrice si abbandonò sul banco, esausta, piangendo dirottamente. La lettera le era caduta di mano. Cherubina Friscia si alzò, traversò flemmaticamente la classe, raccolse la lettera, la rimise nella busta, e la posò sulla scrivania del professore. Quasi tutte piangevano, afferrate da una disperazione infantile, desolate da tutti quei saluti, desolate da quei particolari di partenza, desolate di andarsene, spaventate del mondo dove entravano con un dolore, avendo paura, paura di tutto.

Artemisia Minichini, per fare la donna forte, si mordeva le labbra, batteva le palpebre, affaticavasi invano a frenare le lagrime; ma al rossore del viso si vedeva lo sforzo che faceva. Giulia Pezzali, una piccola, col capo arrovesciato sulle braccia, appoggiata al banco come un bambino, si lamentava pian piano, come se le avessero fatto male. Quella bellezza carnosa e bianca di Giovanna Casacalenda era tutta sconvolta: gli occhioni neri e meravigliati si appannavano di lagrime. Aridi, secchi gli occhi di Caterina Spaccapietra, ma ogni tanto un sospiro le sollevava il petto.

Il professore aveva trasalito al primo singhiozzo che aveva interrotto la lettera, tendendo l'orecchio come a un noto suono. Egli non piangeva. Ma in quel soffio pesante che abbassava quelle teste giovinette, in quello scoppio clamoroso di lagrime, egli sembrava, lassù, ancora più infelice degli altri giorni.

- Ascoltate - disse. - Non piangete....

Qualche faccia si rialzò, tutta bagnata di lagrime.

- Non piangete. All'età vostra non si piange. Verrà il tempo: tardi, molto tardi, è il mio desiderio. Oggi, staccandovi da questo educandato, dove è tanta parte di voi, provate un dolore insopportabile. Domani una gioia verrà a cancellare questo dolore. Di questa alternativa è fatta la vita. Essa non sarà dura, se vi porterete la fede e il coraggio. Io v'insegnai quello che sapevo, cercando farvi ritrarre dai casi degli uomini la guida delle vostre azioni. Perchè mi ringraziate? Ho fatto poco. O se volete ringraziarmi, vi prego, fatelo in questa sola maniera: siate buone, siatelo umanamente, femminilmente. Ricordatevi di chi vi disse queste parole, ricordatevi....

Ora a lui la voce moriva nella gola e tremavano le mani. Le fanciulle si erano di nuovo buttate giù a piangere, riprese da una crisi. Egli stette un momento immobile, ritto sulla cattedra, a guardare quelle teste chine, quelle facce immerse nei fazzoletti, quei corpi convulsi, poi scese pian piano, scrisse sulla lavagna, col gesso, una sola parola, e se ne andò silenziosamente, chinando il capo innanzi a Friscia.

Sulla bruna lavagna, a grossi caratteri incerti, si leggeva: "Addio".

A capo del dormitorio, una sola vacillante fiammella di gas: si allineavano i bianchi lettini ove le tricolori passavano l'ultima notte di collegio. Sino a tardi erano durati i piccoli dialoghi, interrotti da sospiri, da riflessioni malinconiche, da rimpianti. Avrebbero voluto vegliare tutta la notte nella nervosità del loro dispiacere, ma una stanchezza aveva fatto dileguare questo progetto. La loro fibra non resisteva più e il sonno si prendeva quelle anime travagliate, stanche di piangere. Qualche languido buonanotte si era inteso: poco a poco i respiri affannosi si erano fatti più regolari, più lievi: i sussulti si erano calmati. Un riposo avvolgeva tutto il dormitorio delle tricolori. Suonarono le ore al grande orologio, ma i sogni giovanili nulla sanno delle ore.

Quando scoccarono le due dopo la mezzanotte, Lucia Altimare aprì gli occhi. Non aveva dormito, aveva aspettato, divorando l'impazienza. Lentamente, senza far rumore, senza scendere di letto, prese i suoi panni dalla seggiola vicina e si vestì; infilò i piedi nudi nelle pantofole e scese dal letto. Camminava con infinite precauzioni, come un'ombra, guardando obliquamente i letti dove dormivano le compagne. Ogni tanto si voltava verso il fondo della sala dove Cherubina Friscia abbandonava sul cuscino il suo scialbo e floscio viso di beghina: era là il pericolo. Così, nella penombra fitta, Lucia Altimare, un fantasma bianco e alto, dagli occhi ardenti, arrivò sino al letto di Caterina Spaccapietra.

L'amica dormiva, quieta, composta, col respiro di una bambina. Le si chinò all'orecchio, con un soffio di voce:

- Caterina, Caterina.

Quella sbarrò gli occhi, atterrita, col grido affogato nella strozza dal cenno di silenzio di Lucia Altimare. Con la espressione meravigliata del viso, la interrogò.

- Se mi vuoi bene, Caterina, vestiti e vieni.

- Dove andiamo? - osò domandare l'altra, esitando.

- Se mi vuoi bene....

Caterina non chiese altro. Senza far romore si vestì, guardando ogni tanto Lucia. Questa rimaneva lì, come una statua, aspettando. Quando Caterina fu pronta, la prese per mano per avviarsi.

- Non aver paura - le susurrò Lucia, sentendo quella mano gelata.

Traversarono la viottola che divideva i letti del dormitorio. Solo Artemisia Minichini si voltò nel suo letto e parve avesse aperto per un istante gli occhi. Si fermarono, sogguardando. Nessun altro segno di risveglio. Passando innanzi al letto di Friscia, che era l'ultimo, presso la porta, abbassarono il capo, si fecero piccine. Quel momento parve loro un secolo. Quando si trovarono nel corridoio, Caterina strinse la mano a Lucia come se uscissero da un grave pericolo.

- Vieni - mormorò ancora la voce seduttrice di Lucia. - Vieni.

E se la trasse dietro, nella oscurità del corridoio, camminando lenta, ma sicura, sfiorando la muraglia.

Fuori dei finestroni la notte era profonda. Le due ombre bianche andavano a traverso l'ombra nera. Lucia sentiva di nuovo agghiacciarsi nella sua la mano di Caterina.

- Vieni - le mormorava, voltandosi a soffiarle nel viso, come se volesse darle la vita che le mancava.

Erano giunte alla scala. Lucia passò la mano di Caterina sotto il proprio braccio. Caterina aveva chiusi gli occhi: si lasciava condurre, contando macchinalmente gli scalini: poi scordò la cifra e le pareva di scendere infinitamente, una scala interminabile. Non capì se voltavano a destra o a sinistra, avendo perduto il senso della topografia. Come un agnello ubbidiente, si lasciava condurre.

- Vieni, vieni, vieni - mormorava ancora la voce di Lucia, incoraggiante.

D'un tratto si arrestarono dinanzi a una porta. Lucia abbandonò la mano di Caterina e ficcò una chiave nel buco della serratura: con un lieve stridìo, la porta si aperse. Un buffo di aria fresca colpì le due fanciulle; un piccolo chiarore, una luce diffusa apparve loro. Dinanzi alla immagine della Vergine una lampada ardeva. Erano nella cappella.

Tranquillamente Lucia s'inchinò davanti all'altare e accese alla lampada due candelabri. Poi voltasi a Caterina che respirava, tutta stordita, nella luce, le disse ancora una volta:

- Vieni.

Si avanzarono verso l'altare. In quella chiesetta imbiancata di calce, con due alte finestre aperte verso la campagna, una umidità piacevole temperava la caldura della notte d'agosto. Rimaneva ancora nell'aria un lievissimo odore d'incenso. La chiesa era tutta placida, tutta raccolta, i candelabri al posto, i ceri smoccolati, il Sacramento chiuso nel ciborio, la tovaglia rialzata per non farla sciupare. Ma una frasca d'argento, a ovolo, tutta intagliata, dietro cui Lucia aveva acceso un candelabro, proiettava sul muro un profilo mostruoso di animale pensieroso. Caterina stava lì come trasognata, lasciando la sua mano in quella di Lucia: era calda, bruciante oramai la sua mano, a cui quella di Lucia aveva dato la febbre. Non chiedeva neppure più, a quella insolita ora, nella notte profonda, che strano rito fossero venute a compiere nella cappella, illuminata per loro solamente. Provava una inquietudine vaga, come un bisogno di sonno, un peso alla testa, per cui sarebbe stata felice di tornarsene al dormitorio, di riappoggiare il capo al cuscino per riaddormentarsi. Ma come quelli che sognano di voler fare una cosa e hanno una volontà sicura nel sogno, ma non la parola per esprimerla, ne la forza per attuarla, così ella sentiva, in quel dormiveglia, il torpore della propria volontà. Guardava attorno come stupefatta, non intendendo, non chiedendo di intendere. Ogni tanto un impercettibile sbadiglio le stirava la bocca.

Lucia congiunse le mani sul petto e fissò gli occhi sulla immagine della Madonna. Nessun suono usciva dalle sue labbra semiaperte. Caterina, che le era accanto, si chinava a osservarla: in quel morbido giro di pensiero che roteava, roteava come per addormentarsi, ella si chiedeva se questo che accadeva non fosse un sogno, se Lucia non fosse un fantasma. Caterina si passò una mano sulla fronte, quasi per ridestarsi, quasi per far scomparire quell'allucinazione.

- Ascolta, Caterina, e cerca di intendermi bene, meglio di quel che io sappia esprimere. Mi dai tutta la tua attenzione?

- Sì - disse l'altra, facendo uno sforzo.

- Tu lo sai, se qui dentro ci siamo volute bene. Dopo Dio, la Madonna Addolorata e mio padre, io ho amato te, Caterina. Tu mi hai salvato la vita, non lo dimenticherò mai. Senza te sarei andata ad ardere nell'inferno, dove bruciano eternamente i suicidi. Grazie, core mio. Credi tu alla mia gratitudine?

- Sì - disse Caterina, spalancando gli occhi per capir meglio.

- Ora noi che ci amiamo tanto, ci dobbiamo separare. Tu andrai a sinistra, io a destra. Tu ti mariterai, io non so quello che farò. Ci rivedremo presto? Non so. Vivremo di nuovo insieme, nell'avvenire? Non so. Ne sai tu nulla?

- No - rispose Caterina, scuotendosi.

- Ebbene, io ti propongo di vincere il tempo, la distanza, le cose, gli uomini, se si oppongono al nostro affetto. Di lontano, divise da tutto, se ciò accade, amiamoci come oggi, come ieri. Lo prometti tu?

- Lo prometto.

- La Madonna ci ascolta, Caterina. Lo prometti tu con un voto, con un giuramento?

- Con un voto, con un giuramento - ripetette Caterina, monotonamente, come un'eco.

- E anche io lo prometto. Che mai nessuno potrà spezzare, con le parole, con le opere, questa nostra salda amicizia. Lo prometti tu?

- Lo prometto.

- E anche io lo prometto. Che mai l'una cercherà di far male all'altra, che mai le cagionerà, volente, un dispiacere, che mai, mai, la tradirà. Promettilo. La Madonna ci ascolta.

- Lo prometto.

- Io lo giuro. Che sempre, in qualunque occasione, con qualunque mezzo, l'una cercherà di aiutare l'altra. Dimmi se lo prometti.

- Lo prometto.

- E io pure. Ancora: che l'una sarà sempre pronta a sacrificare la propria felicità per quella dell'altra. Giura.

- Lo giuro.

- Anch'io lo giuro. Ancora, ancora: che l'una sarà pronta a morire per l'altra. Giuralo, giuralo!

Caterina pensò un istante. Era un sogno questo, un singolare sogno, o lei s'impegnava per tutta la vita?

- Lo giuro - disse fermamente.

- Lo giuro - ripetette Lucia. - La Madonna ha inteso. Guai a colei che manca! Iddio la punirà.

Caterina assentì col capo. Lucia cavò di tasca il suo rosario. Era tutto a pallottoline azzurre, di lapislazzuli, legate fra loro da anelletti di argento. Vi pendeva un piccolo crocifisso di argento e una medaglina di oro, su cui era incisa la Madonna della Salette. Lo baciò.

- Noi spezzeremo questo rosario in due parti eguali, Caterina. Metà ne porterai via tu, metà ne serberò io. Sarà il ricordo dell'amicizia, sarà il ricordo del giuramento. Quando io pregherò la sera, mi ricorderò: tu ricorderai nell'ora della preghiera. Quella età metà mancante ti farà pensare all'amica lontana.

E prendendo il rosario, l'una da una parte, l'altra dall'altra, trassero fortemente. Gli anelli di argento, solidi, resistettero. Tre volte il tentativo fu rinnovato: gli anelli non volevano cedere. Dovettero torcerli per spezzarli. Lucia serbò una metà col crocifisso, Caterina una metà con la medaglina. Le due fanciulle si abbracciarono.

Poi udirono l'orologio sonare le tre. Quando di nuovo fu silenzio nel Collegio e nella cappella vuota, ambedue s'inginocchiarono sul gradino dell'altare, congiunsero le mani sul petto, chinarono gli occhi e dissero insieme:

- Padre nostro....

PARTE SECONDA

I

Sotto la pioggia fitta, continua, dal romorìo monotono e melanconico, che il novembre riversa sulla terra, scompariva la campagna ancora verde. Laggiù, Caserta, avvolta nella pioggia come in un velo di nebbia, pareva una grande macchia grigia, cupa sopra un fondo grigio chiaro. Dietro la pioggia erano scomparsi i monti Tifata, che si tingono così intensamente di violetto nei lunghi tramonti autunnali. Il piccolo e aristocratico villaggio di Centurano, fatto tutto di ville signorili, divise da viuzze strette e da siepi fiorite, taceva sotto la pioggia. All'angolo della strada maestra che viene da Caserta, la fontana che Ferdinando di Borbone concesse al suo barbitonsore favorito, Michelangelo Viglia, traboccava di acqua piovana. La giornata triste, lunga, acquitrinosa, moriva lentamente in un crepuscolo di pioggia che sembrava già la sera. Nessun rumore. Gli ultimi villeggianti se ne stavano chiusi nelle case, sbadigliando, sonnecchiando, guardando dai vetri i giardini sfoltiti e immollati d'acqua, le rose d'ogni mese pendenti e come scapigliate, i piccoli pantani dove cascava fitta la pioggia, i pergolati di passiflore, qua e là devastati, mostranti il legno nudo, come le ossa di uno scheletro. Dietro una finestra si vedeva la faccia vecchia e scialba, la papalina di velluto rosso del giudice del tribunale di Santamaria, cav. Scardamaglia; dietro un'altra il naso troppo aquilino e le guance lunghe della signora Magalotti, la moglie dell'ingegnere pei lavori del palazzo reale. Sulla loggia coperta della loro villa, i bambini dell'avvocato Farini correvano e strillavano, con le mani bagnate, il nasino bagnato, le calzettine bagnate: sotto l'arco del balcone, Francesca, la balia, faceva la calza, senza sgridarli. Le grondaie mandavano acqua a sgorgo, le catinelle erano piene, i tini per il bucato famigliare traboccavano, le muraglie si macchiavano come di ruggine.

Dietro i cristalli del suo balcone Caterina guardava la fontana, da cui l'acqua riboccante cadeva sulla terra. Cercava di spingere lo sguardo lontano, sulla via di Caserta, ma non le riesciva vedere nulla, per la pioggia. Ritornava a guardare la fontana dell'angolo e a leggere i primi due versi della sciocca iscrizione:

Diemmi dell'acqua Giulia

Un rivoletto il Re.

Ma la contemplazione la stancava. Ricominciò a cucire. Sedeva nel vano del balcone, avendo dinanzi un tavolino da lavoro, sparsivi sopra i gomitoli, l'agoraio, il cuscinetto degli spilli, le forbici grandi e piccole, le matassine di nastro da orlare; accanto aveva un grande cesto di biancheria nuova, tutta impuntita, da cucire. Ora faceva l'orlo a un tovagliuolo di Fiandra; ne aveva già orlati quattro, che stavano, piegati, sul tavolino. Cuciva piano, senz'affrettarsi troppo, senza curvarsi troppo sul lavoro, con una giustezza armoniosa di movimenti. Quando tagliava il filo con le forbici, si voltava un momento verso la strada, per vedere se alcuno giungesse. Poi riprendeva pazientemente l'orlo, stirandolo con l'unghia rosea per renderlo uguale. Una volta, un rumore nella via la fece scuotere: abbandonò il cucito, stette ad aspettare. Era il carrozzino coperto in cui l'avvocato Farini tornava da Nola, dove era stato per una causa in pretura. L'avvocato, scendendo, le fece una grande scappellata. Lei, malgrado il disinganno, salutò con un bel sorriso e seguì con lo sguardo l'avvocato a cui i bambini tendevano le braccia dai ferri della loggia, strillando.

Di nuovo il profilo corretto si chinò sulla tela fiorata e la mano agile fece correre l'ago. Caterina pareva fatta più grande, sebbene serbasse ancora una certa delicatezza fanciullesca, una minutezza gentile di lineamenti. Lo sguardo degli occhi grigi era più fermo, più diritto; si era assodato il contorno delle guance, era diventato più energico il mento. Sulla fronte un po'bassa calavano le due falde dei capelli castani, un po'ondulati, raccolti sulla nuca in una grossa treccia, sorretta da un pettine a fascia, di tartaruga bionda.

Portava un abito da casa, corto, di casimiro bianco avorio, appannato e morbido: molto serrata la vita, ricordo della civetteria collegiale. Al collo una grande cravatta di merletto quasi gialla, a fiocco ricco, ove il mento si seppelliva, sul quale il viso pigliava una finissima tinta rosea. Del merletto riccio ai polsi. Nessun gioiello. Solo all'anulare della mano diritta una fascetta semplice d'oro. Tutta la persona aveva insieme qualche cosa di semplice e di sereno, di nitidamente tranquillo e allegro.

- Ho da portare i lumi? - domandò Checchina la cameriera, entrando.

- Che ora è?

- Quasi le sei.

- Aspetta ancora un poco.

- E il signore che non viene!

- Verrà.

- Dio sa come sarà bagnato!

- Speriamo di no. È tutto pronto in camera?

- Tutto.

- Va pure.

Checchina uscì. Caterina non ricominciò a cucire: già non ci vedeva più e aveva detto di non portare ancora i lumi, per credere che fosse ancora presto. Ma il lampionario di Centurano, sotto l'ombrello, avvolto nel cappotto d'incerato, andava accendendo i pochi fanali a petrolio del paesello. Caterina si pose a riordinare la biancheria nella penombra. Checchina, impaziente, entrò con due lumi.

- Dice il cuoco: che cosa deve fare?

- Aspetti.

- Sino a che ora?

- Sino alle sette, come iersera.

- Ma ad un tratto un debole latrato si udì di lontano, in capo alla viottola.

- Questo è Fox - disse tranquillamente Caterina. - Viene il signore.

Subito per la casa fu un grande aprire e chiudere di porte, un andare e venire. Di lì a un poco una voce clamorosa empì il cortile:

- Qua Fox, qua, povera bestia: qua, Diana, che sei bagnata come un pulcino! Caterina, Caterina! Matteo, attento allo schioppo che è pieno d'acqua! Caterina!

- Sono qua - disse lei, chinandosi sulla scala.

Una grossa testa bruna e riccioluta, sotto un cappello verde di feltro alla cacciatora, poi un corpo erculeo, vestito con la giacca di velluto, i calzoni di pelle e gli stivaloni, comparve sui primi scalini. Con grande rumore di speroni e schioccare di frustino, ridendo a gola aperta, bagnato dal capo ai piedi, Andrea acchiappò sua moglie per la vita, la levò come un bambino sul suo largo torace, la baciò furiosamente, rudemente, sugli occhi, sulle labbra, sulla nuca, nel collo.

- O Ninì, o Ninì - diceva lui, tra i baci schioccanti.

- Sei venuto.... sei venuto.... - mormorava lei, tutta ridente, col pettine che le cadeva e certe macchie rosse che le apparivano vive sulla pelle.

- O Ninì, o Ninì - ripeteva lui, ficcando il grosso naso rincagnato nella mollezza della cravatta.

Poi posò la moglie a terra, respirò violentemente, sbuffò come un mantice, si stirò.

- Come sei bagnato, Andrea!

- Da capo a piedi. Un tempo indiavolato. Ieri una caccia magnifica; ma oggi, perdio, una pioggia birbona. Mi sono immollato sino alle ossa.

Si affacciò alla finestra del cortile e gridò:

- Bada ai cani, Matteo. Strofinali con la paglia calda.

- E tu, Andrea?

- Vado a cambiarmi. Ma, sai, non ho freddo. Ho camminato tanto, che ho caldo. È pronto tutto?

- Tutto pronto.

- E il pranzo? Ho una fame da morire.

- Pronto il pranzo, Andrea.

- Maccheroni, eh?

- Pasticcio di maccheroni.

- Urrà! - urlò lui, squassando in aria il suo cappello. - Sei una Ninì d'oro.

E la riprese in braccio, come un mucchietto di roba.

- Mi bagni tutta - disse lei sottovoce, senza schermirsi.

- Sono una bestia, hai ragione. Il tuo bell'abito bianco! Che malcreato!

E glielo puliva con le mani, delicatamente. Cavò il fazzoletto, s'inginocchiò per asciugarle la gonna; lei diceva no, che non era nulla, che non voleva si affaticasse.

- Lascia, lascia, che sono una bestia.... sono una bestia - insisteva lui.

Quando ebbe finito, la voltò, la rivoltò, come una bambola.

- Sei asciutta, ora, Ninì. Come odori di buono! L'hai nella cravatta l'odore o nella pelle? Vado a vestirmi. Tu va a vedere che fa il pasticcio di maccheroni.

Ella andò, ma ritornò subito, e stette a origliare presso la porta se egli la chiamasse. Egli, in camera, andava, veniva, sbuffava di soddisfazione, lanciava gli stivaloni fradici contro il muro, scalpitava come un cavallo, canticchiando; cercava la sua roba, dicendo sopra un motivo di canzonetta:

- Dove sono le calze.... le calze.... le calze....eccole. Ma mi manca la cintura, mi manca la cintura.... per reggere.... per reggere.... per reggere i calzoni. La cintura, eccola qua.... Ho io una cravatta?

Poi un silenzio.

- Non la trovi la cravatta, Andrea? Vengo io? - chiese lei timidamente.

- Ah! tu sei là! E la cravatta è qui.... Ho finito. Chiama Checchina che porti via questa roba bagnata, mentre noi pranziamo.

Uscì fuori, tutto rosso in volto per essersi strofinato troppo. Nel vestito di casa pareva più alto, più forte; la testa leonina dalla criniera riccia e fulva, dalla fronte depressa, dagli occhi azzurri, dai baffoni irsuti di un biondo fulvo, era piantata energicamente sopra un collo taurino, grosso, ma bianco. Portava un fazzoletto di seta bianca invece del colletto in cui affogava. Le spalle larghe facevano scricchiolare la giacca di panno azzurro-cupo: il largo petto faceva gonfiare la tela finissima della camicia. Era una figura poderosa, ma la cura minuziosa della persona si vedeva nel taglio elegante dei capelli, nel lucido delle unghie accurate, in una certa noncuranza signorile che non lo rendeva impacciato nella sua forza.

- Bè, Caterina, si pranza oggi?

- È in tavola.

La sala da pranzo era tutta gaia, pei candelabri accesi, per la tovaglia nitida, per la lucida argenteria. In mezzo vi era un trionfetto di frutta, uva, mele, pere, tutte bionde in quell'autunno crescente. Per le imposte chiuse, solo un piccolo mormorio di pioggia si udiva. La luce batteva sui due grandi credenzoni di legno di quercia a vetrate, dove si vedevano ordinati i servizi di porcellana e di cristallo: batteva sui quadri di legno scolpito, dove le nature morte, uccelli, pesci, frutta, si ombreggiavano o si rilevavano. Le due poltrone erano una di fronte all'altra. Tutta la sala si riposava in un senso di ordine e di pace. Fumava il pasticcio di maccheroni, dalla crosta di pasta dolce, di color rame. Andrea mangiava forte e silenziosamente: aveva tre volte preso del pasticcio. Caterina, dopo aver mangiato con un bell'appetito di donna giovine e solida, lo guardava a mangiare, sorridendo un poco, col mento in aria.

- Perdio! com'è buono questo pasticcio. Dirai al cuoco, Caterina, che lo rifaccia spesso.

- Glielo scriverò sul libro della spesa. Ne vuoi ancora?

- No: basta. Chiama, ti prego. Ha piovuto tutta la giornata qui?

- Piove da stanotte.

- Anche a Santamaria. Sai, sono stato ai Mazzoni, in quella nostra tenuta del Torone.

- Hai dormito là questa notte?

- Sì. Un buon letto: lenzuola grosse, ma fresche. Ma ero furioso, ti assicuro, per via del tempo. Prendi dell'arrosto, Ninì. Non ci è più verso di andare a caccia. Chi è venuto qui?

- Il colono, Peppe Guardino, di Nola. Vuole una dilazione.

- Sono tre che gliene accordo. Il colono è ubbriacone e accoltellatore. Paghi.

- Dice che non ha.

- Non ha, non ha - gridò lui con violenza -e io lo scaccio.

Ella guardò fissamente, ma sorridendo. Andrea abbassò la voce.

- Non so perchè mi ci riscaldo - borbottò. - Scusa, sai, Ninì. Mi secca quando ti vengono a infastidire con queste miserie. Cosa gli hai detto?

- Che te ne avrei parlato, che vedremo. Fa'tu. Dammi del vino. A proposito, Giovanni è venuto; i tre lavelli sono aperti. Il vino, secondo dice lui, promette bene.

- Ci passerò domani. Quando sarà finito questo lungo affare, tra una settimana, partiremo per Napoli. Tu sei impaziente? Perchè non mangi del pollo? Ti assicuro che è ottimo.

- Di'la verità, sei tu che ne vuoi ancora?

- Me ne vergogno, ma dico di sì. Dunque tu vuoi andare a Napoli?

- E tu?

- Io anche. Qui niente caccia. Questi vicini sono noiosi. Laggiù ci aspettano. A proposito, chiama Checchina e dille che nella mia giacca da caccia vi è una lettera per te, che ho trovata alla posta di Caserta.

- Chi scrive? - disse lei, trasalendo.

- Quegli che ti manda le lunghe lettere, con un caratterino sottile, sopra la carta velina! quegli che ha per suggello un teschio e il motto Nihil: quegli che profuma così fortemente d'ambra la sua carta, da appestare la mia tasca. Eccoti una pera mondata, Ninì. È il tuo innamorato che ti scrive.

- È Lucia Altimare, nevvero?

- Già - fece lui, distendendosi, con un sospiro di soddisfazione, come chi ha ben mangiato - la signorina Lucia Altimare, creatura magra, vaporosa, pungente ai gomiti, posatrice per eccellenza.

- Andrea!

- Vuoi dire che non è posatrice? Quanto sei indulgente, Ninì! Che è questo sotto la tavola, Ninì? il tuo piede? Spero di non avertelo schiacciato. Ma la tua amica mi è antipatica, per quella sola volta che l'ho vista.

- Me ne dispiace, Andrea. Vorrei che, rivedendola, ti ricredessi.

- Se te ne duole tanto, speriamo che io mi ricreda. Ma perchè profuma tanto le sue lettere? Ti raccomando questo caffè, Caterina; dev'essere bello.

- Lucia è malaticcia e infelice. Fa compassione. Tu credi che cinque cucchiaini di polvere basteranno?

- Mettine sei. Capisco; se vuoi, avrò compassione. Ma non leggere ancora la sua lettera; è lunghissima, a giudicare dal peso. Fammi prima il caffè. Se no, dico che tu vuoi più bene a Lucia che a me - mormorò Andrea nella tenerezza vaga della digestione.

- La leggerò dopo.

Egli, disteso nella poltroncina, col capo arrovesciato, respirando lentamente e beatamente, con la cravatta allargata intorno al collo, le mani abbandonate sulla tovaglia, la guardava fare il caffè. Ella, tutta arrossita nella attenzione, cogli occhi chinati, col gesto cauto, sorvegliava il bollore, stando a sentire se il fischietto della macchinetta avvisasse del momento della cottura. Era una figura tranquilla e svelta, che non si affaccendava troppo, che non si moveva molto: presa dalla sua occupazione, vi si dedicava tutta quanta.

- È fatto - disse a un certo punto.

- Andiamo a prenderlo nel salotto - disse lui. - In premio ti farò leggere la lettera del mio rivale.

Nel salotto, dove ritornarono, un fuoco gaio di legna era acceso nel caminetto; un seggiolone profondo, di pelle nera, vi era accanto. Andrea vi si distese con un sospiro di sollievo.

- Se non fosse la caccia, ingrasserei troppo - mormorò. - Non rimetterti a cucire, Caterina, siedi qui e discorri meco. Ballavate in collegio?

- Due volte per settimana veniva il maestro di ballo.

- Ti piaceva il ballo?

- Abbastanza. E a te piace?

- A me moltissimo. Ora, quando andremo a Napoli, nell'inverno, balleremo. Abbiamo già tre inviti.

- Giovanna Casacalenda.... e uno.

- In casa dei miei parenti Valghera.... e due.

- Da Passalancia.... e tre.

- Balleremo, Ninì. Senza il ballo ingrasserei troppo. Mi servirà di esercizio. La tua malinconica e ischeletrita amica balla?

- Lucia?

- Sì.

- Ballava poco. Le piacevano i lancieri, mi ricordo, e la mazurka. Sai, non è molto forte pel waltzer.

- Una donna sempre ammalata, che vi sviene ogni minuto fra le braccia! Che seccatura!

- Oh! Andrea!

- Almeno tu stai sempre bene, Ninì.

- Sempre.

- Tanto meglio. Vieni qui che voglio darti un bacio. È arrivato il Pungolo?

- Eccolo qui.

- Caterina, io mi sprofondo nel giornale. Leggi pure la tua lettera, non voglio tormentarti oltre.

Ma mentre lui si perdeva nelle elucubrazioni politiche sulla situazione, Caterina, malgrado il permesso avuto non lesse ancora. Restò con la lettera tra le mani, guardandola. La fiutò: era carica di un profumo violento e voluttuoso, l'ambra gialla. Poi, di sottecchi, guardò il marito. Poco a poco egli si addormentava, inclinando la testa sulla spalla. Dopo cinque minuti il giornale gli cadde di mano. Caterina lo raccolse pian piano e lo posò sulla tavola. Abbassò il lume in modo da mettere la stanza in una penombra. Poi ritornò alla sua poltroncina e si chinò a leggere davanti alla fiammata della legna.

Per lungo tempo nella stanza non si udì che il respiro regolare e calmo di Andrea addormentato profondamente e il lievissimo stropiccìo della carta velina di Caterina che voltava il foglio della lettera. Essa la leggeva lentamente e con molta attenzione, quasi misurando le parole. Ogni tanto sul suo viso, illuminato dalla fiamma, passava come un'ombra di pena. Quando ebbe finito di leggere guardò suo marito: dormiva sempre, come un grande fanciullo, bello e buono nella sua forza, nella dolcezza infantile dell'uomo che ama. Posava calmo, sicuro, nella lassezza dei muscoli affaticati, nella pace dell'animo retto. Si curvò di nuovo verso la fiamma e lesse la lettera un'altra volta, da cima a fondo, con la stessa minuta attenzione.

Terminata questa seconda lettura, Caterina fece scivolare la lettera nella saccoccia profonda della sua veste, e rimase con la mano semi-nascosta in tasca, con la testa appoggiata alla spalliera della poltroncina. Passò il tempo: suonarono i quarti e le mezz'ore all'italiana, all'orologio del campanile di Centurano: poco a poco il fuoco si consumò nel caminetto. Andrea si destò di soprassalto.

- Caterina, svegliati.

- Non dormo, Andrea - disse lei placidamente.

Aveva vegliato, con gli occhi spalancati.

- È tardi, è tardi, Ninì. È ora di far la nanna. E con uno dei suoi scherzi amorosi di colosso, se la prese in collo come una bimba.

II.

Di quel salotto circolare avevano fatto un boschetto di camelie, dal fogliame verde-cupo, denso, fitto, su cui sbocciavano grossi e sfrontati i fiori senza odore, nella loro polputa bellezza bianca, rossa, macchiata di rosso sul bianco. Questi fiori si aprivano, grassi, freddamente carnosi, senza profumi, glacialmente voluttuosi: i bottoni si gonfiavano nell'involucro verde, come se volessero scoppiare. Era una vegetazione profonda e ricca che covriva le pareti, che covriva il soffitto, vegetazione piena di succo, di una ricchezza incantatrice e silenziosa. In mezzo al boschetto una musa paradisiaca sorgeva molto alta, lasciando ricadere, spioventi a ombrello, le sue larghe foglie, di un verde intenso. Intorno alla musa girava un divano, di legno rustico, scolpito grossolanamente; qua e là certi sgabelli rustici, molto bassi. Semi-nascoste, due porte tra i rami fronzuti delle camelie. Una luce tenue e diffusa. Le lampade erano coperte di globi di cristallo opaco, rosei.

Tre o quattro volte, da che la festa era cominciata, il salotto, negl'intervalli fra due balli, si era empito di gente. Le signorine e le signore, entrando, gettavano piccoli gridi di gioia, prese da una tenerezza campagnola, incantate dalla luce mite, dalla freschezza, dal silenzio - pel contrasto con la luce dura e bianca, del salone da ballo, con l'atmosfera rossa, pesante, calda, con la musica stridula dell'orchestra. Esse prendevano delle pose languide e pensierose. Gli uomini si guardavano attorno con un'aria di soddisfazione contenuta, come se anche essi fossero sensibili alla bellezza della natura. Qualche bocciuolo staccato timidamente era offerto in dono. Una signorina vestita di giallo-pallido, con una pioggia di mughetti nei capelli bruni, diceva dei versi, a voce sommessa. Le signore più tranquille si facevano vento, soavemente, con quelli aleggianti ventagli di piume grigie. Ma appena giungeva quello sbuffante appello del waltzer, che sembrava uno strillo di richiamo, appena arrivavano le note morbidamente malinconiche della mazurka, tutta quella gente si buttava alla complicata follìa del ballo e le coppie fuggivano via. Il boschetto rimaneva vuoto e silenzioso, con le camelie rosse boccheggianti, come labbra avide di baci.

Mentre di là si ballava, Giovanna Casacalenda, la figliuola di casa, venne nel boschetto, a braccio di un giovanotto. Ella era più alta di lui, e pareva dominarlo nella regale magnificenza della sua bellezza. Era drappeggiata strettamente in un lunghissimo abito di crespo avorio che le si attaccava addosso come se fosse bagnato, e si discioglieva in uno strascico leggero, morbido e fluttuante. Meravigliosa era una corazza di raso rosso così attillata da non fare una piega, scollata profondamente con un piccolo riccio di tulle bianco alla scollatura. Nude le braccia sino alle spalle. Un filo di perle intorno al collo nudo, che si ergeva libero, palpitante, dalla scollatura. Sui capelli bruni, stretti, sollevati dalla nuca, una corona di rose rosse, molto bassa sulla fronte. Era un'acconciatura tranquillamente sfacciata, con la splendida noncuranza di chi si sa bella, seducente e difesa contro i troppi ardenti desiderii: un'acconciatura come solo le fanciulle possono avere nella superba licenza della verginità.

Ella ascoltava il suo cavaliere, sorridendo appena, come la Erigone dalle labbra arcuate. Era un giovanotto magro e piccolo, con la faccia di un pallido bilioso, l'occhio tirato verso la tempia, e i capelli un po'radi sulla fronte: corretto, elegante e meschino nella marsina.

- Eppure mi avevi promesso, Giovanna.... - brontolò lui.

- È inutile darmi del tu ad alta voce - osservò lei.

- Scusa.... scusatemi, mi tradisco sempre - mormorò. - È chiaro che tu mi abbandoni, Giovanna.

- Se è chiaro, perchè me lo domandate?

- Ma.... per essere smentito! Che t'ho fatto?

- Nulla: datemi del voi. Poi, ho fretta.

- Dunque è stato un sogno.

- Un sogno, un capriccio, una follìa chiamatela come volete. Voi dovete persuadervene: non possiamo sposarci. Voi avete solo ottomila lire di rendita: io sei. Con quattordicimila lire non si fa nulla.

Diceva queste cose sorridendo, con una posa disinvolta, col braccio arrotondato che agitava il ventaglio, guardandolo col suo sguardo dominatore.

- Ma se muore mio zio.... - piagnucolò l'infelice.

- Vostro zio non muore per ora. L'ho osservato bene: è solidissimo.

- Siete malvagia, Giovanna.... ricordatevi....

- Di che volete che mi ricordi? Vi prego, siate uomo di spirito. Andiamo di là.

Partirono. Nulla mormorarono fra loro le camelie vivide, carnose e magnifiche, a cui Giovanna rassomigliava.

- Bello, bello - diceva Andrea Lieti, osservando tutto attorno e facendo scricchiolare il divano rustico sotto il peso del suo corpo. - Ma preferisco Centurano.

- La campagna vera dev'essere più bella di sicuro - mormorò timidamente Galimberti, il professore di storia. - Ma questi Casacalenda intendono il lusso.

- Bah! egregio professore. Essi vogliono maritare la figliuola, e ci riesciranno.

- .... credete?

- Io non li biasimo. Quella creatura lì è troppo splendida per rimanere in casa. Era tanto bella anche in collegio?

- .... bella e pericolosa, anche in collegio....mi ricordo.... - mormorò Galimberti come distratto, passandosi una mano sulla fronte.

Andrea Lieti spalancava su Galimberti i suoi occhioni azzurri, vivamente bonarii. Il professore restò ritto, in una posa stentata, un po'curvo, impacciato nel suo abito nero. I calzoni gli stavano troppo larghi, troppo lunghi, e gli facevano molte pieghe alle gambe. Il colletto della marsina saliva troppo, coi risvolti all'antica. Invece della lucida camicia che pare un muro tirato a scagliola, coi bottoncini impercettibili di oro, portava una camicia ricamata, con larghi bottoni di mosaico romano: un pezzo del Colosseo, la Grecostasi, la piazza S. Pietro. Rimaneva lì con le braccia penzoloni, con la testa mostruosa e pensosa, la cui fronte pareva diventata più gialla, più alta, e gli occhi dallo sguardo obliquo e fuggente, imbarazzato, distratto.

- Certo voi vi annoiate molto in questi balli, professore! - esclamò Andrea, alzandosi e passeggiando con la disinvoltura del signore, a cui le spalle larghe squadrano bene la marsina.

- Così.... un poco.... mi ci trovo un po'isolato - disse Galimberti confuso.

- Ci venite volentieri?

- Due o tre delle mie alunne hanno la bontà d'invitarmi.... ci vengo per sollievo.... studio troppo....

Di nuovo quel gesto stanco di chi vuol liberare la fronte da un pensiero, e l'occhio vagante di chi cerca qualche cosa che abbia smarrito.

- Verrete anche da noi, professore - disse Andrea, pieno di compassione per quel nanetto meschino. - Caterina mi ha spesso parlato di voi.

- Era una buona creatura. Una così buona creatura. Tanto buona, assennata, savia. Faceste un'ottima scelta.

- Lo credo io - disse Andrea, ridendo forte. - È vero che le rimproveravate sempre di non aver fantasia?

- Vi ha detto anche questo? Sì.... qualche volta.... un po'di aridità....

- Eh! non ha fisime sentimentali, Caterina. Ma così mi piace. L'avete veduta com'è bella, questa sera? Se non fosse mia moglie, ballerei con lei.

- Era con.... era con la sua amica....

- Con Lucia Altimare, sicuro.

- Con la signorina Altimare - soggiunse il professore, facendo uno sforzo come per inghiottire.

- Anche quella è stata alunna vostra. Ve ne ha dovuto fare delle belle coi compiti, a giudicare dalle noiose e fantastiche lettere che scrive a mia moglie.

- La signorina Altimare scriveva divinamente - disse il professore seccamente.

- Eh! può darsi - mormorò Andrea, scegliendo una sigaretta. - Ne prendete? no? vi assicuro che non sono cattive. Dicevo - soggiunse, stendendosi di nuovo sul divano e mandando in aria il fumo - che vi doveva contristare lo spirito.

- La signorina Altimare è una figura interessante e sofferente. Ella è molto infelice - insistette il professore, tutto pallido e con la cravatta di traverso per l'ardore della difesa.

Andrea lo guardò curiosamente: poi un lieve sorriso gli sfiorò le labbra.

- Viene al ballo però- aggiunse, ostinandosi, dilettandosi solitariamente a studiare il professore.

- Ci viene, ma trascinata, per divertire le sue pene. Vedete che non balla un giro.

- Bah! perchè niuno insiste. Scommetto che se vado io a pregarla, le faccio fare un lungo giro di waltzer.

- Non lo farà: teme sempre delle sue palpitazioni: potrebbe coglierla uno svenimento.

- Che! se la fo'girare io, vedrete che trottola! Nessuna donna mi è svenuta mai nelle braccia....

Ma si fermò, preso da un senso di pietà. Galimberti diventava giallo, rosso, girava fra le mani il gibus, guardava Andrea con tale un'espressione di pena e di collera che l'altro si pentì di averlo troppo tormentato.

- Ma già è troppo magra, troppo angolosa. Non ne faremo niente. Piuttosto fate una cosa, professore, ballateci voi - e se lo prese amichevolmente a braccetto per condurlo via.

- Io non ballo - mormorò Galimberti, abbassando il testone sul petto. - Io non so ballare.

Giovanna Casacalenda tornava, appoggiata al braccio di un ufficiale di cavalleria, abbandonandosi un poco, sfiorandogli col braccio la giubba, sollevando il volto verso di lui. Egli sorrideva sotto i suoi baffi biondi, pavoneggiandosi nell'uniforme nuova, vero ufficiale di salone che depone la sua sciabola in anticamera.

- Ebbene, Giovanna, si risolve il vecchio?

- Ci è qualche cosa in aria, ma niente di positivo - disse lei, con un'aria di sconforto. - Ti assicuro che è un duro mestiere.

- Mah! tutto sta a guardare il fine. Fatti coraggio, Giovanna. Stasera sei incantevole.

- Ti piaccio, eh? - mormorò lei, parlandogli nel volto.

- Immensamente.... quando penso che quel vecchio....

- Non ci pensare, Roberto.... è necessario - soggiunse lei, ridiventata seria.

- Lo so che è necessario. Se te l'ho consigliato io! Tanto, tuo padre non mi ti darebbe: non ci si può pensare. Quel vecchio che è poi ancora presentabile....

- Oh! presentabile....

- Bah! col collare di commendatore sotto la marsina, le calvizie e le basette bianche, ha un'aria molto dignitosa di marito. Allora....

- Sinallora ci è tanto tempo, Roberto.... - e lo fissava con gli occhi illanguiditi, la bocca chiusa e una lunga lassezza della persona.

- Dipende da te. Sbrigati....

- Non mi dimenticherai, è vero, Roberto, Roberto mio bello?

- Dimenticare te, Giovanna, così splendida, così affascinante? Ma sai che mi sacrifico, lasciandoti a Gabrielli? Sai che cosa perdo?

- Non tutto perdi - disse Giovanna, fremente.

Egli si chinò e le baciò il braccio, lungamente: lei lasciava fare, con gli occhi socchiusi, pronta a cadergli fra le braccia, a dieci passi dal salone. L'ufficiale rialzò il capo, e più prudente che amante:

- Restar qui è pericoloso - disse: - la gelosia del vecchio potrebbe svegliarsi.

- Dio mio, che noia! Basta.... per te....

- Se tu cantassi, stasera?

- Mamma non vuole....

E si allontanarono.

Le due amiche si diressero al divano di legno rustico: vi si sedettero l'una accanto all'altra, badando ad acconciare bene gli strascichi. Lucia Altimare vi si lasciò cadere, come stanca. Portava uno strano vestito di stoffa verde chiaro, un colore glauco e smorto, la gonna a pieghe ampie e lunghe, senza ornamenti di balze, come un peplo. Attillata la basquina che le formava un busto sottile. Sulla scollatura delle spalle e delle braccia un velo verdognolo, pallidissimo, come una nuvola, che celava la magrezza, sfumava i contorni quasi addolcendoli. Disciolti i capelli bruni sulle spalle; e mezzo sepolta fra i capelli una corona di roselline bianche, fresche, ma già divorate dalla ruggine dell'appassimento. Sul seno, fermando il velo, un gruppo di roselline bianche, semi-appassite.

Nell'insieme una forma singolare, di cui il corpo pareva di un'ondina esile; la testa, dagli occhi ardenti e dai pomelli scarni, quella di una Saffo pensante al suicidio.

Accanto a lei, Caterina Lieti, tutta fresca e serena nel suo abito di amoerro rosa che le prendeva bene la piccola persona, portando al collo un filo fulgido di brillanti e nei capelli un piumino di brillanti che tremolavano, le parlava, inchinandosi, premurosa, mentre Lucia pareva fosse lontana con lo spirito.

- Sono venuta per forza, sai - diceva Lucia, con la sua voce strascicata, quasi le pesassero le parole - sapevo di trovarti. Poi mio padre ci si diverte, lui. È giovane, balla. Perchè non hai risposto alla mia ultima lettera?

- Dovevo venire.... e, capisci....

- Spero che tu non faccia leggere le mie lettere a tuo marito - soggiunse l'altra, con una lieve smorfia di sdegno.

Caterina arrossì accennando di no.

- È un buon giovane tuo marito - concesse Lucia, con tono indulgente. - Ti conviene, credo. Sei bella questa sera. Hai troppi gioielli.

- Sono un dono di Andrea - e respirò, orgogliosa.

- Io odio i gioielli. Non ne avrò mai.

- Se ti mariti, Lucia....

- Maritarmi? Sai quello che ti ho scritto.

- Eppure, senti, quel Galimberti che ti va dietro dappertutto, che ti ammira da lontano, che ti ama senza osare di dirtelo mi fa pena.

- Ahimè! io non ci ho colpa, Caterina.

- Sai, forse è povero, forse soffre in queste case ricche dove ti segue. Tu sei buona, risparmialo. Mi pare turbato molto.

- Che vuoi? egli è, come me, una vittima della fatalità.

- Quale fatalità?

- È uno spostato: meriterebbe di essere ricco, bello.... e non è. Io avrei dovuto nascere o contadina ignorante o regina di un popolo di cui avrei fatto la felicità. Siamo due miserabili. Ci consoliamo con una corrispondenza dove le nostre anime esulcerate si espandono.

- Ma egli s'innamora!

- Io non posso amare nessuno: non mi è dato.- e prese un aspetto rigido, quasi statuario, come un'eroina greca colpita dal fato.

Caterina non le chiese nè il come nè il perchè. Accanto a Lucia subiva il fascino bizzarro che hanno sopra una creatura tranquilla e ragionatrice le divagazioni fantasiose.

- Caterina, ora visito i poveri nelle loro case. Una occupazione interessante e umanitaria. Ci si provano emozioni dolcissime. Vuoi venire?

- Ne parlerò ad Andrea.

- Hai bisogno di chiedergli sempre permesso. Hai così perduto la tua libertà?

- Sai, una moglie....

- Dimmi, Caterina, che vi è di singolare, di felice nel matrimonio?

- Io non capisco.

- Narrami come l'amore vi si estingua.

- Non so, Lucia.

- Il matrimonio sarà dunque l'eterno mistero della vita?

- Chi ti dice queste cose?

- Il mio cuore, Caterina - disse l'altra, alzandosi.

E con aria solenne soggiunse, levando la mano, trinciando l'aria:

- Ed esiste una sola cosa.

- Che cosa?

- Esiste la passione.

- Sempre un giovanotto è prediletto - disse il commendatore Gabrielli a Giovanna, storcendo un po'la bocca per quella nervosità di cui soffriva.

- Ma non sono questi i miei ideali - rispose Giovanna, posatamente, con la sua voce incantevole. - Io ho avuto sempre un tacito disprezzo per questi sfaccendati, senza ingegno e senza carattere, che passano la loro gioventù a giuocare, a cavalcare, a spendere per le donne....

E finse di arrossire, dietro il ventaglio spiegato.

- Ecco, signorina Giovanna, forse avete ragione. Ma un giovanotto dissipatore diventa un buon marito.

- Non mi pare, commendatore. Salvo il rispetto che vi debbo, l'opinione mia è diversa. Vedete il marito di Angelina Toraldo, che perla di marito! Quando lei piange e si lagna, dicono che lui la schiaffeggi. Un orrore. Questi mariti giovani sono brutali. Vedete Andrea Lieti: come dev'essere grossolano con quella piccola Caterina! Invece un uomo maturo....

- Avete fatto qualche volta questo paragone, signorina Giovanna?

- Sempre. Un uomo posato, grave, che ha delle idee serie intorno alle cose della vita, che ha un ideale politico....

- Voi dovreste tener bene un salone politico - mormorò lui, guardandola.

Ella abbassò il ventaglio e fece un gesto con le spalle, come se il bel corpo volesse slanciarsi dalla corazza. Dietro gli occhiali d'oro, gli occhi di gatto del commendatore rifulsero. Poi, dopo essersi offerta per un momento, Giovanna spiegò di nuovo il ventaglio, si fece carezzevole, si fece piccina.

- Oh! io non ho merito! Egli rifulgerebbe e io modestamente mi lascierei irradiare dalla sua luce. Noi donne amiamo di essere le ispiratrici segrete de'grandi uomini. Se conosceste il nostro cuore....

E si appoggiava a quel braccio, sfiorandogli la spalla, sorridendo perennemente, sorridendo sino alla stanchezza, mentre il cranio calvo del commendatore Gabrielli diventava di un rosso lucido.

- È stata una follìa - susurrò Lucia Altimare, buttandosi sul divano. - Una vera follìa che mi avete fatto commettere. Non avrei mai dovuto ballare il valtzer....

- Perdonatemi - disse Andrea, apparentemente imbarazzato e segretamente seccato, restando in piedi innanzi a lei.

- Voi non ci avete colpa - disse ella, guardandolo di sotto in su. - Siete robusto, siete gagliardo, vi è passata un'idea bizzarra pel capo. Io non doveva accettare. Sentite; sul principio tutto andava benissimo, quel waltzer era delizioso.... voi mi sollevavate come una piuma, poi la testa mi è cominciata a girare.... la sala volteggiava intorno a me....i lumi mi ballavano nel cervello.... affogavo. ...

- Vorreste bere qualcosa?

- No - rispose lei duramente, vedendo spezzata la sua divagazione.

- Un ponce? un ponce è ottimo per lo stomaco - continuò lui come uno stordito. - Riscalda, ritempra. Io lo berrò. Vi prego, bevete qualche cosa se non volete farmi avere rimorsi. Tutt'i nostri mali vengono dallo stomaco. Volete che vada a chiamar Caterina, per farvelo dire?

- Caterina non ci ha visti venire qui?

- Non credo. Ballava con Federico Passalancia, mio cognato. Com'è bella Caterina, questa sera, nevvero?

Ma Lucia Altimare non gli rispose. Diventò pallidissima, respirò forte, poi scivolò dal divano a terra svenuta.

Andrea Lieti bestemmiò energicamente in cuor suo quante donne ballavano il waltzer e quanti uomini le fanno ballare.

III.

Ogni mattina, con la sua lunga vesta da camera di drappo tessuto, una riga rossa, una riga gialla, una riga azzurro cupo, tenuta ferma alla vita da un cordoncino d'oro e rialzata sopra un fianco, le maniche rimboccate sui polsi nudi, un immenso fazzoletto di tela bianca come strofinaccio, Lucia Altimare, licenziata la cameriera, toglieva la polvere nel suo quartierino (una camera e un salottino), ove suo padre la lasciava vivere liberamente.

Quella pulizia che compiva metodicamente, sempre alla istessa ora, dopo essersi vestita e aver pregato, era per lei un godimento squisito. Prima di tutto le pareva di fare opera utile e pia, piegando il suo forte orgoglio e le sue deboli forze a un lavoro manuale. Al momento di tòrre la polvere dai mobili, ella diceva a Giulietta con un senso di condiscendenza:

- Andatevene pure: faccio da me.

- Ma signorina.... - obbiettava l'altra.

- No, no, lasciatemi fare.

E le pareva ancora di essere umanamente buona con Giulietta risparmiandole una fatica e mostrandole che non disdegnava di scendere a quelle opere servili.

- Davanti a Dio siamo tutti uguali. Se potessi reggervi, io spazzerei e rifarei il letto; ma sono così malaticcia! Se mi curvo troppo, mi prende la palpitazione - pensava, annodando un grembiule nero e rialzando lo strascico della sua veste da camera di stoffa turca.

Ma il piacere più fine, quello che più scuoteva i suoi nervi vibranti, che più faceva fremere la sua sensibilità squisita, era quel fermarsi lungamente a ogni oggetto che entrasse nella sua vita, a riandare così sui giorni passati, a misurare l'avvenire, a passare da un sogno all'altro, a fantasticare.

A Lucia Altimare l'aspetto freddo, rigido, quasi monacale della sua camera, faceva ritornare in mente il suo sogno di diventar monaca, di ammalarsi nel misticismo come santa Teresa, di morire nella follìa della croce come santa Teresa. La camera non aveva tappeto e i mattoni lucidi avevano qualche cosa di glaciale. Il letto, di cui Lucia Altimare strofinava a lungo i bastoni di ferro ricurvo, era senza cortine, con una semplice coperta di dobletto bianco, un solo cuscino magro e piccolo: il letticciuolo di una vergine ascetica. Accanto al letto, avvolta in una cornice di velo crespo nero annodata in un angolo, era una Madonna bizantina col bambino, dipinta sul legno, il fondo d'oro, la veste d'indaco, il manto rosso, gli occhi stranamente aperti, le mani che stringevano il bambino Gesù: pittura balbettante: il primo alfabeto dell'arte. Prima di pulirla, Lucia la baciava, e il crespo di lutto la faceva fantasiare di sua. madre che aveva appena conosciuta e da cui aveva ereditato quella Madonna. Spesso sulla mano sottile e diafana della Vergine, dipinta nel color della cera, ella cercava con le labbra le tracce dei baci materni.

Sotto la Madonna, accanto al letto, era un inginocchiatoio di legno, scolpito alla foggia medioevale. Lucia lo aveva comperato da un rigattiere. Dallo scudo di legno era raschiato l'arme di famiglia - e Lucia, invece di farvi scolpire le alte onde in tempesta e la stella polare sul cielo sereno di casa Altimare, vi aveva fatto incidere il teschio e il motto Nihil, che aveva adottato per sua divisa. Per pulirlo, s'inginocchiava sul cuscino di velluto rosso e macchinalmente pregava ancora. Si staccava di là con dispiacere, e andava a passare il fazzoletto di tela sul piccolo cassettone del collegio, il comoncino che aveva portato seco e per cui una parte della vita anteriore le ricompariva: i libri nascosti tra le pieghe delle camicie, le imaginette di Lourdes mescolate coi nastrini, i confetti che ella non mangiava. Sul piccolo cassettone era un cuscinetto da spilli, di seta rossa, coperto di trina finissima che Ginevra Avigliana, la più paziente merlettaia del collegio, le aveva donato - e una Imitazione di Tommaso da Kempis, fittamente annotata al margine con inchiostro rosso come il sangue: ella, passando il fazzoletto sulla copertina del libro, ne leggeva qualche parola.

Ma mutavano le fantasie quando si trovava innanzi al grande specchio del uso armadio, dove si poteva mirare tutta. Si guardava, vedendo quante pieghe facesse l'abito sul petto, pensando di essere diventata molto più magra in poco tempo. Stringeva fra le dita il tenue giro della cintura, pensando che, se avesse voluto, avrebbe potuto renderla sottile come un giunco. Posava di profilo, con lo strascico buttato di fianco, la testa un po'inclinata sulla spalla destra. Era un ritratto fantastico che aveva visto una volta, in quella posizione, nella vetrina di un fotografo: una donna incognita, scarna, e vestita di bianco. Lucia immaginava che quella sconosciuta avesse molto sofferto e poi fosse morta, ignota, nella tenebra dell'ignoto.

Non mutavano le fantasie vicino allo specchio della pettiniera, ovale, coperto da un velo bianco, poiché di sera è cattivo augurio guardare lo specchio scoperto. Ella aveva gittato in un angolo il grande fazzoletto, già sporco: ne aveva preso un altro e lo passava sulla lastra, lentamente. Stanca, sedeva innanzi allo specchio, appoggiava la testa a una mano e si mirava minutamente la fronte, gli occhi, le labbra, come se volesse scoprirvi qualche cosa. Ogni tanto prendeva dalla tavoletta la bottiglia del profumo di ambra gialla e la fiutava, rimirandosi sempre per vedere il pallore intenso e le lagrime che le faceva sgorgare quell'odore troppo acuto. Aveva nel cassetto anche una scatolina di rossetto, con lo zampino di lepre per spanderlo; ma non lo adoperava. Una mattina che si tinse una guancia sola, ne rimase disgustata. Preferiva il pallore, quel caldo pallore d'avorio, quella passione bianca, come la chiamava un poeta tanto stravagante quanto inedito. Sulla cornice dello specchio era inchiodata con uno spillo, ma libere le ali, una farfalla di cotillon, azzurro e argento, ricordo del primo ballo a cui l'aveva condotta, l'anno innanzi, suo padre. Ogni mattina con un soffio la faceva ondeggiare nelle sue ali leggiere, mentre il corpicciuolo restava fermo. Quella farfalla artificiale, immobile, che ella faceva muovere lievemente, la faceva fantasticare di certe vite posticce, piene di nobili aspirazioni, ma senza volontà, ma senza modo di levarsi in alto. Lucia diceva tra se: quando sono triste, sono io molto interessante o molto brutta? E innanzi allo specchio prendeva la sua grande aria malinconica, calcolava l'effetto di quella fronte bianca seminascosta dai capelli pioventi e arruffati, la profondità dello sguardo tutto pregno di tristezza, la tinta di bistro che sottolineava gli occhi, la linea inclinata del profilo, l'angolo del sorriso amaro che assottigliava lei labbra. Un sospiro di soddisfazione le sollevava il petto. Nella sua mesta apparenza poteva destare interesse. Amore, no. Essa non ne voleva, amore. Per che farne? Non le era dato amare.

Poi ripuliva le boccettine della tavoletta. Dentro vi stavano le medicine fantastiche che una scienza quasi romantica ha dato per rimedio alla falsa nevrosi moderna. In una bottiglina il cloralio per l'insonnia, il cloralio che procura un sonno pieno di penose e deliziose allucinazioni, in cui la fantasia si ammorba, si esalta, si arroventa per poi cadere esaurita. In un'altra la digitalina per calmare le palpitazioni frequenti del cuore. In una, smerigliata, dal tappo d'oro, i sali inglesi per ricondurre gli spiriti smarriti. E in una, finalmente, un'acqua bianca, limpida: morfina in gocce. Il sonno.... il sonno.... fantasticava Lucia, passando in rassegna la sua piccola farmacia.

Dopo lo specchio dava un colpo di mano al secondo armadio, quello della biancheria, spazzolava le tre sedie. Poi, sulla porta della camera, finita la pulizia, dato uno sguardo intorno, le pareva che la sua cella, come la chiamava, avesse assunto quell'apparenza nitida, glaciale, che ella le voleva dare. La fantasia si appagava; parlava tra sé, alla sua camera: sii tranquilla, sii calma, dormi inerta e disanimata sino a questa sera, in cui la travagliata anima mia verrà ad empirti di angoscia.

Se ne andava nel salotto. Era quella la stanza della sua vita, dove più si compiaceva di stare. Si fermava prima alla scrivania, tutta nera, in palissandro, a cinque cassetti larghi e profondi. La sua immaginazione gliela faceva sembrare una bara. Essa puliva con delicatezza il calamaio d'argento ossidato, che rappresentava una barchetta sommersa in un laghetto d'inchiostro. Passava il fazzoletto sul portaritratti di acciaio niellato, a porticine, chiuso ermeticamente, perchè non si vedesse mai quale ritratto vi fosse nascosto. In verità non vi era nulla dentro; ma quella carta bianca, quel vuoto che solo ella conosceva, la faceva pensare all'amante sconosciuto, al mistico cavaliere del San-Graal, al biondo Lohengrin che Elsa non seppe amare, ma che ella avrebbe saputo trattenere. Con leggerezza soffiava sull'idoletto egiziano di creta azzurra, a cui era attaccata una collanina di frammenti azzurri: era una mummietta che si reggeva in piedi, statuina-ritratto di un Cheope qualunque. Serviva di augurio, poiché questi ricordi egiziani combattono le fatalità. Lucia toccava con rispetto la Bibbia legata in marocchino nero, sulla cui prima pagina essa aveva scritto certe date memorabili della sua vita, con un segno misterioso accanto per indicare a che si riferissero. Toccava con rispetto la piccola edizioncina diamante del Leopardi, legata in cuoio rosso, su cui a lettere d'argento, di traverso, era scritto: Lucia. Essa li leggeva ogni giorno quei libri e baciava piamente la Bibbia come il Leopardi. La penna di avorio dalla puntina d'oro, la stecca in legno di sandal su cui era scolpita la parola spagnuola Nada, il suggello di cornalina sul quale si ripeteva il motto dell'inginocchiatoio, il ferma-carte che era un bambinetto di porcellana, in camicia, il nettapenne fatto di panno nero ricamato di bianco come se fosse un mezzo-lutto: tutti questi gingilli fantasiosi, che ella aveva raccolti sulla scrivania, erano oggetto delle sue cure. Perdeva mezz'ora intorno alla scrivania, con le dita che si rallentavano nel loro lavorìo, con le spalle che si curvavano nella contemplazione, con la immaginazione che volava, volava pei cieli.

Poi, dopo la scrivania, veniva un ritratto in fotografia, in una cornice di felpa rossa, sospeso al muro: il ritratto di Caterina. Sotto, in una mensoletta a coppa, come una piletta d'acqua santa, un mazzettino di fiori, ogni giorno rinnovato. Caterina guardava l'amica coi suoi occhi buoni e sereni: tutta la fisionomia aveva quella sua espressione di riflessione un po'fredda. Lucia salutava Caterina ogni mattina strisciando con la tela sul cristallo e mormorando: beata te, che non sogni, beata te, che non sognerai mai! Appresso, sopra un piedestallo piccolo, attaccato al muro, un gruppo di terra cotta, piccino, di Mefistofele e Margherita. La innamorata e colpevole fanciulla è inginocchiata, in una posizione convulsa, le braccia irrigidite, le mani che stringono il libro di preghiera senza poterlo aprire, il petto anelante, le spalle che affogano il collo, la faccia stravolta, la bocca storta pel grido di orrore che ne sgorga: Mefistofele le è alle spalle, alto, scarno, diabolico, possente nel sogghigno, tenendole la mano magnetizzatrice sospesa sul capo, scagliandole l'anatema: un Mefistofele bello, grande, schiacciante. Ogni volta che guardava Margherita, Lucia si sentiva arrossire di desiderio. Ogni volta che guardava Mefistofele, Lucia impallidiva di paura. Desiderio vago e indistinto del peccato: paura vaga del castigo: lotta misteriosa che avveniva nelle profondità dello spirito. Era la mano di Lucia che aveva inciso, un po'storto, un po'tremante, col temperino, nel legno del piedestallo, lo scongiuro: et ne nos inducas in tentationem.

Al tavolino basso, dove posavano gli albums, Lucia si sedeva, poiché la stanchezza era crescente. Apriva l'album delle fotografie, poche, di amiche, di parenti, di amici, tre o quattro giovinotti. Tra questi, per singolarità, era una vecchia e ingiallita fotografia di Petöfi Sandor, il poeta ungherese che s'innamorò di una fanciulla morta. Lucia non lo poteva guardare senza che le venissero le lagrime negli occhi, sognando quell'amore così strano, così doloroso, e così funebre. Chiudeva il libro, lo ripuliva, lo metteva al posto. Apriva quello delle confessioni, dove varie pagine erano scritte, da Lucia, dal poeta inedito, dalla maestra di tedesco, da Caterina, dal professore di storia, da un grand'uomo di passaggio, da Giovanna Casacalenda, da Alberto Sanna e da pochi altri. Alle domande stravaganti erano scritte di contro le più stupide risposte - e le più stravaganti. Quelle di Giovanna erano sciocche, quelle di Lucia fantasiose e folli, quelle di Caterina posate e oneste, quelle del professore fantasiose e folli, quelle del grand'uomo insolenti, quelle della maestra sentimentali, quelle di Alberto Sanna incerte e fluttuanti. Qua e là Lucia ne rileggeva qualcuna. L'album andava a prendere il suo posto. Apriva l'album suo, il più bello, il caro, l'amato: sopra una pagina era incollata una rosellina appassita, e sotto scrittovi un verso di Byron: sopra un'altra, una coroncina di violette mammole, e nel centro bianco una data, una fila di puntini sospensivi: altrove un profilo di donna, disegnato appena, nebuloso, accanto a cui era scritto: Clara. E alla rinfusa, fiori secchi, versi, pensieri, paesaggi, teste, un francobollo americano, uno scarabeo schiacciato contro la carta, due parole scritte con l'inchiostro dorato. Lei sorrideva o s'immalinconiva, sfogliandolo. Si staccava da quel tavolino con rammarico, non senza aver carezzato con le dita una tortuosa lucertolina di bronzo, dalla testina rizzata. Lucia aveva una grande inclinazione per le lucertole, i serpentelli e i rospi: li trovava belli, affascinanti e infelici.

Una bisogna lunga era il pianoforte verticale, carico di carte di musica. Passava lo strofinaccio sul piano lucido, socchiudendo gli occhi come se carezzasse il raso: passava lo strofinaccio sui tasti bianchi e neri, traendone suoni discordanti, quasi lamentosi, una musica informe che si dilettava di variare infinitamente. Lucia suonava mediocremente e poco; ma quando trovava qualche amica filarmonica, la metteva al pianoforte, si distendeva in una poltrona viennese a dondolo, inclinava il capo, socchiudeva gli occhi e ascoltava. Era una delle migliori e più estatiche ascoltatrici di musica, assorbita, senza voce. Teneva sul pianoforte musica tedesca specialmente; più specialmente quella sacra di Bach e di Haydn. L'Aìda era sempre spalancata sul leggìo.

Poi, il telaio da ricamo, una stola per la chiesa della Madonna, la sua Madonna, quella dei sette

Dolori. Accanto, il tavolino da lavoro, minuscolo, su cui una stella di frivolità incominciata, una tela inutile di ragno. Poi le seggiole, le poltroncine, i pouffs, tutti di colori diversi, di stile differente, poiché ella odiava la regolarità. Sul muro, in una cornice di raso bianco, la medaglia d'oro avuta in collegio nell'esame di letteratura: sotto, il primo saggio di calligrafia, puerile. Infine, uno scaffale di libri, pochissimi scolastici, consumati, qualche romanzo, le Vite dei santi. E in ultimo, incollata sopra un quadro di velluto, una grande rosa thea macchiettata di rosso come se fossero stille di sangue: la Rosa Mystica.

Quando aveva finito, Lucia gettava via lo strofinaccio, si spazzolava, si lavava le mani, beveva qualche goccia di melissa diffusa nell'acqua, per sciacquarsi la gola dalla polvere, rientrava nel salotto, si stendeva sul divano, e lasciava che tutte le fantasie venissero a lei.

IV.

Caterina Lieti entrò, piccina piccina nella sua pelliccia, col visetto rosato sotto il berretto di lontra, le mani finemente inguantate di nero.

- Andiamo, dunque, Lucia! È già tardi.

- No, cara: dai miei poveri non si va che alle quattro. Sono appena le due.

- Andiamo altrove.

- .... Dove?

- In un posto dove ci divertiremo.

- Io non vengo, io non ho voglia di divertirmi, io ho voglia di piangere.

- E perchè?

- Non so.... mi sento infelice.

- O povera, povera! Senti, sarà meglio che tu venga, cercherai di distrarti, forse ti distrarrai. A star sempre chiusa in questa stanza, in questa penombra, con quest'aria profumata, ti farà male alla salute.

- La mia salute è distrutta, Caterina - disse l'altra con accento di sconforto. - Ogni giorno dimagro di più.

- Perchè non mangi, cara. Tu devi mangiare. Anche Andrea lo dice.

- Che dice Andrea? - chiese Lucia, con la sua smorfia di noncuranza che dispiaceva tanto a Caterina.

- Che dovresti nutrirti bene, che dovresti bere molto vino, e mangiare le bistecche sanguinanti.

- Non sono un cannibale, io. Questo regime è buono per gli organismi muscolosi, non per i tenui tessuti di nervi come io sono.

- Ma i nervi, dice Andrea, si guariscono con le bistecche.

- Già sarebbe inutile: non le digerirei. Non digerisco più.

- Ma vestiti ed esci con me. Fa un freddo vivificante.

- Dove mi conduci?

- Non te lo voglio dire. Vuoi affidarti a me?

- M'affido.... l'ignoto mi tenta. Trasciniamo dunque dappertutto questo fastidio della vita. Aspettami.

Ritornò dopo mezz'ora, tutta vestita di nero, di corto, con merletti. Un cappello nero, dalla larga falda di velluto, le ombreggiava la fronte e gli occhi,

- Andiamo a piedi? - domandò Caterina.

- Andiamo pure: se mi stanco, prenderemo una carrozza.

Da Montesanto sbucarono a Toledo, camminando presto. Una tramontana secca soffiava, ma il sole inondava di luce le strade. La gente camminava in fretta, col naso rosso e le mani in tasca. Le signore avevano gli occhi pieni di lagrime dietro la veletta e s'inumidivano spesso le labbra, inaridite, disseccate dal vento. Caterina si ravvolgeva strettamente nella pelliccia.

- Hai freddo, Lucia?

- No: è strano come non abbia freddo.

La gente si voltava a veder passare quelle due signore: una coppia singolare. Una, piccola, rosea, dal volto quieto e dagli occhi trasparenti, vestiva come una russa freddolosa. L'altra, alta, magra, dagli occhioni meravigliosi, sul pallore di cera. Un signore, passando in una carrozza da nolo, fece una grande scappellata ad ambedue.

- Galimberti.... - mormorò Lucia, straccamente.

- Dove andrà a quest'ora?

- Non so.... a dar la sua lezione.... credo.

- Sai che mi disse Cherubina Friscia, giorni sono?

- L'hai riveduta?

- Sì, sono andata al collegio perchè la direttrice era ammalata. La Friscia mi disse che in collegio erano molto scontente di Galimberti. Egli è sempre in ritardo sull'ora della lezione: esce prima del tempo o non va punto.

- Ah sì? - disse con indifferenza l'Altimare.

- Poi anche il suo valore scientifico scema. Non si cura dei programmi, corregge male i compiti, nelle spiegazioni è prolisso, nebuloso.... insomma una rovina.

- Povero Galimberti! Te lo dicevo che era uno spostato. Vedrai che finirà male.

- Scusa.... non è per curiosità; ma per amicizia.... ti scrive egli ancora?

- Sì, ogni giorno: mi scrive le sue sofferenze.

- E tu a lui?

- Anche io, ogni giorno.... e lungamente.

- E.... dimmi, è vero che viene ogni giorno a darti la sua lezione di storia?

- Ogni giorno, sì.

- Si ferma a lungo?

- Sì. Naturalmente non parliamo solo di storia, parliamo di sentimento, di affetti umani, di religione....

- Di amore....

- Anche.

- Perdonami, se ti ripeto sempre le stesse cose. Galimberti è innamorato molto. Forse arriva in ritardo alle sue lezioni per venire da te, forse manca perchè si ferma troppo a lungo. Sei tanto buona, pensaci.

- Io non ci ho nulla da fare. Se quello è il suo destino.... è una fatalità.

- Ma tuo padre permette questi colloqui così lunghi?

- Mio padre.... non gliene importa nulla di me. È un uomo senza cuore.

- Non dire così, Lucia.

- Senza cuore. Se io sto poco bene, non se ne dà pensiero. Si burla delle mie pratiche di pietà. Sai come mi chiama, parlando di me? "Quella interessante posatrice che è mia figlia". Dopo questo mio padre è giudicato.

Caterina non rispose nulla.

- Questo Galimberti finisce per esser noioso. Se non fosse così infelice, lo abbandonerei alla sua sorte.

- Sai, Lucia.... una fanciulla che riceve un giovanotto da solo a solo.... sta male.... è pericoloso....

- "Nè fiamma d'esto incendio non m'assale".

Erano arrivate al Caffè d'Europa dove tiravano folate di vento furioso. Caterina per ripararsi si voltò, e vide la carrozza con Galimberti dentro, col soffietto levato per non farsi scorgere, che le seguiva passo passo.

- Dio mio, ecco che ci viene dietro, Galimberti. E la gente che vede? Lucia, come si fa?

- Nulla, cara. Non glielo posso impedire. È il magnetismo, come capisci.

- Lui, ora manca alla sua lezione per venirci dietro.

- Non t'opporre ai Fati, Caterina.

Caterina tacque, non trovando niente da rispondere.

Quando entrarono nel teatro Sannazzaro erano le tre del pomeriggio, ma dentro avevano chiuso tutte le imposte, creata la notte, e fatta la luce col gas, come se si trattasse di una rappresentazione serale. Quasi tutt'i palchi erano pieni, e un cinguettìo, un cinguettìo soffocato, saliva al gaio soffitto dorato: ogni tanto una risatina, invano repressa, scoppiava. La gente entrava in platea, a gruppi di tre o quattro persone, cogli occhi un po'abbarbagliati da quella luce posticcia: il gas pareva scialbo, venendo dal sole che era fuori, per le vie. Le signore erano tutte in acconciatura da mattina, vestite di scuro, coi grandi cappelloni piumati, alcune avvolte nelle pellicce. In un palco si sentiva rumore di tazze: due dame, la duchessa di Castrogiovanni e la contessa Filomarino, pigliavano del the per riscaldarsi. La contessina Vanderhoot continuava a tenere il manicotto sotto il suo nasino di cagnetta, alitando forte per riscaldarsi. Gli uomini, eleganti sotto la pelliccia sbottonata, la gardenia all'occhiello, la cravatta chiara di mattino, i guanti oscuri, giravano per la platea, per le poltrone, cominciavano a fare qualche visita per i palchi. Pareva una vera serata di commedia.

- Che si fa qui? - chiese Lucia, prendendo posto nel palco numero uno, di prima fila.

- Vedrai, vedrai.

- Ma questo tavolato che continua il palcoscenico e prende tutto il posto dell'orchestra, perchè?

- Oggi è il torneo di scherma.

- Ah! - fece Lucia, mediocremente commossa

- Andrea fa tre assalti - soggiunse Caterina.

- Ah sì? - ripetette l'altra con lo stesso tono.

Il maestro d'armi prese posto in fondo al palcoscenico, accanto a un tavolino carico di fioretti, di maschere, di piastroni. Subito in platea tutti sedettero. Fu un silenzio profondo. Il teatro era pieno. Il maestro d'armi era il conte Alberti, un gentiluomo alto, forte, calvo, dalle folte basette brizzolate, dall'aspetto grave. Era vestito tutto di nero e aveva il soprabito abbottonato. Si appoggiava sopra un fioretto.

- Guarda, guarda che tipo - disse Lucia. - Una bella figura rigida.

La prima coppia si avanzò sul palcoscenico. Era il barone Mattei e il maestro Giovannelli. Il barone Mattei era alto, membruto, con la barbetta corta tagliata a punta, i capelli rasi a punta sulla fronte: portava un costume serrato, di panno marrone, con una cintura nera. Subito conquistò le simpatie delle signore; vi fu un movimento nei palchi.

- Un cavaliere ugonotto, pare - mormorò Lucia accendendosi.

Gli schermidori salutarono le dame, la sala, si salutarono. Poi l'attacco cominciò, vivace, pronto. Il maestro Giovannelli, piccolo, grosso, ma agilissimo: il barone Mattei, svelto, freddo, con una scioltezza di movimenti ammirabile. Non parlavano. Dopo l'attacco il barone ricadeva in una posa scultoria che faceva correre fremiti di ammirazione per la sala. Fu toccato due volte: toccò quattro volte. Poi si strinsero la mano e deposero i fioretti. Uno scoppio di applausi rintronò.

Nell'intermezzo le conversazioni ricominciarono. Giovannelli era forte, ma Mattei era il più bravo dilettante di scherma di Napoli. Scuola di Radaelli o di Enrichetti? No, una scuola speciale, tutta propria. Giovannelli aveva i garretti di ferro, ma il Mattei aveva il polso di acciaio.

- Ti piace? - chiese sottovoce Caterina a Lucia.

- Molto, molto - rispose tutt'assorta.

- Ci è Giovanna Casacalenda.

- Dove?

- In seconda fila, al numero tre.

- Ah!... già. Ecco, dietro di lei, il commendatore Gabrielli. Povera Giovanna!

- Il matrimonio è annunciato ufficialmente. Ma lei non sembra triste.

- Finge.

La seconda coppia, Lieti dilettante e Galeota maestro, comparve e si mise in posizione. Andrea era vestito di panno nero, la cinta di cuoio giallo, gli scarponi gialli, e i guanti in pelle di camoscio Tutta l'atletica persona si disegnava benissimo nel pieno vigore della forma, nell'armonia della linea. Lui sorrise al palchetto, un momento. Caterina si era ritirata un po'in fondo con gli occhi imbambolati.

- Tuo marito è bello oggi - sentenziò gravemente Lucia. - Pare un gladiatore.

Caterina la ringraziò col capo.

Galeota, sottile, magro, bruno, attaccò con lentezza: Andrea si difese con flemma. Si guardavano negli occhi, immobili, misurandosi con lo sguardo: ogni tanto un colpo sagace, sagacemente riparato. La sala era immersa in un'attenzione profonda.

- Su, su - diceva piano Lucia, presa da un tremore nervoso, rotolando fra le dita il suo fazzoletto di batista.

L'assalto seguitava, calmo, sereno: tutto scientifico; sembravano due giuocatori di scacchi. Finì con due o tre bòtte e risposte, profonde, studiate, due bòtte miracolose. I due schermidori, stringendosi la mano, si sorrisero. Si valevano. La sala applaudì: applausi dati alla raffinatezza di scuola.

- Applaudisci tuo marito. Non sei contenta del suo valore?

- Sì - rispose Caterina, arrossendo.

Una visita entrò nel palco: era Alberto Sanna, il cugino di Lucia.

- Buon giorno, signora Lieti. Bel trionfo, eh! pel signor marito.

L'altra salutò e ringraziò. Lucia stese due dita al cugino che le tenne un momento fra le sue. Era un mingherlino, abbastanza piccolo, un po'curvo nel soprabitino: aveva le tempia incavate, i pomelli sporgenti, e i mustacchi scarsi, spelati, come un pennello bagnato nella gomma: del resto, l'aria signorile. L'aspetto malaticcio e il sorriso incerto. Parlava piano, sibilando le lettere come se gli mancasse il fiato. Raccontava a quelle signore che quel freddo gli faceva male, che malgrado la pelliccia non aveva potuto riscalducciarsi, e che era entrato, così per caso, al teatro, per aver caldo. Era fortunato di ritrovare quelle signore. Le pregava di non cacciarlo, per carità cristiana.

- Fuori - soggiunse - ho trovato il tuo professore di storia, Lucia, che passeggia fumando un sigaro. Perchè non entra?

- Non so! non avrà voglia di vedere la scherma.

- O non avrà il denaro da comperare il biglietto - ribattè Sanna con la malignità trionfante degli esseri morbosi.

Lucia lo saettò di uno sguardo, ma non rispose. Caterina rimaneva tutta imbarazzata, senza saper che cosa dire. Guardò sulla scena: si battevano due maestri con grande vocìo, forti colpi di piedi, e un agitare di braccia come i pali del telegrafo semaforico. La sala era disattenta, annoiata di quest'assalto che durava troppo e che la stordiva. Giovanna Casacalenda discorreva col commendatore, ritto dietro di lei, mentre occhieggiava obliquamente Roberto Gentile, l'ufficiale, in una poltrona, tutto impettito nell'uniforme nuova.

- Non tirate di scherma, signor Sanna? - domandò Caterina per animare la conversazione.

- Come vorresti che tirasse! Se non ha mai fiato per dire quattro parole - rispose vivacemente Lucia, rendendo al cugino la malignità.

Per la pietà del pallore di Sanna, la Lieti arrossì, tremando. Un silenzio imbarazzante si fece nel palchetto. Poi, come se nulla fosse, Lucia staccò una gardenia dal mazzetto che portava alla cintura e la diede ad Alberto. Alle guance scarne di costui salì un po'di sangue: tossì debolmente.

- Hai male, Alberto? - e gli pose una mano sul braccio.

- Sì, un poco: è il freddo - disse l'altro con una voce lamentosa di bimbo ammalato.

- Prendi un ponce per riscaldarti.

- Mi fa male al petto.

Caterina, fingendo di non ascoltare, stava tutta intenta allo spettacolo. Il conte Alberti aveva consegnati due fioretti al maestro Galeota cadetto e al dilettante Lieti. La sala fu di nuovo commossa. Il maestro Galeota cadetto era un giovinotto bello, elegante, con una capigliatura bionda e ricciuta, gli occhi azzurri e sfavillanti, una barbetta bionda e riccia, la carnagione bianca di una donna. La persona giusta, piena di grazia: un abito di azzurro oltremare con la cintura bianca. Di fronte a lui Andrea Lieti, come un colosso tranquillo.

- Dio mio - esclamò Lucia - Galeota pare il Nazareno. Com'è buono e gentile! Purché Andrea non gli faccia male.

Ma Andrea non gli fece male. Fu un attacco furioso, tempestante, in cui i fioretti si piegavano, stridevano: il fioretto di Galeota si spezzò nella impugnatura. Alberti fece sostare. Gli schermitori alzarono le maschere per respirare.

- Come Galeota rassomiglia al Corredino di Aleardi! - disse Lucia. - Ma tuo marito è un glorioso Carlo d'Angiò.

L'assalto ricominciava più forte, più caldo. Tra il romore, ogni tanto, si sentiva la voce tonante di Andrea Lieti: toccato! Tra il romore si sentiva la voce armoniosa e squillante di Galeota: toccato!

Le signore si entusiasmavano, stringendo gli occhialini, un po'abbandonate sui parapetti, mentre un fremito di diletto faceva sussultare il teatro. Lucia, tutta intenta, si premeva il fazzoletto sulla bocca, ficcando le unghie convulsamente nel velluto rosso del parapetto. Caterina si era di nuovo fatta indietro, nella penombra.

- Bravo, bravo - gridò la sala alla fine dell'assalto, presa da un impulso.

Lucia, sporgendosi fuori del palco, applaudì. Del resto molte altre signore applaudivano. Era un torneo. Lucia aveva gli occhi dilatati, le labbra tremanti: scatti nervosi la facevano voltare ogni tanto sulla sedia.

- Ti diverti, Lucia? - tornò a domandare Caterina.

- Moltissimo - e un impeto di passione le fece socchiudere gli occhi.

- Senti, Alberto, se non fa troppo freddo, va un po'giù e facci portare qualche cosa dal buffet.

- Io non voglio nulla - si schermì Caterina.

- Ma sì, sì: prenderai un bicchier di Marsala con qualche biscotto.

- Prenderò quel che vuoi - assentì la Lieti, senza volontà.

- Per me farai portare un gelato, Alberto.

- Con questo freddo? Mi fai venire i brividi.

- Io abbrucio. Senti la mia mano.

E mise un dito del poveretto, dove il guanto lascia un vano rotondo.

- Va, fammi portare un gelato. Bada alle correnti d'aria.

- Questo povero Alberto non avrà lunga vita - mormorò Lucia quando la porta fu richiusa.

- Perchè?

- È minacciato dalla tisi. Gli è morta così la madre, così gli sono morte due sorelle. Non vedi come è scarno?

- Non farlo soffrire allora.

- Io? Ma io gli voglio un bene dell'anima. Io capisco le sofferenze: già non ho intorno che creature malaticce.

- Quest'ambiente ti nuocerà alla salute, come dice Andrea.

- Oh, egli è forte il tuo Andrea! Proprio forte. Oggi, vedi, è il più forte di tutti. Ma non viene mai a vedermi.

- Sai.... non ha mai un minuto di libertà. Teme di parlar troppo forte, di farti venir l'emicrania.

- Non ama l'ambra, mi pare? - e sorrise stranamente.

- Il profumo gli fa andare il sangue alla testa. Gli dirò di venire.

- Senti, Caterina.... egli non ti dà mai fastidio.... con la soverchia forza? Non hai mai avuto paura di lui? Di morirgli fra le braccia?...

Caterina spalancò gli occhi, arrossì.

- Come? Non t'intendo. Che vuoi dire?

- Nulla, nulla - fece l'altra, infastidita. - Prendiamo il gelato, poiché ecco qui Alberto.

Durante tutta la conversazione lo spettacolo continuava, ora interessante, ora noioso. In fondo, i conoscitori trovavano che il torneo era splendidissimo e che la scuola napoletana aveva sempre il primato. Anche le signore discutevano. La Filomarino d'un tratto aveva dichiarato che Galeota cadetto era un Antinoo, con la sua leale sfacciataggine di donna tizianesca. In quanto alla marchesa Leale, l'amante del barone Mattei, era in solluchero: tranquillamente seduta accanto a suo marito, ella portava sul petto uno spillo rappresentato da due fioretti incrociati che il barone le aveva donati: il barone portava ricamata sulla cintura una rosa rossa, emblema della marchesa Leale.

Giovanna Casacalenda non rispondeva quasi più al commendatore fidanzato, le guance accese, le labbra umide, eccitata da quell'incrociamento delle spade, da quel trionfo della forza fisica, saettando con gli occhi Roberto Gentile. Qualcuna si pentiva di aver trascurato il ventaglio pel manicotto, in quell'atmosfera che diventava sempre più calda. A poco a poco un vapore rosso saliva verso il soffitto, e le fantasie eccitate sognavano dappertutto i duelli, fioretti scintillanti, spade rifulgenti, bòtte segrete, e belle dame plaudenti. Un ardore bellicoso correva pei palchi e per la platea.

- Ti ha fatto bene il gelato, Lucia? - disse Alberto.

- No. Abbrucio più di prima. Vi era il fuoco dentro.

- Forse, uscendo fuori, respirerai meglio.

- A momenti finisce - osservò Caterina. - Vi è la poule fra mio marito e Mattei.

Invero questa poule era la più interessante fra tutte. Stavano di fronte i due forti campioni, Lieti e Mattei, vigorosi, calmi, sorridendosi. Tacque la sala. Per cinque minuti i due schermidori giuocarono di fioretto, facendo un ricamo di saluti, di finte messe in guardia, di finte parate, di posizioni plastiche, tutta una variazione sinfonica, la cui nota tematica era il saluto cavalleresco. Applausi senza fine: poi silenzio di nuovo, poiché cominciava il vero assalto. Tacevano i due schermidori, agili, pronti, sagaci, vivaci all'attacco, vivaci alla difesa, parando arditamente, liberando il fioretto come nel giro di un anello. Si valevano. Lieti toccò cinque volte Mattei: Mattei quattro volte Lieti; ma il trionfo fu uguale. Il pubblico rompeva la gara, acclamando ai campioni. Un fazzoletto cadde ai piedi di Andrea. Egli esitò un istante: poi lo raccolse senza voltarsi e lo passò nella cintura. Le donne si rompevano i guanti a furia di applaudire.

Quando le raggiunse nel palco, Andrea trovò le signore in piedi che lo aspettavano. Alberto Sanna era andato a prendere la sua pelliccia nel guardaroba.

- Buona sera, signorina Altimare, buona sera, Caterina. Ce ne andiamo? - disse brevemente, con voce dispettosa.

E aiutò sua moglie, che era lì tutta confusa, a mettersi la pelliccia. Poi, non potendone più:

- Perchè hai fatto quella cosa ridicola, Caterina? - scoppiò a dire. - Ma ti par bene farsi guardar dalla gente? farsi burlare?

Ella non rispondeva, gli occhi chinati, le mani nascoste nel manicotto.

- Tu, una donnina così ragionevole? Siamo dunque al medio evo? Perdio, esporsi al ridicolo così!

Caterina si mordeva le labbra, impallidiva, non potendo piangere, non trovando un filo di voce per rispondere. Lucia stava ad ascoltare, appoggiata allo stipite della porta.

- Dite del fazzoletto, signor.... Andrea? - interruppe lei lentamente.

- Appunto, il fazzoletto. Bella celia coniugale!

- Sono io che l'ho buttato, signor Andrea.... in un impeto di entusiasmo. Eravate molto e molto forte oggi: il primo campione del torneo.

Andrea restò senza parola, calmato d'un tratto, sorridendo vagamente. Caterina respirò tutta contenta.

Mentre Alberto Sanna, tornato, offriva il braccio a Caterina, Andrea aiutò Lucia a mettere il mantello. Questa, con la testa rivolta verso di lui, lo sguardo filtrante tra le palpebre, le nari frementi, appoggiò, per infilare le maniche, lievemente le spalle sul petto di lui: uno sfioramento impercettibile.

V.

- Siete voi, Galimberti? Venite pure avanti.

- Non vi disturbo? - e al solito inciampò nel tappeto, sedette col cappello in mano, un guanto non messo, l'altro infilato, ma non abbottonato.

- Non mi disturbate mai - ed era il tono monotono e freddo dei giorni di malumore.

- .... pensavate? - soggiunse il nano, dopo qualche tempo di silenzio.

- Sì, pensavo.... ma non ricordo più quello che pensavo.

- Siete uscita stamane? È una bellissima giornata.

- Invece io ho freddo. Ho sempre caldo quando fa freddo io, e viceversa.

- Creatura strana!

- Eh?

- Perdonatemi.

- E voi, Galimberti, siete andato stamane a dar lezione al collegio?

- Sì.... sono andato, sebbene fossi molto triste e non avessi punto voglia d'insegnare....

- Molto triste.... e perchè? - Ma la indifferenza era in quella domanda.

Egli si passò una mano sulla fronte e restò pensoso. Mentre ella voltava le spalle al balcone, egli vi si trovava di fronte: era giallo alla luce mite di un giorno di febbraio. Gli occhi pareva ogni tanto che loscheggiassero.

- Ieri - riprese lui - ieri non mi beneficaste di una lettera.

- Ieri.... che feci ieri?... mi ricordo, non vi scrissi perchè venne Alberto Sanna.

- Viene.... spesso.... mi pare?

- È mio cugino - disse lei freddamente.

Di nuovo la conversazione cadde. Lui contava macchinalmente le dita del guanto che non aveva messo, parendogli qualche volta di trovarne sei. Lucia sfilacciava la frangia di seta della sua poltroncina, la faccia in aria.

- Volete che vi dia oggi la lezione di storia?

- No. La storia è inutile. Tutto è inutile.

- Siete anche voi triste?

- Non sono neppure triste, sono indifferente. Vorrei non pensare.

- Sicché, scusatemi, nemmeno domani avrò una vostra lettera?

- Non so.... credo che non potrò scrivervi.

- Eppure quelle lettere erano la mia consolazione - gemette il nano.

- Fugace consolazione.

- Sono così infelice, così infelice....

- Tutti siamo infelici - sentenziò lei, senza guardarlo.

-Temo che al collegio non mi amino più - egli riprese come se parlasse a se stesso. - Trovo sempre certe facce glaciali: quella Cherubina Friscia deve odiarmi. È una ipocrita beghina che misura le mie parole. Essa nota sul libro di presenza, quando arrivo più tardi. Non so come, talvolta dimentico l'ora: la mia memoria è diventata molto debole.

- Beato voi. E io che non posso dimenticare....

- .... poi le tricolori di quest'anno sono svogliate e insolenti. Mi contraddicono, si rifiutano di fare i compiti, mi fanno certe domande impertinenti. Ogni tanto perdo il filo del discorso e non mi raccapezzo più.... esse ridono....

- È finita, signorina Lucia, è finita. Io non trovo più diletto nell'insegnamento. Credo.... credo che nel collegio abbiano montata una cabala contro me.... una cabala spaventosa, terribile, segreta, che finirà per distruggermi.

Volse intorno l'occhio inferocito e pauroso, iniettato di sangue e di bile, come se volesse misurare i nemici contro cui difendersi.

- Il rimedio è molto breve, caro Galimberti - disse con semplicità Lucia.

- Ditelo, ditelo: siete il mio buon angelo: vi ubbidirò.

- Scuotere la polvere dai calzari e partire. Date le vostre dimissioni.

Galimberti restò interdetto, meravigliato. Esitava a rispondere.

- Non vi è cara la vostra libertà? - aggiunse lei. - Non vi nausea l'ambiente troppo meschino dove siete costretto a vivere? Vi è un mezzo per riacquistare la vostra indipendenza. Date le vostre dimissioni.

- È vero.... - mormorò lui.

Non avrebbe mai osato confessarle che uscire dal nobile educandato per lui era la rovina e la miseria. Di là ricavava il più forte dei suoi guadagni, di là qualche lezione privata di fanciulle che uscivano, con cui aumentava il gruzzolo per poter vivere, egli in Napoli, sua madre e sua sorella in provincia. Mancato questo, gli restava soltanto una classe serale, di scuola operaia, da cui ritraeva sessanta lire al mese: il mezzo per morire di fame in tre. Era già vergognoso di essere brutto, sgraziato, e quasi vecchio; si vergognava di confessarle che era anche povero.

- È vero.... - ripeteva tutto desolato.

- Perchè non ne scrivete alla direttrice? Se vi è una cabala, dovete prevenirla.

- Una cabala vi è.... la sento attorno a me.... scriverò, sì, scriverò.... uno di questi giorni.

Tacquero. Lucia carezzava le pieghe della sua vestaglia turca. Prese l'album dei ricordi e vi scrisse questi versi del Boito:

..................l'ebete

Vita che c'innamora,

Lunga che pare un secolo,

Breve che pare un'ora.

Ripose l'album sulla tavola e il porta-lapis d'oro in tasca.

- Credereste una cosa, signorina Lucia?

- .... Così....

- Oh a questa credeteci, che è una verità sacrosanta. L'unico tempo felice della mia vita è quello che passo qui.

- Ah sì? - fece lei, senza guardarlo.

- Ve lo giuro. Prima di venirci sono addentato da un'ansia, ho in mente tante cose svariate e pressanti da dirvi. Qui alla porta le dimentico tutte. Perchè? Temo di aver la testa debole. Poi questo tempo vola via, voi mi parlate, odo la vostra voce, sto qui con voi, nella stanza dove vivete, rimango troppo, credo. Perchè non mi scacciate? Quando me ne vado, alla soglia del portone il primo colpo d'aria mi porta via tutte le idee, e resto col cervello vuoto, tentando invano di riafferrare il mio pensiero.

- Ecco il signor Sanna, signorina - entrò ad avvisare Giulietta.

- Me ne vado - disse esitante, turbato, alzandosi, il professore.

- Come volete - e si strinse nelle spalle.

Egli restò, non sapendo come accomiatarsi mentre l'altro entrava. Alberto Sanna, chiuso sino al collo nel soprabito, con un fazzolettino di seta rossa per difesa della gola, portava in mano un mazzetto di violette. Lucia si alzò, gli dette le due mani, lo trascinò presso il balcone per osservarlo bene in viso.

- Come stai, Alberto? Ti senti bene oggi?

- Sempre a un modo - disse lui, rassegnato - una debolezza indicibile mi ha rotto le giunture.

- E stanotte hai dormito?

- Sì, abbastanza bene.

- Non ti pare di aver avuta la febbre?

- Mi pare di no: almeno quei brividi di freddo, quegli avvampamenti non li ho sentiti.

- Dammi il polso. È debole, ma tranquillo, sai.

- Ho fatto colazione leggiera.

- Pure dovresti nutrirti bene.

- Che! il mio stomaco non digerisce più.

- Come il mio, Alberto. Che belle violette!

- Te le ho portate: credo che ti piacciano.

- Spero che non le abbi avute da una fioraia.

- Allora non te le avrei portate.

- Grazie - e gli strinse di nuovo la mano.

Questo dialogo avveniva presso il balcone, mentre Galimberti stava solo e dimenticato nella poltrona. Egli, senza alzare gli occhi, seccato dai suoi guanti, teneva sulle gambe l'album delle fotografie. Ma restava troppo tempo senza voltare il foglio, contemplando le immagini che dovevano essergli indifferenti. Finalmente Lucia ritornò alla sua seggiola viennese e Alberto sedette sopra uno sgabello accanto a lei.

- Alberto, tu conosci il professore?...

- Ebbi l'onore....

- Ci siamo conosciuti.... - dissero insieme, il professore a bassa voce, il cugino seccamente.

Si squadravano, l'uno infastidito dell'altro, indovinandosi innamorati della stessa donna: il Galimberti sentendo la necessità di andarsene, ma non sapendo levarsi su, non trovando il modo e le parole per accomiatarsi: il Sanna fermo di restare, profittando del suo stato di parente. Lucia pareva non accorgersi di questo: odorava le sue violette, diceva qualche parola, specialmente con suo cugino. Ma la conversazione non filava. Il professore, alle domande di Lucia, rispondeva per monosillabi, trasalendo o facendo la faccia dell'uomo che non capisce e che risponde per cortesia. Sanna non si dirigeva mai a Galimberti, parlando. Poco a poco il terzetto divenne nuovamente dialogo.

- Sono entrato nelle stanze di tuo padre, prima di venire da te. Usciva, voleva condurmi seco.

- Egli esce sempre.... e tu perchè non sei andato?

- Stamane ha piovuto e mi sento nelle ossa il ribrezzo dell'umidità. Qui da te si sta calduccio: ho preferito di restare.

- Non hai caminetto a casa tua?

- Sai, quei soliti caminetti napolitani dove il fuoco non può vivere, un caminetto di carta pesta. Poi dal servitore non si può aver mai una cosa a modo. Io ci gelo, malgrado il tappeto.

- Accendete mai fuoco in casa vostra, Galimberti?

- .... No, signorina. Veramente non vi è caminetto.

- Come fate a studiare?

- Ma.... studiando, non ho freddo.

- Tu, Alberto, quando hai da lavorare, vientene qui. Io ricamo e tu scrivi.

- Io non ho nulla da scrivere, Lucia. Sai che i miei affari li cura tuo padre. Già lo scrivere mi fa male al petto.

- Allora tu leggerai.

- Il leggere mi secca: non vi sono che corbellerie nei libri.

- Allora chiacchiereremo.

- Questo sì: tu mi dirai quelle bellissime cose che pensi, che mi sbalordiscono, e che rapiscono d'ammirazione quelli che ti ascoltano. Dove le trovi, tu, Lucia, quelle strane cose?

- Nel paese dei sogni - diss'ella, sorridendo con indulgenza.

- Vedi, vedi, il paese dei sogni lo hai inventato tu! Le dovresti scrivere queste cose, Lucia. Saresti una scrittrice....

- A che serve? Io non ho vanità. Non è vero, professore, che non ho mai avuto vanità?

- Mai. Una modestia eccessiva congiunta a un merito....

- Basta, non vi chieggo complimenti.... Pensavo, stanotte: ho avuto l'insonnia solita....

- Spero che non avrai preso il cloralio?

- Per contentarti, non l'ho preso. Ho sopportato l'insonnia per te.

- Grazie, bella mia.

Si guardarono come due innamorati soddisfatti. Galimberti stava ad ascoltare, fissando la cornice di felpa rossa dov'era il ritratto di Caterina.

- Me ne debbo andare, me ne debbo andare - pensava.

Si sentiva inchiodato sulla poltroncina come se non avesse più forza per andarsene: era infelice, poiché s'era accorto che uno dei suoi stivali era infangato. Gli sembrava che Lucia guardasse sempre quello stivale. Non osava trarlo indietro e ci si crucciava.

- Dunque ho pensato stanotte, fra tante altre cose, che tu, Alberto, avresti bisogno di una donna.

- Quale donna? Una donna di governo? Sono egoiste e odiose, non le posso soffrire.

- Ma no, una moglie.

- Tu pensi?... È singolare, io non ci avrei mai pensato.

- Ma sai: tu hai bisogno di una donna che non rassomigli alle altre. Tu hai bisogno di una donna eccezionale.

- È vero, è vero: io ho bisogno di una donna eccezionale - approvò Alberto, già convinto.

- Una donna eccezionale. Dico bene, professore?

Egli si scosse, scombussolato. Che voleva da lui, ora? Lei continuò senza aspettare la risposta:

- Tu sei un po'cagionevole di salute, caro Alberto. Questa tua è una età difficile, con tanti svaghi che ti offre la gioventù, coi balli, coi teatri, con le cene....

- Io non vado in nessun posto - borbottò lui - ho troppa paura d'ammalarmi.

- Sia: fai bene a esser prudente. Del resto sono piaceri vani. Ma in casa tua, nella tua casa fredda e solitaria, ci vorrebbe una donnina dolce e affettuosa, capace di passare le giornate accanto a te, non annoiandosi mai, prodigandoti le cure più tenere. Ella sarebbe la tua moglie e la tua infermiera, la tua lettrice e il tuo segretario: ti amerebbe, ti curerebbe, ti sorriderebbe! Pensa: quanta luce, quanto amore, quanta dolcezza d'intimità nella casa tua! Pensa: la vita intiera di questa donna consacrata a te!

- E dove lo trovo questo angelo, Lucia, dove lo trovo? - esclamò Alberto, acceso da quel discorso, disperato di non aver sotto mano quella moglie.

- Ahimè! Alberto, tutti corriamo dietro a un ideale inarrivabile. Anche tu sarai della moltitudine dei sognatori.

- Io vorrei trovarlo quest'ideale - insisteva lui, nella sua ostinazione di creatura debole e capricciosa.

- Cerca - disse Lucia, levando gli occhi al soffitto della stanza.

- Senti, Lucia, mi fai un favore?

- Parla. Perdono, Galimberti, mi date quel ventaglio di piume di pavone?

- Avete caldo, signorina?

- Molto caldo. Ho la febbre, credo. Sapete voi che le piume di pavone sono di cattivo augurio?

- Lo imparo ora.

- Sì, sono iettatrici, come i pennacchi di brughiera sono di ottimo augurio. Me ne potreste procurare?

- Domani....

- Dicevo, Lucia - ricominciò Alberto, senza distogliersi dalla sua idea - che dovresti farmi un favore. Perchè non mi scrivi, sopra un po'di carta, queste belle cose che mi hai dette? Ti stavo a sentire incantato. Tu parli benissimo. Se tu mi scrivi quelle cose sopra un pezzetto di carta, io, vedi, lo metto in questa divisione del portafoglio, e ogni volta che lo aprirò, mi ricorderò che ho da cercare il mio ideale, cioè una moglie.

- Sei un grazioso matto - disse Lucia, con la sua aria bonaria: - ma in cambio di questa idea peregrina io farò qualche cosa di più. Tutte queste cose e altre ancora che non pensi, io le scriverò in una lettera.

- Quando, quando?

- Oggi, stasera, domani.

- No, stasera.

- Bene, stasera. Ma tu non mi rispondere.

- Ti risponderò.

- No, Alberto. Tu hai il petto delicato, il curvarti ti stanca. Non voglio assolutamente.

Così il professore era perfettamente escluso dalla intimità di quel duettino, come una persona noiosa.

- Che ci fo qui, che ci fo qui, che ci fo qui? - domandava a se stesso.

Ora aveva tratto indietro, goffamente, il piede calzato dallo stivale inzaccherato; ma lo rodeva un dubbio feroce, di aver la cravatta di traverso, come gli accadeva talvolta. Toccarla non osava. E il suo animo era doppiamente tormentato: da quella lettera che Lucia scriveva al cugino e da quella cravatta che non voleva mai starei a posto.

I due tacevano, guardandosi: sul volto tisico di Alberto vi era un punto interrogativo. Certo egli domandava tacitamente alla cugina: se ne va o non se ne va questo seccatore? E lei gli rispondeva con l'occhio: pazienza, se ne andrà, secca anche a me. Ma il più strano era che Galimberti presentiva confusamente tutto questo, voleva andarsene, ma le forze gli mancavano. Sentiva la schiena attaccata alla spalliera, la testa pesante insopportabilmente.

- Signorina, ecco il signor Andrea Lieti.

- Questo è un miracolo.

- Se mi rimproverate - disse lui, ridendo - non mi siedo neppure. Buongiorno, Alberto, buongiorno, Galimberti.

E la stanza parve piena di quel forte uomo, del suo riso espansivo, della sua bella salute; Galimberti, storto, basso, giallastro: Sanna, meschino, esile, tisicuzzo, pallido: Lucia, snella, magra, tutta cascante, sembravano una miseria umana. Galimberti si raggricchiava nella sua poltroncina, curvando il testone d'idrocefalo; Alberto Sanna contemplava Andrea da sotto in su, con un'ammirazione profonda, facendosi più piccino, come un essere debole che si ripara all'ombra protettrice del gagliardo; Lucia, invece, si distendeva sopra la poltroncina, avvolta come un serpente flessuoso in quella stoffa turca, mostrando una babbuccia di velluto ricamata in oro, avendo quel suo sguardo affinato fra le palpebre, che pare distacchi una scintilla all'angolo dell'occhio. Ma tutti tre, in apparenza, erano dominati, soggiogati da quella umanità fisica, così sviluppata, così fiorente, nel suo largo e perfetto svolgimento. La stanza era sicuramente diventata più angusta, i mobili parevano più piccini, umiliati di fronte a quella grossezza; tutte le minute cianfrusaglie, le cosette strane di cui Lucia amava circondarsi, erano assorbite, scomparse. Andrea sedeva appoggiando le spalle al pianoforte - e sembrava che lo nascondesse. Egli scuoteva la testa riccioluta, mettendo un'aria di forza in quella stanza tutta morbosa: egli rideva un po'troppo vivamente turbando il silenzio malinconico di quell'ambiente in cui non si osava parlare che a voce sommessa.

- Io sono qui come ambasciatore, signorina Lucia. Ho da presentare le mie credenziali al governo?

- Ecco le vostre credenziali - e indicò con la mano il ritratto di Caterina.

- Già, ecco Ninì. Il mio governo m'ha detto: va, sarai ricevuto bene, con gli onori che merita il rappresentante di una potenza amica.

- Caterina ha detto tutto questo?

- Tutto, no. È dinanzi alla vostra fantasia, signorina Lucia, che io fiorisco d'immagini le poche parole di mia moglie.

- Anche voi mi rimproverate la mia fantasia - disse con tono dolente la fanciulla, e guardò in giro i suoi amici, come per chiamarli a testimoni di tanta ingiustizia.

- No, per nulla. Non è permesso di scherzare? In breve, Caterina mi ha detto: alle tre andrai....

- Sono già le tre? - chiese, interrompendo male a proposito, Galimberti.

- Già le tre, caro professore. Potete vederlo anche al vostro orologio.

- Il mio è fermo - disse l'altro, imbarazzato di dover mostrare un largo orologio argentato, vecchio, di famiglia. - Ma io debbo andarmene.

- Per la vostra lezione, Galimberti? - domandò lei, noncurante.

- Veramente.... l'ora è passata. Non credevo che fosse così tardi.... del resto non sarà un gran male per le mie scolare. Domani, signorina, si ha a fare la lezione di storia?

- Domani.... non potrò. Mi sento troppo stanca. Domani no.

- Mercoledì, allora.

- Ve lo farò sapere - disse infastidita.

Quando Galimberti uscì, con un rossore di mattone cotto sulle guancie gialle, un senso di pena durò in quelle tre persone del salotto. Ognuno pensava qualche cosa che credeva di dover tacere.

- Povero diavolo! - esclamò finalmente Andrea.

- Sì, ma un noioso - soggiunse Alberto.

- Che vuoi farci? Queste signore, per squisitezza d'animo, si scordano che egli è semplicemente un maestro; e lui anche, stordito, lo dimentica. Quando ritorna in sé, deve soffrire molto.

- Oh! è un infelice - mormorò Lucia. - Io lo sopporto per compassione. Ma quando sono di cattivo umore e sto male, questo povero sofferente diventa un incubo, non so come liberarmene.

- È dotto in istoria? - chiese Alberto, con la curiosità infantile dell'ignorante.

- Sì, così. Non mi parlate più di lui: oggi ha guastato la mia giornata. Che dicevate prima che egli uscisse, signor Lieti?

- Che dicevo? Non me ne rammento più....

- Dicevi che la tua signora ti aveva detto di venire qui alle tre - suggerì Alberto, come recitando la lezione..

- Ecco. E io, dopo colazione, sono andato prima al bersaglio, poi ho parlato col deputato di Caserta per la esposizione agraria regionale di settembre, poi sono venuto qui.... per gravi comunicazioni, signorina Lucia.

- Io me ne vado - disse Alberto.

- Ti pare? per me? per quello che ho da dire? Ma se puoi benissimo ascoltar tutto.

- Gli è che con questo bel sole, prima che tramonti, vorrei fare un giro per la Villa - soggiunse

Alberto, tutto impensierito: - mi farà bene alla salute. Vorrei aver appetito per l'ora del pranzo.

- Va, Alberto mio, va a passeggiare. Potessi venire anch'io! Dev'essere bello il sole: salutalo per me.

- Ti ricordi la promessa che mi hai fatta?

- La ricordo e non manco.

Quando furono soli, si guardarono in silenzio. Andrea Lieti era un po'imbarazzato: pensava che sarebbe stato conveniente andarsene anche lui. Invece Lucia si era accomodata meglio nella poltrona, aveva ritirato il piede calzato nella pianella di velluto: la veste turca la copriva come un manto dalle pieghe larghe che chiudevano e celavano tutte le forme del corpo.

- Mi prendete quella Bibbia dal tavolino, signor Lieti?

- È venuta l'ora della preghiera, signorina? Io mi ritiro - disse lui, con una intonazione comica.

- No - rispose Lucia alzandogli in faccia gli occhi - no, poiché io prego sempre. Ma quando mi accade qualche cosa di strano, di molto strano, io apro la Bibbia a caso e leggo il primo versetto che mi capita sotto gli occhi. Vi è sempre un consiglio, una guida, un presentimento, una fatalità nelle parole scritte.

Quello che diceva, fece. Lesse a bassa voce, due o tre volte, il versetto come colpita da meraviglia; poi lo lesse ad alta voce:

"Io amo quelli che mi amano; e quelli che mi cercano mi troveranno" (Proverbi - capo 17).

Egli ascoltava stupito. Lo prendevano certi impeti di dispetto di fronte a quel singolare misticismo, lui che viveva nella bella indifferenza della buona salute. Taceva per buona creanza di gentiluomo che non vuole offendere una signorina; ma quella storiella gli pareva ridicola.

- Avete udito, signor Lieti?- soggiunse lei, come se lo provocasse.

- Ho udito: è una bellissima cosa. Parla dell'amore, mi pare. Per me, già, del Vecchio, e del Nuovo Testamento non mi piace che l'episodio amoroso fra Maddalena e Gesù.

- Signor Lieti!

- Pardon, mi è sfuggito. Sono un po'rude, signorina Altimare. Noi, che stiamo bene, vediamo le cose sotto un altro aspetto. Di nuovo, scusatemi.

- Infatti voi siete pieno di salute - disse sospirando. - Ricordo sempre, sempre quel waltzer che mi faceste ballare. Non lo farò più.

- Ma che! tornerà l'inverno, ci saranno altre feste, noi balleremo senza riposo.

- Io non ho più forza per ballare

- Siete voi che volete ammalarvi. Perchè avete chiuso le finestre? È mite il tempo e qui si soffoca. Io apro.

- No - fece lei, mettendogli una mano sul braccio. Alla lievissima pressione egli cedette: ella sorrise.

- Non sognate mai, signor Lieti?

- Mai. Dormo profondamente, otto ore, coi pugni chiusi, come quando ero bambino.

- E a occhi aperti?

- Mai.

- Tal quale come Caterina, allora?

- Oh! tal quale.

- Voi siete felici - e l'accento era amaro.

Ci si sentiva il dolore. Egli la guardò turbato. Dopo tutto, gli sembrava di essere duro con quella fanciulla. Che gli aveva fatto? Era malaticcia e fantastica? Una ragione di più per compatirla. Doveva essere una creatura mal guidata, poco amata, che smarrisce la sua via attraverso la vita.

- Maritatevi - le disse brutalmente.

- Perchè? - disse ella, sbalordita.

- Per questo. Le fanciulle si debbono maritare, guariscono col matrimonio.

- Oh! - esclamò Lucia, e si nascose gli occhi con la mano.

- Di nuovo ho detto qualche sciocchezza? Ora vi dico quello che vuole Caterina e scappo via. Altrimenti voi mi scacciate.

- No, signor Lieti. Chissà, il vostro buon senso borghese ha forse ragione.

Egli capì il senso riposto della frase e ne fu ferito.

Quella magra creatura, con le sue arie vaporose, sapeva mordere nella carne dunque? Gli apparve sotto un aspetto nuovo. Si sentiva offeso, e un lieve sgomento lo prendeva di quella donna che aveva la difesa della debolezza. Cominciava a sentirsi male in quell'ambiente, in una stanzetta piccola dove pareva non potesse stirarsi le braccia senza dar dei pugni al muro, in quell'aria profumata che gli opprimeva i polmoni, con quella personcina sottile e lunga, avvolta in un pezzo di stoffa turca, una donna che aveva una bocca simile a una rosa rossa e gli occhi ora stralunati come se vedessero meravigliosi spettacoli, ora languidi come se l'anima morisse nella stretta di desiderii sconosciuti. Egli sentiva un peso nella testa, come un principio di emicrania. Avrebbe voluto aprir la finestra con un pugno nei vetri, gettare a terra i muri con una spallata, sollevare il pianoforte e buttarlo nella strada, fare un atto di vigore per scuotere l'intorpidimento che lo vinceva. Poi una voglia brutale lo afferrava alla gola, una voglia di stringere quella personcina sottile fra le sue braccia poderose per farle male, per sentirne scricchiolare le ossa, per stritolarla. Il sangue gli andava alla testa e la testa gli si faceva sempre più pesa. Ella lo guardava, esaminandolo, agitando il suo ventaglio di penne di pavone. Intese forse? Senza dir nulla si alzò e aprì i cristalli, restando là a vedere quelli che passavano. Poi ritornò un po'colorita in volto.

- Dunque? - chiese, come se volesse sapere la conclusione di un discorso.

- Dunque i vostri profumi mi danno l'emicrania. Per poco non son caduto in deliquio, cosa che non mi è mai accaduta, cosa che proprio non mi farebbe piacere. Me ne posso andar via? Vi posso dire quello che vuole Caterina?

- Ascolto. Ma state meglio ora?

- Sto benissimo. Non sono Alberto Sanna.

- No, non siete Alberto Sanna - ripetette lei, piano. - Egli è ammalato. Mi fa pietà. Come vi sentite?

- Ma, benissimo. È stata una debolezza passeggiera. Il camminare mi farà bene. Caterina....

- Amate voi vostra moglie quanto io l'amo?

- Eh? che dimanda?

- Non ci badate: ho sbagliato. Io non credo all'amore nel matrimonio.

- Fate male.

- Siete irritato, signor Lieti? - e sorrise.

- No, vi assicuro. È stato un malessere fisico. Io non ho mai turbamenti morali. Già, mi pare che non esistano. Mia moglie....

- Siete materialista, voi?

- Signorina Lucia, voi mi farete andare in collera - esclamò lui, metà indispettito, metà ridendo. - Voi non mi lasciate parlare.

- Vi ascolto.

- Domenica ventura Caterina vi vorrebbe a pranzo con noi. Viene la sua cuginetta Giuditta dal collegio. La sera, la ricondurrete voi due insieme.

- Non so.... - disse esitando - non so se venire. ...

- Caterina ve ne prega per mezzo mio. Mi ha mandato apposta. Venite. Abbiamo un cuoco eccellente: non pranzerete male.

Ella si strinse nelle spalle. Pensava, con le sopracciglia aggrottate, come se guardasse nel futuro.

- Sembrate una Sibilla, signorina Lucia. Via, decidetevi. Un pranzo non è una cosa molto grave. Vi farò fare della crema méringue, che deve piacervi perchè è leggiera e nebulosa.

- Scriverò a Caterina.

- No, non scrivete. Perchè scrivete tanto? Mi ha imposto di costringervi a dire di sì.

- Bene, verrò.

E gli mise la mano nella mano. Lui, con un atto cavalleresco, si chinò e vi depose un bacio, una lieve sfioratura. Ella lasciò la mano e gli alzò gli occhi in volto. Pareva più alta di lui, per una strana illusione ottica.

Quando tornò a casa, tutto sbuffante, dopo una corsa di due ore attraverso Napoli, Andrea Lieti gridò alla moglie che Lucia Altimare era una creatura falsa, rettorica, e antipatica; che nella sua casa ci si affogava e si correva il rischio di un'apoplessia; che ella era circondata di tisici e di rachitici, Galimberti, Sanna, e chi sa quali altri; che mai più vi sarebbe ritornato; che vi era andato per amor suo, ma che le aveva fatto un grande sacrificio; che egli detestava quella posatrice fanciulla che riceveva gli uomini come una vedova, liberamente; che non capiva come gli uomini e le donne s'innamorassero di quell'anemica, di quelle quattro ossa messe in croce. Questo gridò, e altro ancora. Non si fermò che quando vide il viso della moglie addolorato: ella non rispondeva, ma aveva volontà di piangere. Quel dissidio, quell'antipatia così aperta fra due persone che ella amava, veramente la crucciavano.

- Almeno - balbettò - almeno ha detto che verrebbe domenica a pranzo?

- Figurati, per conto tuo ho dovuto pregarla come si prega una santa. Non voleva, la stupida! Poi ha accettato. Ma ti avverto che domenica io non pranzo qui. Esco al mattino e ritorno a mezzanotte. Sopportala tu, la tua posatrice.

Questa volta Caterina si mise a piangere.

VI.

Durante tutto il pranzo, nella sala del palazzo in via Costantinopoli, dove i Lieti abitavano, vi era stato un lieve imbarazzo, celato con cura, ma che ogni tanto trapelava. Per sei giorni, in casa, Caterina non aveva osato parlare di Lucia. Solo, al sabato, visto che Andrea aveva riacquistato tutto il suo buonumore, lo aveva pregato di non uscire il domani. Egli aveva fatto prima una spallata di noncuranza, poi aveva detto quietamente:

- Resterò: sarebbe una sconvenienza escire.

Ma Andrea era venuto a casa un po'freddo. Lucia era molto nervosa: bella, del resto, nel suo molle abito di casimiro bianco che si drappeggiava nobilmente, con un grosso gruppo di violette sul petto. La conversazione era stata glaciale. Caterina, che aveva condotto Giuditta in carrozza su e giù, era un po'turbata. Temeva che Lucia non si accorgesse della freddezza di Andrea. Si pentiva di averla invitata. Parlava più dell'usato, rivolgendosi a Lucia, ad Andrea, a Giuditta, cercando di rianimare il discorso, facendo sforzi inauditi per mettere di buonumore i suoi cari. Per un momento sperò che il pranzo portasse allegria, e sospirò di sollievo quando il servo annunziò che la signora era servita.

Ma la gaiezza della stanza da pranzo a nulla valse. Andrea, seduto accanto a Lucia, la serviva distrattamente. Egli mangiava e beveva molto, come al solito, divorando in silenzio, come di solito non faceva. Lucia mangiava poco, bevendo dei bicchieri di acqua, appena coloriti di vino, un color di ametista chiarissima. Quando Andrea le parlava, Lucia lo ascoltava con gli occhi intenti, che non si abbassavano: egli chinava i suoi e si rimetteva a mangiare. Caterina era sgomenta, poiché vedeva che quell'avversione cresceva. Cercava di tirare Giuditta nella conversazione, ma la bambina era tutta presa dall'impeto di quella fame taciturna delle collegiali, avvezze a mangiar male.

Solo verso la fine del pranzo il gelo si sciolse. Andrea prese a chiacchierare speditamente, volubilmente, rivolgendosi alle due donne, alla bambina, ridendo, parlando a se stesso. Lucia ebbe la bontà di rispondere due o tre volte col sorriso. Per la crema méringue si dissero delle cortesie: Lucia la paragonò a un fiocco di neve immacolata; Andrea trovò il paragone poetico ed efficace. Caterina diventò rosea, da pallida che era stata, vedendo quell'apparenza di buon accordo. Ma capiva che Lucia era in una delle sue serate cattive: di quelle famose del collegio, che finivano sempre male, con le convulsioni, con qualche scena di lagrime. La faccia si contraeva ogni tanto, nervosamente: l'occhio spalancato, nerissimo, il petto anelante che sollevava il gruppo di violette. Due o tre volte le chiese, come in collegio:

- Che hai?

- Niente - diceva l'altra, seccamente, come in collegio.

- Ma non vedi che non ha nulla? - osservò finalmente Andrea. - Sta meglio del solito, anzi. Signorina Lucia, questa sera sembrate un'altra: siete colorita.

- Vorrei.

- Siete voi coraggiosa?

- Perchè me lo domandate?

- Per saperlo.

- Ebbene, sì.

- E allora bevete un bicchierino di cognac, tutto d'un fiato.

- No, Andrea, no: non glielo lasciar bere. Le farebbe male.

- Sarebbe grazioso. Non ne avete la tentazione, signorina Lucia?

- Io.... sì - disse, dopo una lieve esitanza.

- Brava, brava! Anche tu, Caterina: a te non ti fa nulla. E a Giuditta....

- No, alla bambina: si ubbriacherebbe.

- Ma che! una gocciolina, un fondo di bicchierino.

Lucia bevve d'un fiato, imperterrita: poi impallidì. Giuditta bevve, tossì, starnutò, rossa, con le lagrime agli occhi. Attorno alla tavola si rideva, mentre Caterina le dava dei colpetti sulla schiena.

- Credo che tu beva troppo cognac stasera, Andrea - gli mormorò all'orecchio.

- Non bevo più: hai ragione.

Levandosi per andare nel salotto, offerse il braccio a Lucia: cosa che non aveva fatta, entrando. Caterina si chetava. Quando li vide nel salotto giallo, seduti l'una sul canapè, l'altro sulla poltrona, discorrendo placidamente, ella se ne andò dentro a lavare il viso e le mani della bambina.

- Avete smesso l'ambra, signorina Lucia?

- Sì, signor Lieti.

- Perchè?

- Non so.

- Me ne rallegro con voi.

- Grazie.

- I fiori vi stanno meglio. Chi vi ha dato quelle violette?

- Siete curioso, signor Lieti.

Egli la guardava sorridente, l'occhio lucido. Invero gli pareva un'altra; forse per l'abito bianco, tutto morbido, tutto curve. Era preso dalla bonarietà soddisfatta del dopopranzo, da quel senso di beatitudine tenera che gli metteva dell'affetto nella voce.

- Io mi chiamo Andrea - susurrò.

- Lo so - disse lei, duramente.

- Ditemi Andrea. Non dite Caterina, forse? Io e Caterina siamo la stessa cosa.

- Non per me.

- Capisco. Ma se Caterina vi è tanto amica, vi posso essere amico anch'io. Mi proibite di diventarlo?

- .... Forse l'amicizia non esiste.

- Sì, ch'esiste. Non siate pessimista. Sentite, cara signorina, che ve lo dica piano in un orecchio.

Ella si curvò sino a toccargli le labbra con la guancia. Egli le disse:

- Qui siamo in due a volervi bene. Credetelo.... Lucia si riversò indietro, abbandonò il capo sulla spalliera, chiuse gli occhi.

- Ma è dunque un'altra donna, col collo così bianco e così palpitante nel riccio di trina? - pensava Andrea.

- Andrea, Andrea - chiamò dalla camera Caterina.

Egli si scosse, crollò le spalle come se le scaricasse di un peso, dette un'occhiata a Lucia che pensava, chiusi gli occhi, e andò di là. Per qualche tempo parlottarono a bassa voce marito e moglie, discutendo. Di botto, ridendo silenziosamente, egli afferrò sua moglie e la baciò nell'orecchio. Caterina si schermì, accennandogli a Giuditta che si metteva il cappello innanzi allo specchio e che vedeva tutto.

- Tutto dipende da lei - mormorava lui, rientrando in salotto. - Signorina Lucia, dormite?

- No, non dormo mai.

- Caterina vi vorrebbe un minuto di là.

- Che vuole?

- Lo so, ma ho avuto ordine di non vi dire niente.

- Ci vado, allora.

E ci andò, lasciando scorrere sinuosamente il suo strascico bianco per terra. Senza pensarci, Andrea sedette sul divano e appoggiò il capo dove ella aveva appoggiato il suo. Un odore selvaggio di capigliatura gli sfiorò le nari. Si alzò e passeggiò per diradare i vapori che gli annebbiavano il cervello.

Di là, Caterina era impacciata per spiegare la cosa a Lucia. Non trovava le parole, intimidita da quella alta fanciulla, vestita di lana bianca come una dama romana, che aspettava ritta, senza battere palpebra.

- Credo.... credo che tu ti annoi di venire con me al collegio.

- Per far che?

- Per accompagnare Giuditta.

- No, non vengo. Il collegio mi fa cattiva impressione. Va tu.

- Andrei.... se non temessi di lasciarti sola. Ma ritorno presto, sai. Il tempo di andare e venire in carrozza.

- Va pure. Io rimango sola volentieri.

- Gli è che.... volevo....

- Portar teco Andrea? È naturale.

- No, no... il contrario.

- Lasciarmelo in compagnia? Si annoierà.

- Ma che dici!

- Si annoierà, Caterina.

- Se è lui che non vuol restare per paura di annoiarti. Se non ti dispiace....

- Ti pare? era tutto questo? Io rimango sola, con tuo marito, come tu vuoi. Purché tu venga presto.

- O non dubitare, cara - e l'abbracciò rizzandosi sulla punta dei piedi, tutta contenta di aver accomodata quella grossa quistione.

- Vestiti dunque e va.

Quando Giuditta e Caterina passarono pel salotto, trovarono Andrea e Lucia seduti come prima, senza parlare.

- Va pure, Caterina. Io leggerò un libro, tuo marito leggerà il Piccolo. Hai un Leopardi?

- No, mi dispiace....

- Bene, penserò. Va, cara, va.

Andrea ascoltava senza parlare.

- Se vuoi, puoi addormentarti - gli disse sottovoce sua moglie, salutandolo.

Ma non si baciarono per causa della bambina. Lei se ne andò, leggiera, felice, poiché aveva provveduto a tutto. Quelli che restavano, la seguirono coll'occhio. Poi, senza parlare, Lucia offrì il Piccolo ad Andrea che lo spiegò.

Fingendo di leggere, egli sbirciava Lucia con la coda dell'occhio. Lucia lo guardava con un sorrisetto così buono, così seducente, che di nuovo gli parve un'altra donna, tutta serena, tutta giovane nel suo abito bianco.

- Non vi annoiate, signorina?

- No, penso.

- Ditemi a che cosa pensate.

- Che v'importa? Penso alle cose lontane.

- È una malattia pensare troppo. A volte, ma raramente, succede anche a me di pensare.

- Pensate voi, ora, signor.... Andrea?

La mano di lei pendeva, abbandonata. Egli scherzando, intrecciò un momento il mignolo suo col mignolo di lei. Un silenzio si prolungò.

- Che pensavate, ora? - chiese di nuovo Lucia, con quella voce bassa dove si effondeva tanta tenerezza.

- Non vorrei dirvelo. Come avete la mano bianca, lunga, sottile. Vedete che specie di manona ho io!

- Quel giorno, al torneo di scherma, la vostra mano fece miracoli.

- Credete, eh? - e diventò rosso dal piacere.

Di nuovo tacquero. Ella ritirò la mano e si mise a scherzare con le violette che aveva sul petto. Egli socchiuse gli occhi, non perdendo mai di vista quel viso puro, pallido, delicatamente colorito di roseo, quegli occhioni magnetici, quelle sopracciglia sottili, quella bocca rossa e schiusa come un fiore di melagrano. Si perdeva in una contemplazione vaga, vedendo sopra un fondo nebuloso spiccare quella figura affascinante di donna.

- Ditemi qualche cosa, signorina Lucia.

- Perchè?

- Voglio sentirvi parlare. Avete una voce incantevole.

- Anche Caterina me lo ha detto stasera.

A quel nome egli si alzò improvvisamente, fece due o tre giri nella stanza, come un leone irrequieto. Ella trasse una seggiola innanzi, vi appoggiò i piedi, chiuse gli occhi.

- Vi addormentate? - domandò Andrea, fermandosi davanti a Lucia.

- No, sogno - rispose lei, con tanta dolcezza, che Andrea le sedette di nuovo accanto, sulla poltrona.

- Ditemi che pensavate poc'anzi - soggiunse Lucia, mettendogli una mano sul braccio.

Andrea restò immobile per non far rimuovere quella mano.

- Pensavo a una cosa cattiva, ma vera.

- Di me?

- Di voi, Lucia.

- Ditela.

- No, vi farebbe dispiacere.

- .... da voi, no.

- Lasciate che non ve la dica.

- Mi siete scortese.

Tacquero. Un senso di pena adombrava il volto di Lucia: ella respirò affannosamente due o tre volte, come se fosse oppressa.

- Che avete?

- Niente: sto bene. E voi, signor Andrea?

Egli non rispose. Si sentiva bene lui? Lui che ogni tanto era vinto da una molle sensazione di dolcezza, come se il sangue gli si rinfrescasse nelle vene; che respirava piano e la veste di Lucia gli pareva come una larga falda nevosa; e che era preso da un desiderio pazzo di buttarsi per terra ai piedi di quella donna, appoggiarle il capo sulle ginocchia, e chiudere gli occhi come un bambino? Stava bene egli che ogni tanto era preso da certi sbuffi di ferocia, per cui avrebbe voluto stringere le braccia intorno a quella vita sottile per sentirla fremere, divincolarsi, flessuosa come una tigre? Cercava di non pensare, ecco tutto.

- Che stoffa è questa, signorina Lucia? - domandò dopo un poco, strisciandole pian piano un dito sulla manica.

- È lana.

- Una lana morbida.

- Cachemire.

- Vi sta tanto bene. Perchè non la portate sempre?

- Vi piace?

- Sì, molto - e seguitava a carezzarle il braccio macchinalmente.

Ella s'inchinò verso lui, molto da presso.

- Fatene fare una a Caterina.

Questa volta Andrea non si alzò, ma trasalì vivamente, ritirò la mano e la passò nei capelli per rigettarli indietro.

- Pensavo poc'anzi - esclamò - e non volevo dirvelo, che l'uomo il quale s'innamorasse di voi sarebbe molto infelice.

Lucia si rigettò indietro fredda, silenziosa, il viso indurito in una espressione di collera.

- Ecco che siete andata in collera - disse egli a voce più bassa, un po'umiliato.

- No - e il monosillabo fischiò tra i denti.

- Sì, siete in collera. Io sono brutale.

E cercò aprirle il pugno che ella teneva nervosamente chiuso. Non vi riesciva, temendo di farle male, pregandola di non ficcarsi le unghie nella palma della mano. Ella lasciava fare con un'aria di sofferenza che le rialzava gli angoli delle labbra, con la guancia appoggiata sulla spalliera del divano.

- Lucia, Lucia.... - mormorava. - Siate buona con chi è stato cattivo.

Finalmente, con un sospiro di trionfo, aprì quella mano: quattro segni rossi macchiavano la palma bianca. Andrea guardava, senza osar di baciare quella mano martoriata. Vi soffiò sopra, come un bambino.

- È passata la bua?

Ella si degnò di sorridere, ma non di rispondere. Andrea cercò di placarla, parlandole piano, dicendole delle puerilità, imitando la voce dei bimbi che chieggono scusa alla mamma, che giurano di non farlo più, che non vogliono andare nella stanzetta buia dove hanno paura - e su quel viso forte di uomo era tale espressione infantile, egli faceva così bene le spallate, le scrollate di testa, il brontolio piagnoloso, i movimenti felini dei fanciulli, che ella finì per ridere un po'nervosamente, ma con un riversamento della testa che mostrava il collo bianco e palpitante.

- Mammina ha perdonato? - finì lui.

- Sì, sì - e gli dette un colpetto sulla spalla, ridendo ancora.

Di nuovo egli resistette al desiderio di baciare quella mano.

- Sapete che siete più grassa questa sera?

- Vi pare? - disse lei, languidamente, come spossata dal riso.

- Sicuro.

- Sarà l'abito bianco.

- O sarete voi. Voi fate miracoli strani. Sembrate quello che volete sembrare.

- Che sembro questa sera? - soggiunse Lucia, con una stanchezza voluttuosa.

- Sembrate una strega - rispose Andrea, con profondo accento di convinzione.

Lei lo guardò, interrogandolo, parlandogli con gli occhi, volendo sapere ancora.

- Una strega.... una strega.... - ripetette lui, come se rispondesse a una voce interiore.

Suonarono le nove all'orologio, ma niuno dei due trasalì. Una calma era nel salotto, dove si diffondeva la luce di una sola lampada, temperata dal paralume. Rumori non ne giungevano. Nulla. Due, soli, vicini; guardantisi. Quelle pause sembravano piene di significato e piene di dolcezza: non ricominciavano a parlare che con uno sforzo. Parlavano sottovoce, lenti lenti, senza un gesto. Egli non si avanzava, ma lei non tirava indietro il capo.

- Che profumo portate nei capelli? - chiese egli.

- Nessuno.

- Oh! ci avete certo un profumo. Poco fa l'ho sentito....

- Eppure non ci metto nulla.

- L'ho sentito, appoggiandomi dove si era appoggiata la vostra testa.

- Sentite - disse lei, con un abbandono audace, mettendogli la testa vicino alla faccia per fargli odorare i capelli.

Allora lui, abbarbagliato, affogato, afferrò Lucia per la vita e la baciò sul collo, rudemente, grossolanamente. Ella si sciolse, balzò in piedi, furiosa, viperea, fulminandolo. Non si scambiarono una parola. Egli guardava, sbalordito, confuso, lei che correva per la stanza, cercando il mantello, il cappello, i guanti, non trovandoli, fremendo di rabbia. Ogni tanto ella si passava la mano sul collo, come se le bruciasse. S'infilò il mantello, abbottonandolo frettolosamente; le mani tremanti non potevano annodare presto i nastri del cappello nero. L'abito bianco era scomparso: era tutta nera, ora, pallidissima, un cerchio bistrato sotto gli occhi: si faceva livida.

- Dove andate?

- Me ne vado.

- Sola?

- Sola.

- No. Piuttosto me ne vado io..

Le fece un saluto profondo e scomparve dentro la stanza da letto, chiudendo la porta.

Quando Caterina rientrò, tutt'ansante, trovò Lucia sola, sdraiata sul divano, tranquilla.

- Ho tardato troppo, forse? E Andrea?

- Non so. È di là, credo.

- Tu che facevi sola sola?

- Pregavo: sai, col rosario di lapislazzuli.

Caterina passò nella stanza da letto. Una forma nera era buttata, bocconi, di traverso sul letto, senza cuscino, con le braccia aperte, come un Cristo arrovesciato.

- Andrea? - chiamò ella, sottovoce.

- Che è? - disse lui, bruscamente.

- Dormi?

- Mi seccavo e sono venuto qui. Lasciami dormire.

- E Lucia, chi l'accompagna?

- Tu. Lasciami in pace.

VII.

Un mattino, prima di uscire, Andrea disse a sua moglie, baciandola:

- Prepara i bagagli per questa sera. Partiamo per Roma.

- Quanti giorni? - chiese lei, senza mostrare meraviglia, abituata a questi ordini improvvisi.

- Almeno quindici. La biancheria, gli abiti buoni: lascia i gioielli. E pronta al comando, sai, bimba!

Se n'erano andati a Roma, senza avvisare alcuno della loro partenza. Pareva un viaggetto di nozze: da un anno e mezzo del loro matrimonio, non avevano mai viaggiato che da Napoli a Centurano. Caterina aveva le piccole sorprese e le ingenuità di una novella sposa; ma si assuefaceva subito, come una creatura d'ordine, che nulla giunge a squilibrare. Andrea godeva, canzonandola, vedendo che sporgeva ansiosamente la testa dallo sportello, a ogni stazione, dicendole le cose più favolose sui paesi che rasentavano, ridendo perchè lei non le credeva, offrendole da bere, offrendole di scendere per far due passi: ed ella si schermiva, come una bambina timida, che non vuole essere canzonata. Andrea passeggiava nel vagone, urtava contro la vôlta, fumava, mangiava, metteva il grosso capo fuori dello sportello, parlava con gl'impiegati, discuteva col venditore di giornali, sgomentava gli altri viaggiatori con la sua statura erculea. Era insomma esuberante di vita, allegro e chiassoso. Caterina non l'aveva mai visto così, specialmente dopo il periodo di malumore furioso per quel pranzo malaugurato. Oh! era stato un malumore formidabile e spaventoso: la casa tremava per le porte sbatacchiate, per le sedie respinte con violenza, per i pugni battuti sulle scrivanìe, per gli arrabbiati scoppi di voce che tonavano per tutto. Una tempesta di tre giorni che ella aveva vinto col silenzio, con la placidezza, con l'obbedienza. Poi Andrea si era calmato, ma n'era rimasto un po'nervoso, con certi impeti di collera, sempre più radi. Infine, non era ridiventato l'antico Andrea, l'Andrea fanciullo, ridanciano e clamoroso, che scoppiava di salute e di gioia, tranne che nel viaggio. Caterina non diceva nulla; ma, dentro, il piccolo cuore le si allargava, dilatato dal piacere.

A Roma Andrea fu preso da un'attività fenomenale. Si svegliava presto, sorridendo alla faccina rosea che spiava il suo risveglio, e cominciava a chiamare tutti i camerieri dell'Hôtel de Rome; prendevano il caffè in fretta e poi se ne andavano a visitare la città. Certo, Andrea non amava punto le antichità e Caterina non le intendeva affatto; ma era di obbligo visitarle, anche per acquistare l'appetito della colazione. Se ne andavano guardando, non risparmiando un angolo, nè tralasciando una pietra, da viaggiatori coscienziosi, dicendo, con un'estasi limitata:

- Bello, bello, molto bello!

Ma si divertivano perchè erano insieme, perchè Caterina non aveva mai visto nulla, perchè Andrea sapeva imitare la voce nasale dei ciceroni, dando una spiegazione confusa e imbrogliata, nella quale Caterina correggeva gli errori di storia romana. Ritornavano all'albergo, intronati, stanchi, facevano colazione lungamente. Poi Andrea usciva pel suo grande affare. Oggi doveva parlare col segretario generale, domani aveva un appuntamento col ministro, l'altro giorno si trattava di combinare tutto col direttore generale, sezione agricoltura.

Talvolta, nella stessa giornata, aveva due altri appuntamenti, col robusto, immenso deputato di Santamaria, coll'elegante e aristocratico deputato di Capua, col chiomato deputato di Teano; le conferenze col deputato-giornalista di Caserta, influente perchè amico del presidente del Consiglio, perchè direttore di un giornale napoletano molto diffuso, duravano eterne. Allora egli conduceva la moglie in carrozza a Villa Borghese o al Pincio, e la lasciava lì; o a San Pietro, un paio di volte, dove ci era un fresco ammirabile e sempre roba da vedere: due o tre volte la condusse alla Camera, nella tribuna delle signore, dove Caterina si annoiò moltissimo, intendendo poco della discussione, avendo caldo, morendo di sete, ma facendo finta di nulla. Ella aspettava paziente che egli venisse a riprenderla, con la sua calma di donnina che rimarrebbe un secolo ad attendere nel posto dove l'hanno lasciata. Andrea tornava, frettoloso, rosso, scalmanato, sbuffando come un torello, scusandosi di averla fatta troppo aspettare, narrandole quello che aveva fatto, le gite inutili, i funzionari inerti e molli, il segretario pieno di diffidenza, il ministro pieno di ardore, i deputati pieni di zelo, per far fare buona figura ai collegi che rappresentavano. Caterina stava a sentire il racconto, con quella bell'aria di attenzione che fa tanto piacere ai narratori, senza stancarsi mai. Poi, quella esposizione regionale agraria era il loro grande affare. Andrea era presidente del Comitato promotore: avrebbe esposto grano, granone, vino, una razza speciale di galline, una coltivazione perfezionata di zucche, una modificazione della trebbiatrice. Insieme vi era la mostra didattica, di cui

Caterina era dama patronessa. Per l'aristocrazia vi era una mostra di floricoltura. Si sarebbe inaugurata sulla piazza principale di Caserta la statua di Vanvitelli. Infine tutti gli interessi suscitati, tutta la provincia posta in rivoluzione, feste da sbalordire, treni straordinari. Al 1O settembre, nella bella stagione, già fresca, ancora tepente. Tutto stava a ottenere per l'Esposizione la reggia storica, dove i Borboni avevano tanto amato di vivere. Caterina si univa al marito nel desiderare la reggia, nel pretendere la reggia, nel volere la reggia: a che serviva quel palazzone grave e vuoto? Per l'Esposizione sarebbe magnifico. Bisognava avere la reggia a ogni costo.

Detto e ripetuto questo molte volte, Andrea e Caterina se ne andavano a pranzo or qua, or là, trattenendosi molto, studiando la lista del giorno, scegliendo ognuno una cosa, ognuno assaggiando di quello che l'altro aveva scelto, Andrea ammiccando al cameriere, mettendo in tutto quello che facevano la loro soddisfazione di persone sane, giovani e felici. Niuno li disturbava, niuno li faceva andare in collera. Roma è umana, è materna, è sorridente a questi sposi che vengono a portare il loro amore per le sue vie aspramente selciate, nelle sue mura bigie e grandiose, sotto il suo cielo mite, di una dolcezza infinita.

Dopo una fermatina al Caffè del Parlamento o a quello di Roma, una breve passeggiata - e a nanna. Andrea era stanco, eppoi doveva alzarsi presto, alla mattina. Ma più spesso, in quelle ore fra la colazione e il pranzo, Caterina pregava Andrea che la lasciasse in casa. Preferiva starsene lì, in un minuscolo salotto che aveva accanto alla camera. Al ritorno Andrea le chiedeva che cosa avesse fatto. Lei rispondeva:

- Ho lavorato con la cameriera per ritoccare il mio abito grigio. Ella non sapeva, le ho insegnato. Sono andata qui presso, sino da Pontecorvo, per scegliere certe stoffe da portare a Napoli....

Qualche volta chinava gli occhi e diceva:

- Ho scritto.

- A chi, Ninì?

- A mia zia, a Giuditta nel collegio, a Giulietta la cameriera, a Matteo, il custode di Centurano.

- E ad altri?

- Anche.

Non la nominavano, ma s'intendevano subito. Per qualche tempo, fra loro, non ne avevano parlato: Caterina sentiva la profonda antipatia di Andrea, ma non osava lamentarsene, non osava contraddirlo. Era stata a trovare Lucia, sola. Costei l'aveva ricevuta con una grande espansione, coprendola di baci, facendole tante domande premurose, imbarazzandola con certe occhiate indagatrici: non una parola di Andrea, il che era stato un sollievo per Caterina. Internamente ella pativa per quella specie di odio fra due persone che amava. Neanche a Roma ne avevano più parlato. Finalmente un giorno, rientrando nell'albergo, Andrea trovò Caterina alquanto distratta. Ella accolse con un mediocre trasporto la notizia che il presidente del Consiglio sarebbe intervenuto all'inaugurazione dell'Esposizione agraria: disse di sì, a bassa voce, al marito che le proponeva di passare tre giorni a Firenze, per poi tornarsene direttamente a Napoli.

- Ohe, Ninì! E che hai?

- Niente.

- Non si dice la bugia, piccola Ninì. Si legge scritta sul naso. Eccola qui, cammina, ha le zampe corte, come quelle di un ragno. Oh è nera, è brutta! Che hai, Ninì?

- Nulla, nulla.... - e si schermiva.

- Dillo, Caterina.

- Ti prego....

- Bah! streguccia innocente, io lo so.

- Che sai?... - e arrossiva.

- So perchè sei preoccupata. È la lettera di Napoli che t'ha impensierita.

Ella lo supplicò di perdonarle, con gli occhi timidi.

- Non te ne voglio - disse lui, lentamente. - Se quella ragazza non mi piace, è anche un'amica d'infanzia tua e io rispetto le tue affezioni. Tu non ami lei più di me, spero.

- No - disse lei, semplicemente.

- Ebbene, basta questo. Non pensare ad altro.

- E.... la lettera è interessante?

- Molto.

- Vi era scritto urgente.... è proprio urgente, o è una fantasia?

- Proprio urgente.

Egli girò per la stanza e guardò l'orologio.

- Vuoi che andiamo a pranzo? È presto, mi pare.

- Presto certamente.

- E che ti scrive? - domandò lui, dopo una pausa, senza annettere nessuna importanza a quello che chiedeva.

- È lungo a dirsi.

E tornò a pregarlo, con gli occhi.

- Ho capito, Ninì, ho capito - disse Andrea, crollando il capo - tu vuoi leggermi la lettera.

- No, no....

- Sì, che me la vuoi leggere. Non hai il coraggio di dirlo, ma io l'indovino. Ma che sono un orso, io? Vuoi fare accreditare la voce che io sia tiranno?

- Andrea!

- Su, piccola vittima d'un marito barbaro e spietato: poiché ci vuole un'ora pel pranzo e poiché la riuscita del nostro affare ne fa clementi, leggeteci questa lettera. Noi ci faremo portare del wermouth e dei sigari per tollerare, con una santa pazienza, questo tormento di nuovo genere. Dio mio, considerate voi questo Andrea infelice....

- Se continui così, non leggo.

- Ma che! Se muori dal desiderio di leggere! Su, raggiratrice, su, strega. Noi prestiamo la dovuta attenzione.

Caterina cavò la lettera dalla tasca dove la teneva con la mano, e lesse:

"Caterina mia!

"Questa lettera che io ti scrivo non rassomiglia alle altre, piene di fantasticherie, come mio padre le chiama. Questa lettera è grave. Caterina, raccogli quanto senno, quanta ragione possiedi: aggiungi l'esperienza: chiama in aiuto tutta la profonda amicizia che hai per me e siimi buona di consiglio, di soccorso. Caterina, io sono giunta all'ora più solenne della mia vita. Pellegrina, errante e senza guida, sono giunta al bivio. Debbo decidermi. Debbo rispondere alla domanda oscura dell'avvenire: il punto interrogativo mistico del futuro chiede un no, chiede un si. O Caterina, quanto lo temevo questo momento decisivo! Come mi vi appressavo esitante, confusa, smarrita di forze! Ecco, esso mi ha sopraggiunta; mi è addosso come un incubo.

"Ascoltami con pazienza: cercherò di non dilungarmi. Ma ho bisogno di spiegarti chiaramente la mia posizione. Ti rammenti, sul terrazzo del collegio, quando parlavamo del nostro avvenire? Ti dissi che non mi sarei maritata mai, che avrei cercata qualche nobile, ma umile missione da compiere: qualche apostolato a cui consacrare le mie scarse forze, tutto il fervore di un'anima ardente, tutto l'impeto di un cuore innamorato del sacrificio. Ho cercato e avevo trovato, ma l'egoismo umano non me lo ha permesso: mio padre che non mi ama, ma che teme il giudizio del mondo, mi ha impedito di farmi suora di carità. Non voleva che si dicesse: Guardate, aveva una sola figlia, e l'ha resa tanto infelice, che si è fatta monaca! - Se questo era il mio destino, Dio gli perdoni di non avermelo fatto seguire. Altre missioni erano o troppo gravi per la mia salute o troppo meschine per la mia passione. Così ho passato il tempo pregando, facendo elemosine, cercando di consolare qualche afflitto, ma senza uno scopo chiaro, senza una meta: una vita quasi inutile agli altri, di grave peso a me.

Finalmente, un giorno, come a san Paolo sulla via di Damasco, una grande luce mi ha ferito gli occhi e io sono stata atterrata dalla voce del Signore. Egli mi ha parlato: io ho inteso le sue parole e, ultima fra le ultime peccatrici che osino levare gli occhi al trono della Vergine, ho osato ripetere le parole di Lei: Signore, ecco la tua serva, la tua volontà sia fatta!

"Accanto a me, Caterina mia buona, vi era la missione da compiere, il sacrificio da consumare. Accanto a me vi è un essere sofferente, malaticcio, condannato da una fatalità fisiologica a una morte crudele, colpito da un feroce atavismo che gli avvelena il sangue. Egli non ha lunga vita: lo susurrano fra loro i medici. Il Cardarelli lo ha detto brutalmente: può vivere qualche tempo ma con molte precauzioni. Ma morirà di quella morte: è scritto. Ha il germe della tisi: morirà tisico. Tu sai chi è: è Alberto Sanna, mio cugino. Egli s'illude sul suo stato, ma noi sappiamo tutti la triste verità. Non può vivere.

"Ora immagina quale vita sia quella del povero Alberto. È molto ricco, ma è solo, affidato a cure mercenarie, in mano a servi che non lo amano e lo trascurano. Egli è sempre tormentato dal desiderio di divertirsi, e non può, non deve: gli amici lo consigliano male, non badano alla sua salute gli fanno perdere, in una notte vegliata, un mese di precauzioni. Quando cade ammalato, è solo, mal assistito, si dispera: è una pietà, mia dolce Caterina. Appena sta un po'meglio, si alza di letto, si imbacucca e viene da me, che sono la sua consolatrice. Egli è triste perchè ammalato, perchè non ha nessuno che lo ami, perchè non avrà mai una famiglia, perchè gli sono proibite tutte le gioie, perchè al banchetto della vita egli appare solo un momento e scompare - come il tisico di Gilbert. Gli manca un'anima, gli manca un amore, gli manca una creatura: colei che prenda cura di lui, che lo ami, che si sacrifichi, che gli renda, se non felici, soavi questi pochi anni di esistenza che gli rimangono, egli non l'ha. Si volta intorno e si vede solitario, perduto in mezzo alla folla, indifferente a tutti. Vivo, nessuno lo amerà: morto, nessuno lo piangerà.

"Ebbene, quest'anima, questa creatura, questa donna, sarò io. Sì, Caterina, io sposerò Alberto Sanna. Sarà un sacrificio enorme di tutta la mia gioventù, di tutta la mia vita, di tutti i sogni di splendore e di gioia. Sarà un olocausto silenzioso che io offrirò a Dio. Per la felicità di un'altra creatura angosciata e dolente, io darò la mia felicità. Getterò la mia vita per quella di un essere piangente, che mi ringrazierà col sorriso della gioia. Io non amo Alberto Sanna di amore. Tu lo sai, questo sentimento terreno e carnale non è ancora sorto in me: non sorgerà. Io mi sento piena di pietà, colma di compassione per questo essere disgraziato - e per pietà lo sposo. Egli mi ama con "una passione cieca, infantile, profonda - e crede di essere amato d'amore, e io voglio che lo creda. Talvolta l'inganno è una pietà. Io sarò accanto a lui la sposa fedele, la sorella pietosa, la madre previdente, la infermiera instancabile: egli non vedrà mai sul mio volto una traccia di noia o di stanchezza. Mi segregherò dal mondo che egli non può frequentare. Darò un addio alle relazioni mondane, che metterebbero un fastidioso romore nella nostra casa. Dimenticherò le mie sofferenze per alleviare le sue. Se qualcuno fra noi due dev'essere infelice, io sarò quella. Muta, sorridente, serena, nasconderò nel profondo del core quanto potrebbe essere di pena al povero Alberto. Io sarò il suo sorriso.

"È melanconico l'avvenire, ma è pieno di un nobile apostolato. Noi non avremo figli, Caterina. Sarebbe una infamia, una ferocia mettere al mondo creature deboli, dando loro polmoni infermi perchè crescano meschini e tristi, perchè nel più bello della gioventù sputino sangue e maledicano il seno che li ha concepiti, il latte che li ha nutriti, perchè agitino le braccia scarne e desolate in faccia al padre o alla madre, chiedendo loro conto della vita miserabile, della pena immeritata che li condannarono. Io ho letto Un giorno a Madera di Paolo Mantegazza. Vi è un'alta passione e un'alta saggezza. Quel libro mi ha fatto piangere e pensare. No, le teste bionde non si poseranno sulle mie ginocchia materne: gli occhioni bruni non si affisseranno nei miei, pieni di luce. Mi sarà negata la consolazione dei figli, o amica mia. Questa consolazione sarebbe un delitto, un atroce delitto.

"Melanconico è l'avvenire. Non so quello che sarà di me. Certo, Dio mi darà la forza per sorreggermi in tanta necessità di forza. È pel mio caro ammalato, è per quella povera anima trafitta che io debbo vivere. Non mi ammalerò, spero. Dio non vorrà darmi il dolore di farmi morire prima di Alberto: io gli servo, ha bisogno di me, gli sono necessaria. Dio non chiama a sé, prima del tempo, coloro che hanno una missione sulla terra. Mi sento così esaltata da questo pensiero, che le mie forze mi paiono triplicate.

"D'altra parte, Caterina, è necessario che io esca di casa mia. Mio padre male mi sopporta, e volentieri mi avrebbe lasciata in collegio, se non avesse temuto quella tal voce del mondo, di cui ti ho già detto. Egli è un egoista, indifferente a qualunque sofferenza umana. Egli trova modo, da mane a sera, di farmi osservazioni sulle mie fogge di vestire, sui mobili delle mie stanzucce, sugli amici che ricevo, sulle ore che essi restano da me, sulle mie pose di fanciulla fatale. Egli è crudele ogni giorno con me. È arrivato a dirmi cose orribili: che i suoi amici mi dicono troppo stravagante, che la mia condotta è pazza, che io sono la peggiore civetta di questo mondo. Quanto ho pianto, quanto ho spasimato, io, povera vittima che i borghesi crocifiggeranno sempre! Ho chinato il capo senza rispondere. Sono soverchia in casa mia, Caterina. Ho dovuto fare un grande sforzo e pregare Galimberti di diradare le sue visite, che davano all'occhio alla servitù volgare e maldicente, che si burlava di lui. - Povero e caro amico, io ho dovuto immolarti al mondo, proprio nel momento in cui tu più avevi bisogno della mia parola consolatrice, quando con la più crudele ingiustizia ti avevano licenziato dal collegio! - Però, gli scrivo ogni tanto, anche per non dare sospetto. Temo che sia molto avvilito e molto infelice: scrivendogli, io gli mando le più dolci parole che si possano dire. Ma vedi che cosa è stato per me mio padre! In fondo la verità è che io gli rattristo la casa, dove egli vuol ridere e scherzare: la verità, è che lui, a quarantadue anni, è più giovane di me che ne ho venti: la verità è che lui vuol maritarmi per liberarsi della mia presenza: la verità e che - orribile a dirsi - essendo vedovo da quindici anni, egli aspetta l'ora della liberazione, quella del mio matrimonio, per ammogliarsi di nuovo.

"Così tutto, tutto fatalmente mi spinge verso Alberto. Sposandolo, io do una soddisfazione a mio padre, io do la serenità al mio sposo, io quieto la mia coscienza nell'adempimento di un sacro dovere. Nessuna idea d'interesse mi anima: già è inutile dirlo a te che mi conosci. Alberto è molto più ricco di me, ma che ne ho da fare io delle sue ricchezze? Noi non avremo corte bandita, noi non avremo in scuderia che due cavalli, per le passeggiate dell'ammalato, io vestirò semplicemente di nero - il lutto dell'esistenza sfiorita - avremo un numero di servi ristretto, pei nostri pochi bisogni. Nè sfarzi, nè lusso, nè feste, nè balli: lo stato d'Alberto non lo consente. Basterà che egli mi dia qualche cosa per i miei poveri. Terrò io l'amministrazione, perchè lui non potrebbe. Mi sobbarcherò anche a questo compito arido, duro, ingrato. Beverò fino all'ultima stilla il calice amaro che io stessa mi sono apparecchiato. Così il Signore tenga lontana dal mio capo quella suprema ora di debolezza in cui Cristo stesso, esausto, vide tutto scomparire e mormorò: Se è possibile, o Padre, questo calice mi sia risparmiato.

"Ma dimmi tu, Caterina, se tutto questo non ti pare bello? Dimmi tu, serena apprezzatrice, se quello che io m'impongo non è santo? Non è sublime la mia missione? Non è quasi divino quello che io fo? Non corono, così, degnamente la mia vita col motto che oramai sarà il mio: Tutto per gli altri, nulla per se? Non do io agli uomini un grande esempio d'altruismo? Non voglio lodi, voglio compirlo umilmente, piamente, come una indegna creatura, ma prescelta per bontà divina.

"Scrivimi. Dimmi il tuo parere, netto, sincero, leale, come sempre me lo hai detto in tutte le gravi occasioni della vita. Niuna più grave di questa: lo ripeto. Scrivimi sopra un pezzo di carta: Tu fai bene, Lucia. O scrivi: Lucia, tu fai male.

"E ritorna, ritorna, Caterina: ritorna a chi t'ama come mai amica fu amata.

"LUCIA".

La voce della lettrice, pura e sonora, verso l'ultimo si era affievolita, un po'roca, come molto stanca.

Quando ebbe finito, piegò i fogli di carta velina, li ripose nella busta, e aspettò che suo marito parlasse.

Andrea aveva bevuto due bicchierini di wermouth, il terzo lo aveva lasciato a metà; il sigaro gli si era spento un paio di volte.

- Tu che ne pensi, Ninì? - domandò poi, con un tono di trasognato.

- Io? Non so, non ho idee, io, non ne ho mai avute.

- E che le scriverai?

- Quello che mi dirai tu.

- Ti fo osservare che l'Altimare - soggiunse lui freddamente - non ti ha detto nè di leggermi la lettera, nè di chiedermi consiglio. Io non sono nominato.

- Ma tu capisci.... -- disse lei, umiliata.

- Sì, capisco e non capisco. A ogni modo mi pare uno sciagurato matrimonio.

- Anche a me.

- Tu sei sempre del mio parere. Quell'Alberto è così meschino, così miserabile, che non si merita una donna come Lucia.

- È vero, è vero. Le scriverò che fa male.

- Sì, scriviglielo. Non ti darà retta, ma tu l'avrai avvisata in tempo. O piuttosto.... aspetta domani a scrivere.

Non ne parlarono più, ma durante tutta la sera furono preoccupati e distratti. Scambiarono rade parole. Andarono al teatro, ma non restarono sino all'ultimo atto.

Durante la notte Andrea fu agitato: Caterina, tra veglia e sonno, lo sentì voltarsi e rivoltarsi, sbuffare, scuotere la coltre. Insonnolita, avendogli chiesto che avesse:

- È il caffè! era troppo carico, - borbottò lui. Al mattino seguente egli la prese a parte, essendovi la cameriera - e le fece questo discorsetto:

- Senti, Ninì, non c'imbarazziamo nei fatti altrui. Forse possiamo ingannarci: non prendiamo responsabilità troppo serie. Lasciamo maritare l'Altimare come le piace. Forse sarà felice con Alberto. Non abbiamo carico d'anime, noi. Le daremmo forse un cattivo consiglio. Dopo tutto, i matrimoni non riescono mai quello che si prevede. Scrivile che fa bene

Lei ubbidì, poiché l'incarico suo era di trovar saggio e onesto quanto suo marito faceva.

PARTE TERZA

I.

Come giungevano i treni da Roma e da Napoli, un'onda di gente traboccava dalla piccola, meschina, sporca stazione di Caserta e si avviava per la via larga e polverosa, senza riparo, perchè fiancheggiata da due prati dove vanno a pascolare i cavalli della guarnigione. Sotto il sole se ne andavano le marsine nere che incorniciavano i petti bianchi delle camicie da ballo: se ne andavano i costumi leggeri, estivi, di tela a righe bianche e azzurre, con cui gli eleganti napolitani si davano un'aria di cittadini della capitale che trattano con disinvoltura la provincia e che non vogliono andare nel salone d'inaugurazione: se ne andavano i soprabiti, mezza eleganza provinciale. Sotto le cupole bianche dei larghi ombrellini si avanzavano le signore, in abiti chiari, freschi, leggeri, in tutte le gradazioni del lusso. Venivano da Napoli, da Santamaria, da Capua, da Maddaloni, da tutte le città piccole, dai casali grandi dei dintorni, ridendo, cinguettando: quelle di Napoli, disinvolte, odorando i grossi mazzi di fiori, armeggiando col ventaglio: quelle della provincia un po'meno chiassose, spiando le cittadine, cercando di imitarle. Batteva il sole di quella gaia giornata di settembre e le signore mettevano allegramente nella polvere le loro scarpette lucide, dalla fibbia gemmata. Il viale formicolava di gente.

Di fronte il palazzo, il sogno poetico di Vanvitelli che è diventato una realtà architettonica, serbava la sua grande aria maestosa, creatagli dalla purezza delle linee, dalla semplicità squisita degli ornamenti, dall'armonia severa, da quel colore di legno-pallido, non sbiadito, ma su cui il tempo è passato leggermente. Le finestre del primo piano erano tutte aperte: i tre enormi portoni, i cui androni traversano tutta la mole dell'edificio, e da cui si scorge la lontana cascata spumante di acque, erano spalancati, inghiottendo continuamente gente. Lungo la via sventolavano i pennoni della provincia, la Campania Felice, col corno dell'abbondanza, da cui si riversano tutte le ricchezze della terra: sventolavano le bandiere nazionali.

La gente andava, andava, come se il suo maggior pensiero fosse l'agricoltura. Ma, in verità, era una scampagnata di settembre quella inaugurazione, un pretesto per scappar via in vagone, in carrozza, in drags, per godersi il fresco dei grandi saloni reali. Poi vi sarebbe stato il presidente del Consiglio dei ministri, venuto per attestare il suo affetto di settentrionale a una provincia meridionale. Molti non lo conoscevano e piaceva loro di vederlo, in pompa magna, coll'uniforme di ministro. Qualcuno che aveva gusti più sentimentali, sapendolo oratore eloquente, veniva per sentire il discorso. Le signore venivano per la stessa ignota, misteriosa ragione per cui vanno dappertutto, specialmente dove si annoiano.

Sul portone di mezzo, il guardaportone maggiore, in uniforme di casa reale, col pennacchio sul cappello di carabiniere, e una mazza altissima col pomo d'oro, non salutava la folla. La gente che entrava passando dalla luce fulgida, dal calore secco, nella penombra bigia e nella frescura umidiccia dell'androne, era presa da un senso di benessere. I volti si facevano composti, e le voci si abbassavano, rispettose, quasi comprese dalla maestà di quel palazzo reale. La gente rallentava il passo, ammirando la costruzione solidissima, l'arco elegante della vôlta, la fortezza dei quadruplici pilastri, la euritmia dei quattro cortili angolari che partivano dal centro.

- Pare una costruzione romana - sentenziò il sindaco di Arpino, un grassone, panciuto sotto la fascia, con gli occhiali d'oro, dietro cui si ammiccava continuamente, rivolto al sindaco di Aversa, piccolo, rattrappito e segaligno, un notaio malizioso come una volpe.

Ai piedi del grande scalone scoppiavano contestazioni e proteste, ma a voce sommessa; i camerieri erano cortesi, ma inflessibili. Senza marsina non si saliva al salone d'inaugurazione. Molti erano venuti in soprabito, non sapendo. Un espositore alto, grosso, biondo, rosso nel volto come un mattone cotto, con un brillante scintillante al dito mignolo, era venuto in giacca, addirittura.

- Io ho esposto un toro, due vacche, due montoni, dodici galline: voglio entrare - ripeteva. - Del resto ho mia moglie qui: debbo accompagnarla.

- Senza marsina non si entra - replicavano i camerieri.

- Io posso stare sola, Mimi - mormorò la moglie, una grossa provinciale, in lutto, ma con uno strascico immenso, un cappello piumato, e brillanti splendidi alle orecchie.

- Sali tu, Rosalia. Io me ne vado a guardare le galline. Mi troverai nel parco quando le chiacchiere in marsina saranno finite.

Così i soprabiti si sperdevano nel parco, pei cortili, mentre tutte le signore e tutti gli uomini in marsina salivano lentamente la scalea maestosa, ampia, a scalini alti due dita, tutta di marmi lattiginosi, con venature color di legno. Le signore sospiravano di soddisfazione, lasciando frusciare gli strascichi sul marmo, deliziandosi di quella ascensione molle, di quell'assurgere nella magnificenza regale, pel piacere del silenzio, ove il fruscio della seta si spandeva voluttuosamente. I maschi in marsina si affollavano, beati, trionfanti, celando i sorrisi di estasi dietro la placca schiacciata dei gibus. Pareva che quel vecchio palazzo che aveva visto gli splendori di Carlo III, le follìe di Maria Carolina, le feste militari di Murat, le feste popolari di Ferdinando I, rinascesse per un'ora al lusso degli abiti serici, al profumo delle carni giovani e belle, al folgorìo delle gemme fredde, alla pompa di una corte ricchissima e stravagante. Quella festa tutta popolare, più che popolare, contadinesca, quella festa della terra, delle frutta, dei cereali, degli animali, tutta umile, tutta prosaica, tutta bestiale, pareva una festa raffinata, aristocratica, la nascita di un principe ereditario, una cerimonia ufficiale del capodanno.

- È una vittoria per la democrazia insediarsi nella reggia dei tiranni a celebrare la festa rurale - disse l'avvocato Galante, di Cassino, occhio losco, pancia prominente, fronte calva, l'unico socialista della provincia, al cancelliere, monarchico, che se ne scandalizzò.

L'inaugurazione si faceva al primo piano, nel salone dei Farnese, ampio, con quattro finestre sulla facciata. Tra due finestre era il banco ministeriale sopra una piattaforma, coperto da un tappeto di velluto verde orlato d'un gallone d'oro, col campanello, il calamaio, tre bicchieri, la boccia dell'acqua, la zuccariera, apparato minaccioso. Intorno, cinque seggioloni in velluto rosso. Sul piano della sala, facendo gradazione col banco ministeriale, il banco della presidenza, col tappeto grigio e i seggioloni di vecchio cuoio. Poi a destra, a sinistra, dirimpetto, le file delle sedie per gli invitati. Tre file di poltrone per le signore: poi seggiole di paglia per gli uomini.

Quando Lucia Altimare-Sanna e Caterina Lieti comparvero sotto la porta, scortate da un solo cavaliere, Alberto Sanna, che veniva loro dietro con la sua faccia stanca, annoiata, Andrea Lieti si staccò precipitosamente dal banco presidenziale, attraversò la folla, e offrì il suo braccio a Lucia.

- Vienimi dietro, Alberto, con Caterina. Vi troverò un buon posto.

Mentre Andrea e Lucia passavano, un mormorio si levava nella folla. In verità lei era molto seducente e provocante nel suo abito lunghissimo di raso bianco, carico di merletti antichi, che la vestiva col busto come un guanto lucido, come una corazza di acciaio, lampeggiante alla luce - e colla gonna come una nuvola, senza contorni precisi, quasi i merletti dovessero involarsi al vento. Sui capelli bruni, intrecciati mollemente e arricciati sulla fronte, invece del cappello, per bizzarria, una sciarpa di merletto veneziano bianco, fine e prezioso, aggruppato all'egiziana, che scendeva fino alle sopracciglia, si avvolgeva al collo ed era sostenuto sotto l'orecchio da tre rose bianche, fresche, rugiadose, col seno roseo. Gioielli, no.

Una leggiera tinta di sangue coloriva le guance più piene; le labbra fatte più carnose, più umide, erano di carminio. Sorrideva al suo cavaliere, alto, forte, bello di vigoria, che si chinava su lei come per proteggerla.

- Chi è? - La moglie di Lieti? - No: una parente della moglie. - È bella. - È magra, ma piacente. - Troppo lusso. - Che! è una festa ufficiale. - È bella. - È bella. - È bella.

La coppia che veniva dietro, passava tra questo mormorio, inavvertita, raccogliendolo. Caterina aveva un abito lillà, semplice. Sul piccolo cappellino chiuso svolazzava una piuma lillà che finiva in bianco. Agli orecchi portava i suoi enormi brillanti, che metteva per amore di Andrea. Ma ella era piccina, modesta, quasi appannata, quasi nascondentesi; ma il suo cavaliere era piccolo, meschino, senza croce di cavaliere, senza coccarda all'occhiello di membro dell'Esposizione. Lei e lui sentivano il bella, bella, bella, palpitante e sommesso sulle labbra della gente.

- Trovano bella Lucia - disse sottovoce Alberto, tutto ringalluzzito.

- Ma è bellissima come sempre - rispose Caterina, nella tranquilla e ostinata ammirazione per l'amica.

- Oh non come sempre. Prima del matrimonio era molto meno piacente. Adesso è un'altra.

- La felicità....

- Lucia è un angiolo - dichiarò gravemente Alberto. - Io non me la meritavo.

Erano giunti al posto, in prima fila, dirimpetto al banco. Vi erano due poltrone, sedettero le signore, gli uomini rimasero in piedi, Andrea accanto a Lucia, Alberto accanto a Caterina. Lucia aveva lasciato il suo strascico per terra, come un mucchio lieve di trina e di stoffa: si vedeva il piedino calzato della scarpetta di pelle bianca, ricamata in argento. Si faceva vento, poiché aveva caldo. Andrea si abbassava ogni tanto per dirle qualche cosa: ella, sollevando gli occhi gli parlava piano, con le labbra stirate che si rialzavano all'angolo, scoprendo i denti. Alberto si annoiava di già, non avendo una sedia, prevedendo che la stazione sarebbe lunga. Caterina era un po'preoccupata: l'avevano messa nel giurì pei lavori donneschi, alla mostra didattica. Questo titolo di dama giurata le pareva molto serio e molto compromettente: chi sa che cosa pretenderebbero da lei! E se non fosse stata capace?

- Chi è quell'uomo immenso, con le lunghe basette nere, un po'calvo, che entra ora? Come è alto! Chi è, signor Andrea?

- È il deputato di Santamaria.

- Dio mio, è più grande di voi. Non lo credevo possibile. È il paese di Gulliver questo. Parlerà?

- Non credo

- Quanto mi dispiace che voi non parliate, Lieti. Se fossi stata vostra moglie, vi avrei obbligato a parlare.

Caterina trasalì.

- Non ho pensato a dirglielo - mormorò distratta, pensando alla riunione del giurì delle signore.

- Alberto mio, hai forse troppo caldo? Come ti senti? Vuoi il ventaglio?

- No, non ho caldo: solo vorrei sedermi. Grazie, cara.

- Lieti, cercate una sedia per Alberto. Si stanca così presto: non potrei più rimanere seduta io.

Andrea guardò, cercò, rovistò, tanto fece che trovò un posto ad Alberto, nella fila di dietro, fra due vecchie, alle spalle di Caterina. Alberto si accoccolò fra le gonne, tutto felice.

- Stai bene ora?

- Benissimo, cara.

- Vuoi una pastiglia?

- No, più tardi. Non pensare a me; guarda, parla, divertiti, Lucia.

- Questo mio povero Alberto - disse Lucia, facendosi udire solo da Andrea - è per me un cruccio continuo. Darei il mio sangue per arricchire il suo.

- Voi siete buona - disse Andrea.

Intanto la gente entrava, entrava a fiotti, dappertutto, sino nei vani delle finestre, sino sugli scalini della piattaforma. In un angolo, un gruppo di giovinotti, chiacchierava forte, uno di essi scriveva note sopra un taccuino, un altro sbadigliava, l'altro faceva segni telegrafici col segretario del Comitato: una donna era con loro, giovane, vestita di lutto, semplicemente, pallida e malaticcia sotto la falda nera del cappello.

- Quelli sono i giornalisti - indicò Andrea a Lucia. - Vi sono i corrispondenti dell'Opinione, del Diritto, della Libertà, del Popolo Romano, del Fanfulla, per Roma; del Pungolo e del Piccolo, per Napoli.

- Anche quella lì è una giornalista?

- Credo: non ne so il nome.

- Io la invidio, se è intelligente. Ha almeno un'ambizione.

- Bah! preferite sempre essere una donna.

- La gloria è bella.

- Ma l'amore è buono - ribattè lui, serio.

- .... l'amore?

Caterina non sentiva. Pensava alla casa dove le pareva di aver lasciato aperto lo scrigno dei gioielli: con quegli abiti moderni era impossibile portarsi dietro le chiavi. Quantunque fosse sicura dei servi di Centurano, pure si lasciava vincere da una lieve inquietudine.

- Per caso, Lucia, ti ricordi se ho chiuso lo scrigno? - domandò.

- No, cara; non me ne ricordo. Non sarà nulla, anche se l'hai lasciato aperto.

- Ve ne ricordate voi, signor Sanna?

- Sì, lo avete chiuso e avete messo la chiave sotto l'orologio.

- Grazie, grazie: mi sollevate da un dubbio.

- Signora Lucia, Caterina, vado a salutare il ministro - disse Andrea.

- Vi perdiamo?

- Sarò qui, rimpetto a voi; Caterina, non sbadigliare, sai. Pensa che sei la moglie di un vice-presidente di Comitato.

Ella sorrise vagamente, salutandolo. Lucia si alzò in piedi, a guardare la sala, assiepata: una triplice siepe di signore, poi una folla di abiti neri, su cui gli abiti chiari mettevano grandi macchie allegre: una folla ondeggiante, sotto le dorature del salone reale.

- O è bello, Caterina - diceva Lucia, già inebbriata dalla folla.

Poi, dallo scalone venne un soffocato romore di applausi. Tutta la sala si agitò, voltandosi verso la porta donde il presidente del Consiglio entrava, appoggiato al braccio del suo amico, l'onorevole di Caserta. La gamba ferita in battaglia lo faceva zoppicare: andava un po'curvo. Aveva una robusta testa, dai capelli brizzolati, ma folti, duri e ben piantati sulla fronte quadrata: una robusta testa di cane fedele, dagli occhi fieri e onesti, dalle nari aperte, dalle mascelle solide. I mustacchi grigi coprivano una bocca bonaria, quasi infantile, a cui il pizzo napoleonico dava un carattere di uomo serio e meditativo. Salutava, molto contento, in fondo, di quegli applausi, assaporando con delizia una delle poche gioie della vita ufficiale. Salì al banco, sedette nel mezzo, dopo aver risposto al nuovo applauso con un saluto.

- È un valoroso: ha combattuto tutte le battaglie, è di una famiglia d'eroi - spiegò Lucia a Caterina.

Poi ci fu il coro di tosse, di raschiamenti, di raucedini dissipate che precede ogni discorso. A destra del ministro sedeva il deputato di Sora, un vecchio bianco e arzillo, dalla collana di barba bianca sotto il mento, dallo sguardo un po'fuggente: un finanziere. A sinistra, freddo e contegnoso, più aristocratico che mai, il deputato di Capua. Due seggioloni vuoti. Il deputato di Caserta si mescolò alla folla: il Comitato prese posto. Il presidente del Consiglio parlava in mezzo a un silenzio profondo.

In verità, il collare dell'uniforme saliva troppo sulla nuca, dandogli un'aria di goffaggine. Egli parlava curvandosi un poco, fissando un punto vago della sala, distraendosi talvolta e perdendo la parola, talvolta facendo delle pause lunghe che parevano effetti oratorii, ma dovevano essere assenze di pensiero. Egli puntava una mano sul tavolino e con la destra faceva un gesto indefinito, come se segnasse un circolo in aria, una ruota, come se avviasse una sfera di orologio.

- Egli dà la corda all'eloquenza - susurrò Lucia vivamente commossa.

Egli diceva delle cose molto poetiche, qua e là sdrucciolando nella rettorica, nella frase fatta che romoreggia così bene, nella testa della folla che ascolta. Sì, era lieto di aver lasciato per un istante le gravi cure del governo e le asprezze della politica per accorrere a questa festa del lavoro, dell'umile lavoro, di quel lavoro che nobilita la mano callosa del contadino.

Non ci fu effetto: la sala era piena di proprietari in marsina, che non intendevano queste sentimentalità.

- ....Poiché - soggiunse - questa festa avrà anche un carattere storico. I romani, o signori, questi grandi nostri antichi che avevano la poesia nella parola, chiamavano questa provincia Campania Felice....

Qui la sala, intenerita, presa da una commozione tutta musicale, scoppiò in un grande applauso. I giornalisti scrivevano, tutti, nel taccuino, chi appoggiato al muro, chi sulle ginocchia, con un contegno di persone importanti.

- .... Noi l'abbiamo chiamata Terra di Lavoro, nome anche altamente poetico, che indica i più oscuri, ma più nobili sforzi, la richiesta quotidiana che l'uomo fa alla terra sua madre, a quella terra.... quella terra.... a quella Alma Demeter, cui i terrigeni inneggiavano. Salutiamola anche noi, questa madre benigna, inesauribile fonte di benessere sociale, seno benedetto che alimenta tutti noi senza mai sfinirsi, senza mai stancarsi.

Qui, stancato, bevve. Un movimento di soddisfazione percorse la sala che era contenta del suo ministro. Egli ricominciò, crollando le spalle, come se riprendesse, rassegnato, la soma. L'ambiente era ancora freddo: bisognava riscaldarlo. Allora la sonorità della parola si allargò nell'aria, la frase dagli orizzonti scialbi, ma larghi, fluttuò come una visione sul pubblico, un po'stordito. Egli parlò confusamente dell'industria, delle nuove macchine che l'Inghilterra ci manda, del contadino, dell'avvenire vastissimo che ha l'agricoltura, di Bentham, di suffragio universale, d'istruzione primaria, del corno dell'abbondanza, del decentramento. Sdrucciolò un momento nel regionalismo, ma si rattenne: a quel punto s'impacciò, restò a pensare con la mano in aria, alla metà del circolo. Si riprese un po'lentamente, parlando della patria e delle battaglie per l'indipendenza: la sala applaudì freneticamente.

- .... Questa splendida mostra dove, alla spica di granone che il misero contadino ha tirato su, si unisce l'animale domestico che la vecchierella ha allevato, il fiore che la gran dama ha coltivato, il compito che il bimbo dell'operaio ha scritto in iscuola, è una manifestazione felice di tutte le energie, di tutte le forze.... sì di tutte le forze....

Ed esaltato dal romore delle proprie parole, quasi ubbriacato agitando la mano in circolo, come se la sfera dell'orologio dovesse correre a precipizio, buttò per terra il campanello, rovesciò un bicchiere vuoto.

Per cancellare questa impressione, parlò del Governo.

- .... Il Governo, o signori, e specialmente il ministro d'agricoltura, assente per lieve infermità, vi dice per mia bocca che questa festa, prova di prosperità feconda, e di attività utile, è festa nazionale. La ricchezza dei singoli Comuni nella ricchezza dello Stato: ecco il desiderio del Governo. Esso farà quello che può, nei limiti dei suoi mezzi e nella circoscrizione della sua possibilità, per venire in aiuto a questa valorosa e laboriosa contrada, dove Garibaldi ha combattuto....

- Viva Garibaldi! - gridò la sala.

- .... e dove i proprietari di terreni lavorano in compagnia dei coloni pel comune benessere. Il Governo è pieno di buone intenzioni che diverranno fatti, nella ragione del tempo. Ma quello che mi sembra più bello, più commovente, è questa festa domestica nel palazzo degli scacciati Borboni, è questo trionfo di popolo dove il popolo ha servito....

- Beneeee!

- .... Solo in un regno costituzionale come il nostro, solo sotto la Casa di Savoia, fedele alle istituzioni, stirpe di soldati e di cavalieri, questo miracolo poteva accadere. Io v'invito a gridare: Viva il Re! Viva la Regina!

Ricadde stanco, l'occhio smorto sotto la palpebra floscia, il labbro inferiore un po'pendente. Si asciugava il sudore della fronte, macchinalmente. Mentre la folla gridava e applaudiva, i deputati si accostarono al banco e gli strinsero la mano, felicitandolo. Egli ringraziava, premuroso, dando strette di mano ministeriali, cercando di rassodare la sua maggioranza che tentennava. Nel momento di confusione, Andrea era di nuovo accorso presso le signore.

- Vi è piaciuto, eh? Che bella voce!

- Egli ha detto delle cose stupende, che questa folla stupida non ha intese - disse con disprezzo Lucia.

E agitò il suo ventaglio, poiché nel gruppo dei giornalisti si parlava di lei: forse l'avrebbero nominata nelle corrispondenze.

- Ti secchi, Caterina? - domandò Andrea.

- No: è come alla Camera dei deputati - rispose lei, quietamente rassegnata.

In quanto ad Alberto, egli sbadigliava, spalancando ferocemente la sua larga bocca, dalle labbra pallide.

- Hai fame, Alberto? - domandò Andrea, per animare la conversazione.

- Che fame! Così avessi fame.

Ma tutti si rimisero a sedere, poiché il deputato di Capua, ritto in piedi, avanzatosi sulla piattaforma, in modo che si vedesse tutta la persona, aspettava che si facesse silenzio per leggere. Il presidente del Consiglio s'era seduto di faccia a lui, come per udir meglio, con quella posa d'intensa e falsa attenzione che è una delle prime qualità dell'uomo politico. Il deputato, elegante nell'alta persona, guardava la folla coi suoi occhi chiari. Portava al collo la commenda dei Ss. Maurizio e Lazzaro e all'occhiello molte decorazioni straniere. Si vedeva l'ex militare dal torace sviluppato, dalla testa eretta, dalla faccia quasi indifferente, come se non udisse, non vedesse. Certo, era più corretto, più fine nella linea, più artista nel gesto che il ministro dei ministri. Aveva qualche cosa di britannico nella compostezza grave, nella sobrietà dell'espressione. Leggeva lentamente, spiccando le parole, con la voce più che stridula, acidola come il succo di limone: voce aristocratica. E, singolare a dirsi, il suo discorso, già preparato, combattè le fioriture rettoriche del ministro che aveva improvvisato il proprio.

Egli rimise a posto tutta la poesia del corno dell'abbondanza e del sudore della fronte. Disse che la mostra era già qualche cosa, ma che non era tutto: disse che il movimento economico e finanziario non si era ancora comunicato alla massa dei coloni; che poco slancio avrebbe potuto avere sino a che sussisteva una fiscalità così dura; che qualche tentativo di coltura inglese e di fattoria-modello era andato a male. Disse che non bisognava chiedere alla terra più di quanto essa potesse dare, e che significava estenuarla, domandandole sempre: soggiunse che la questione agraria era più seria di quanto paresse, ma che nelle provincie meridionali era aiutata da tanto splendore di cielo e da tanta dolcezza di clima. Fu l'unica concessione poetica che fece, egli che era poeta prima di tutto; ma in lui la coscienza tranquilla del ricco ed esperto proprietario parlava alto. Il ministro ascoltava approvando col capo, come se tutte quelle idee fossero le sue, come se non fossero la contraddizione più aperta e più ferma di quello che egli aveva detto.

Il deputato aggiunse, dopo una pausa sapiente e con un piccolo sorriso - il primo - che non voleva parere pessimista in un giorno di festa e che questo inizio della vera vita agricola, era già qualche cosa di serio. La provincia ringraziava il governo del re nel suo primo ministro, ringraziava per le belle promesse sperando sicuramente nella loro attuazione, quando chi le faceva era un eroe, un patriota, un valoroso. Il ministro, tenero alla lode, arrossì come un bambino pel piacere. E finì, calmo, quieto, senza che la voce gli fosse alterata mai, senza che avesse bevuto una goccia d'acqua. L'applauso fu nutrito, lungo, ma non entusiastico. Il discorso era freddo, non aveva sonorità che rombassero nell'uditorio; e l'uditorio sentiva che il discorso era vero. Il ministro abbracciò quasi il suo caro deputato, che gli aveva votato contro nel l'ultima votazione. Egli accettava questa dimostrazione tranquillamente, con quel viso da sfinge aristocratica dove nulla si leggeva. Di profilo, il torace si sviluppava più militarmente che mai, e una spalla aveva un lieve moto di sollevamento, unica traccia di nervosità.

Il pubblico era tutto in piedi aspettando per salutare al passaggio il ministro: egli se ne andò fra gli applausi delle prime file, appoggiato al braccio del prefetto, trascinando la gamba ferita a Palermo, una delle sue glorie private che lo aiutavano a governare. Tutti i sindaci, tutti i funzionari, tutti i giornalisti dietro, confusamente, con una grand'aria d'importanza. Per le scale un altro tentativo di applausi, ma debole e rado.

- Il deputato di Capua è stato bello, ma freddo, Caterina - diceva Lucia, già in piedi, guardando la gente che passava.

- Ti pare? - disse a caso Caterina, che non aveva nessuna opinione in proposito.

- Oh! freddo - ribattè Alberto che adottava sempre il parere di sua moglie. - Ce ne andiamo?

- Io ho da andare all'Esposizione didattica: vi è la prima riunione - disse timidamente, preoccupata, Caterina.

- Allora io e Alberto ce ne andremo per l'Esposizione, sino a che tu e tuo marito sarete liberati da questa schiavitù tremenda.

- Sai, Lucia, io sono stanco e non giro per l'Esposizione - mormorò Alberto.

- Allora andremo nel parco.

- Peggio, ci è il sole - insistette lui, facendo il muso.

Lucia sorrideva, come rassegnata, Caterina era molto imbarazzata: sino a che non finisse la seduta, sino a che non se ne andasse il ministro, ella e Andrea non erano liberi.

- Dunque, Alberto mio, che vorresti fare?

- Prendere una limonata al ghiaccio e andarmene a casa. Dormirò sino all'ora del pranzo.

- Bene, vengo con te - e represse un sospiro.

- O povero core mio, che sacrificio continuo - le disse in un orecchio Caterina baciandola.

Più tardi Alberto era passato, solo, per l'Esposizione didattica, e, chiamata Caterina in disparte, le aveva detto:

- Quando avrete finito, signora Lieti, Lucia vi aspetta nel parco, presso il lago. È lì, sola sola, che pensa, quella cara anima. Aveva bisogno d'aria, l'ho accompagnata, l'ho lasciata. Non sono un egoista io, e me ne vado a dormire. Ci andrete presto?

- Subito che potrò.

Alberto se ne andò, sulle sue gambe deboli, per le quali i calzoni erano sempre troppo larghi, rialzando il bavero della sua marsina, perchè sudava: trovò Andrea nella sala della canapa, in un gruppo di espositori che seguivano il ministro.

- Quando hai finito, va nel parco, dove è la tua signora, con la mia, ad aspettarti, nel boschetto, intorno al lago. Ma va presto. Io vado a dormire. Vi è una buvette, qui?

- Sì, al pianterreno.

- Bevo un bicchiere di Marsala. Venite a casa, poi, per l'ora del pranzo.

- Va bene: dormi tranquillo.

Lo vide allontanarsi e commiserò quella esistenza povera di forze e di salute, inutile a sé, inutile agli altri. Ma dunque questo ministro non la finiva più? Si fermava dunque dappertutto? Come se ne capisse qualche cosa, della robbia, dei ceci infornati e delle zucche gialle! I bozzoli, adesso? Andrea cominciava a stancarsi: tanto il ministro che parlava col prefetto e col deputato di Nola, viso scialbo e capelli di un biondo equivoco, non gli avrebbe detto nulla. Andrea avrebbe voluto andarsene, preso da una impazienza, seccato di quel giro ufficiale, di quella corsa stupida, attraverso le sale. Infine, sentiva molto caldo e certo nel parco doveva fare fresco. Ma restava, roso da un desiderio ambizioso, pensando che il ministro finirebbe per dirgli qualche cosa. - Alla sala dei granoni, se non mi avrà chiamato lo pianto - pensava. Ma passarono la sala dei granoni e anche quella delle biade. Andrea si sentiva salire la collera al cervello, attraversando la sala degli olii che il sole riempiva di riflessi gialli. - Alla sala dei vini lo lascio - pensava irritatissimo, già rosso in viso. Ma nella sala dei vini innanzi a una piramide di bottiglie, il ministro lo chiamò: - Signor Lieti?

- Eccellenza?

- È un forte lavoratore, lei: ecco anche del vino. Bisognerebbe curare, anche per patriottismo, i tipi dei vini italiani. Beviamo troppo Bordeaux e troppo Champagne: la Francia ci ubbriaca.

- Eccellenza....

- Lei merita le congratulazioni del governo come cittadino facoltoso, che spende la sua attività per questo incremento.... mi congratulo io stesso, personalmente....

Andrea s'inchinò, confuso, orgoglioso. Aveva avuta la sua parte: il ministro complimentava il deputato di Cassino, anche pei vini. Poi la esposizione era tutta percorsa, si scendeva nel parco, in quella degli animali.

- Mi ha parlato ora, non mi dirà nulla per le mie galline; io me ne scappo.

E tutto allegro, col sangue che ripigliava la sua libera circolazione, sventolandosi col gibus, coi guanti ficcati nel risvolto della sottoveste, prese una scala di servizio che abbreviava la distanza.

- Non mi dirà nulla.... nulla.... nulla per le galline - canticchiava, attraversando il cortile.

Nel parco camminò rapidamente; ma fu una delusione non trovare nessuno intorno al lago della Castelluccia.

- Dove si saranno cacciate? - mormorava, un po'smontato.

Girò pel boschetto a larga fascia ovale, folto di cerri, che è intorno al laghetto: in un angolo, sotto un sottile raggio di sole, sotto la cupola del suo ombrellino di raso bianco foderato di seta rossa, stava Lucia, seduta sopra un divano di legno rustico. Era sola: gli voltava le spalle. Andrea pensò di tornare indietro, ma Caterina non doveva essere lontana. Pure si avanzò, imbarazzato, turbato, da quella figura bianca sul fondo rude, incoronata di luce bionda, coi riflessi micacei sulle guance. Lucia non intese il passo, sebbene scricchiolasse qualche foglia secca: gettò un grido nel vederlo.

- Oh come siete paurosa! - disse lui, con una falsa disinvoltura.

Ella gli dette una mano tremante; Andrea rimase ritto, innanzi a lei, impacciato della propria persona.

- Non vi sedete?

- No: non sono stanco.

- Il giro è stato lungo?

- Avete aspettato molto?

- Credo: almeno mi è parso lungo il tempo - e sorrise melanconicamente. - Vedete com'è bello qui, Lieti?

- Oh bellissimo! Come devo essere ridicolo io, in marsina, in questa campagna verde!

- No. Anche questa campagna ha qualche cosa di troppo elegante, d'incipriato. I rami degli alberi paiono tagliati con le forbici. Oh chi mi darà la natura, la vera natura, grande e onnipossente?

- Quando la vostra voce si abbassa in un desiderio, è incantevole - disse Andrea, guardandola, ammirandola.

- Non desiderate anche voi la vera campagna?

- Eh! alle volte non è poetica. Talvolta è arida, talvolta puzza di concime. Ma io so dov'è il vostro ideale; il bosco profondo, le viottole, i laghetti perduti nelle forre....

- O Dio, voi sapete dov'è tutto questo, Andrea! - e congiunse le mani sul petto, col desiderio che le faceva tremare la voce.

- Qui, nel giardino inglese.

- Lontano, lontano, lontano?

- No, vicino: tre quarti d'ora di cammino.

Si fissarono, dicendosi qualche cosa, come se si consultassero. Ella si guardò intorno, chinò la testa, rassegnata, e sospirò. Anche Andrea aveva voglia di sospirare, sentendosi il petto oppresso. Buttò per terra il gibus, passandosi la mano nei capelli ricciuti, come soleva. Lei sporse il piedino, con la fibbia gemmata della scarpetta, brillante al sole.

- Siete troppo bella, oggi. Ciò è insopportabile - disse Andrea, scoppiando in una risata stridente.

- Per far piacere ad Alberto.... io non amo vestirmi con lusso: non mi pare che dia soddisfazione. Sapete che sono poco accessibile alla vanità.

- Lo so, ma trovo che Alberto è uno sciocco....

- Non dite questo, signor Andrea. Povero Alberto! è semplicemente infelice.

- Non mi avete inteso. Perchè vi fa vestire così? Tutti vi guardano. Non è geloso?

- No, non mi pare.

- Se io fossi vostro marito, sarei bestialmente geloso - scoppiò a dire.

Lucia si sgomentò, si trasse indietro. Un minuto secondo. Sorrise a suo modo, mettendovi quella espressione di voluttuoso dolore che era così pericolosa.

- Vi fo sempre paura - mormorò Andrea, agitato, con tono lamentoso.

- No: capisco che siete fatto così.

- È il temperamento. Alle volte il sangue mi soffoca. Mi vengono idee pazze. Udite, lasciatemi dir tutto. Se fossi vostro marito, sarei geloso, geloso sino alla follìa. Sento che vi bastonerei, vi soffocherei....

Lucia socchiuse gli occhi, come inebbriata.

- E sentite, sentite ancora - continuò lui, affannando - voglio dirvi quello che non ho mai osato dirvi in questo tempo.... chiedervi scusa.... per quella sera.... fui brutale con voi. Mi avete per donato?

E la pregava, commosso da quel ricordo, fremendo ancora al pensiero di quella scena violenta.

- .... sì - rispose lei; un sì debole, venuto dopo una esitanza.

- Mi perdonate proprio?

- Vi perdono. Non me ne parlate.

- Ancora una parola. Diceste nulla....

- A chi dunque?

- .... ad Alberto.

- No, nulla.

- Grazie.

Egli si rialzò, sollevato, come soddisfatto. Vi era un segreto fra loro: potevano parlarne senza che niuno lo intendesse, o pensarvi, sapendo che l'altro ci pensava. Lucia si volse, trasalì impercettibilmente, poi gli domandò:

- E voi?

- Che cosa?

- Ne avete parlato?

- A chi?

- A Caterina, alla vostra Ninì.

- No.... no.... - ed era smarrito.

- Potevate dirglielo - rispose lei, lentamente - voi che l'amate tanto.

- Se ne sarebbe doluta.... e....

- Per chi, doluta? Per voi forse?

- No, per voi. Essa vi ama.

- È vero. Caterina è una eccellente creatura, signor Andrea: ha qualità nascoste, ma bellissime. Amatela sempre, perchè se lo merita: amatela, con tutte le vostre forze. Prima del mio matrimonio io temevo che la mia Caterina, che la mia dolce amica fosse infelice. Essa vi ama sopra tutte le cose, fatela felice....

Caterina arrivava, un po'affannosa, sorridendo loro.

- Mi avete troppo aspettato? Sei qui da molto tempo, Andrea?

- No, da poco.

- Ti ha parlato il ministro?

- Sì, mi ha fatto un bel complimento.

- Pel granone del Torone?

- No, per il vino acinato.

- E per le galline, eh?

- Nulla: non sono andato. Tu, che hai fatto, Ninì?

- Molti discorsi: conchiuso, nulla. Il guaio è che ci si dovrà tornare ogni mattina.

- Per quanti giorni?

- Non so: otto o dieci.

- Una seccatura, Ninì. Ma tu sei buona e paziente.

- Questo dicevamo - osservò Lucia: - che sei un angelo e che meriti di essere adorata.

- Che sei un angelo e che meriti di essere adorata - ripetette Andrea, macchinalmente.

II.

Presiedeva la principessa Caracciolo, la grande benefattrice dei poveri, dei vecchi, dei bambini, innanzi a Dio. Era lì, dominando il salotto di Maria Carolina, dove si riunivano le signore giurate, avendo sempre nella testa quel miscuglio di alterezza regale e di bontà amabile, sul volto quel pallore mistico che aveva scolorite le guance e sbiadite le labbra, nella persona quella grazia seducente della donna che ha amato e che ha voluto piacere all'amore. Aveva lasciato i suoi poveri e i suoi bambini, per altri bambini. Quelle trenta signore l'avevano eletta presidente per acclamazione. Un solo uomo vi era fra trenta donne, il segretario, un professore di pedagogia tutto impastato di Froebel e di Pick, un essere miope, calvo, ambiguo, perfettamente innocuo.

Sedevano in circolo le dame giurate. Erano riuniti i tipi più disparati, sui divani di broccato. Da Napoli erano venute tre maestre tedesche: una, lunga, magra, color di mattone, con una reticella verde sui capelli: l'altra, grassa, vecchia, rubizza, vestita di nero: la terza, un asse di legno con una testa di cera piantatavi sopra: tutte tre con gli occhiali legati in oro, con due sacchetti di pelle, tre taccuini e le guide. Parlottavano fra loro in tedesco, con vivacità: l'asse di legno diceva ja, rapidamente, a scatti. Poi, le direttrici degl'istituti di Caserta, di Capua, di Santamaria, di Maddaloni, tutte in fronzoli, molti gioielli di poco valore, abiti di faille nero, colletti freschi e guanti chiari. Un paio di mogli di professori, mal vestite, sgraziate, di quelle che fanno scuola, fanno i figli e la cucina, pallide e smunte, col seno dimagrato e il ventre gonfio. Poi, otto o dieci signore ricche, dei paesi attorno, nobiltà provinciale o borghesia provinciale, mogli di proprietari, mogli di consiglieri comunali, facce chiuse e annoiate, acconciature venute da Napoli, qualcuna goffamente portata, qualcuna elegantissima: signore venute lì per pompa, ma pentite profondamente di esserci capitate.

Le persone notevoli erano la moglie del colonnello, contessa Brambilla, giovane, fresca, dagli occhi vivacissimi, dai capelli tutti bianchi; la illustre poetessa Nina, svelta, piccola, linda linda, un granello di pepe; la moglie dell'onorevole di Santamaria, una letterata quieta, severa, dargli occhi lionati e pensosi, figlia di una poetessa soave ed eccellente madre di famiglia. Tutte quelle signore si guardavano fra loro, curiosamente, studiandosi di non parere, chiacchierando di calze a mano, di camicie impuntite e di rammendi su castoro. Le relatrici andavano e venivano dal banco della presidenza per comunicazioni speciali.

Caterina, fra le signore, si teneva in silenzio, leggendo o fingendo di leggere nel suo libriccino di note. Era un libriccino di bulgaro col nome Ninì, regalatole il giorno prima da suo marito. Andrea era diventato più teneramente affettuoso da qualche tempo, ed ella godeva di questa tenerezza a suo modo, con una soddisfazione raccolta e senza espansione. Quando erano soli, chiusi nella loro camera, Andrea se la prendeva nelle braccia, se la metteva sulle ginocchia, la faceva saltellare, la portava in giro come una bambola, baciucchiandola, mormorandole, Ninì, Ninì, Ninì, sempre Ninì. Qualche volta, in queste espansioni, egli era commosso, gli tremava la voce: certo non rideva più con quel suo riso clamoroso, che riempiva di letizia la casa. Forse era a cagione degli ospiti, che avevano in casa da quindici giorni. Andrea era stato sempre delicato come una donna, nel fondo del suo carattere: Caterina lo sapeva. Dinanzi a quei due così malaticci, Alberto sempre pauroso a ogni tossicchiamento, Lucia sempre in preda a una nevrosi ora latente, ora sviluppata, Andrea si comprimeva nei suoi impeti di buona salute. Per delicatezza non osava tante famigliarità coniugali con Caterina: Alberto non baciava mai in pubblico Lucia: Andrea aveva finito per non baciare più davanti a loro, quando usciva, Caterina. Era per questo, forse, che da solo a solo era preso da quegli entusiasmi d'amore, per ripagarsi del tempo passato a discorrere come quattro amici.

Caterina si annoiava, come le altre otto o dieci signore del suo ceto. Ella capiva pochissimo in quella mostra di lavori donneschi, calze di filo grosso o giallastro, lavorate con ferri arrugginiti, sporche: camicie tenute fra le mani sei mesi, cucite a punti lunghi e inesperti, a pieghe mal connesse, di mussola rozza, stirate grossolanamente, dove le mosche accorrevano: interminabili lavori all'uncinetto, flosci, rilasciati, a maglie lunghe: rammendi fatti coi capelli, miracoli di pazienza che fanno schifo. Erano le scuole rurali che mandavano quella roba, accatastata, accumulata, mal catalogata; scuole rurali dove le maestre si sforzano invano a far tirar l'ago dalle rozze dita delle meschine contadinelle che zappano la terra; scuole rurali dove le alunne non hanno nè l'ago, ne il filo, nè il mussolo, ne i ferri, nè nulla per poter imparare. Caterina, nel suo istintivo amore per la biancheria elegante, fresca e profumata, sentiva una specie di nausea fisica a ispezionare quella roba di un bianco equivoco. Poi, che ne sapeva lei? Nel collegio non facevano che lavori di lusso: ricamo di oro, di ciniglia, di argento, merletti a punto veneziano, merletto di applicazione. Che calze, che rammendature? Queste umili cose non venivano loro insegnate. Ella sentiva la propria ignoranza e benediceva la sorte, perchè non l'aveva fatta relatrice di un gruppo.

Mentre la seduta continuava, accademica, in discussioni quasi famigliari, con una piccola tinta di ufficialità; mentre qualche relatrice leggeva la propria relazione, proponendo premi a ogni costo; mentre la scrittrice dava un consiglio pratico, vale a dire di fare una sottoscrizione per fornire materiale di lavoro alle alunne povere; mentre il segretario leggeva le lettere di adesione di circoli e di comitati pedagogici - Caterina non udiva nulla di questo. Avrebbe voluto trovarsi altrove, in casa sua, dove tutto era abbandonato in mano ai servi. Giulietta era solerte, ma non bastava. Il cuoco, poi, faceva quello che voleva. Da che aveva in casa Lucia e Alberto, per la villeggiatura, Caterina si preoccupava più che mai della colazione e del pranzo. Quei due avevano lo stomaco troppo debole, avevano bisogno di brodi ristretti, di vivande leggiere; un regime affatto diverso da quello di Andrea, che era anche il suo. Lei e Andrea mangiavano maccheroni e bistecche sanguinanti e insalate refrigeranti. Anche la questione del pesce era seria, a Caserta, paese interno, dove veniva da Gaeta o da Napoli, non sempre fresco. Un giorno, anzi una sera, Caterina aveva mandato a Napoli il colono Peppino per avere delle sogliole: i suoi due ospiti si nutrivano spesso di questa specie di pesce delicato, innocuo. Ora, poi, con queste feste ufficiali, i banchetti, gli alberghi pieni, la roba spariva dal mercato in un momento. Monzù Giovanni, con cui ella teneva consulto ogni mattina, rispondeva a ogni proposta, crollando il capo dubbioso, scettico: - Se lo trovo! Se ci sta in piazza! Se non se l'han preso tutto!

A questo problema difficile pensava Caterina, mentre la principessa Caracciolo pregava le signore di procedere alla votazione, per la elezione di una relatrice generale che riunisse in una le relazioni dei sei gruppi. Caterina temeva sempre di non soddisfare i gusti di Lucia, povera creatura nervosa, il cui stomaco era rovinato. Le aveva fatto acconciare una bella camera, tutta fresca e chiara nel suo cretonne pompadour, una camera piena di ninnoli graziosi, come Lucia li amava. Ma credeva che in segreto Lucia rimpiangesse la mancanza del suo inginocchiatoio, che aveva portato via dalla sua casa di zitella, alla sua casa di maritata, in via Bisignano: un pomeriggio che Alberto e Andrea erano usciti a passeggiare, Caterina era entrata nella camera e aveva trovato Lucia inginocchiata davanti a una sedia, come nel collegio. Se, d'accordo con Alberto, si potesse mandare a Napoli, Peppino il colono, per trasportare a Caserta l'inginocchiatoio e fare a Lucia una bella sorpresa? Non doveva essere una cosa tanto difficile, e la sua amica ne avrebbe avuto tanto piacere. Ah.... bisognava ricordarsi di scrivere a Napoli per avere del buon the, del the Souchong, poiché Lucia aveva dichiarato che dal settembre in poi, alla sera, non prendeva che il the: il caffè le eccitava troppo i nervi. La questione era se dirigersi da Caflisch o da Van Bol, per questo the; bisognava domandarne ad Andrea che era più pratico.

- Signora Lieti, vuol venire a votare? - interpellò dolcemente la principessa Caracciolo.

Caterina, senza troppo sapere quello che si facesse, scrisse un nome a caso sulla sua scheda, l'arrotolò, e andò a deporla nella coppa di cristallo. Se ne tornò al suo posto guardando il suo orologetto d'oro. Si faceva tardi: erano lì da tre ore, a perdere tempo.

Altrove, a casa, per esempio, lo avrebbe occupato utilmente. Era arrivata la lavandaia con un bucato immenso, e Caterina non lasciava passare la roba alla stiratora senza rivedere pezzo per pezzo dove mancassero i bottoni, dove si fosse staccato un nastro, dove si fosse sfilata una guaina. La biancheria era nuova, ma ella sospettava che la lavandaia adoperasse la potassa, per certi bucherelli che aveva trovato nelle camicie di tela d'Olanda. Glielo aveva già detto, ma colei aveva giurato che di questi pasticci non ne faceva e che adoperava tutto ranno forte e sapone.

Nella riunione vi fu movimento. Il risultato della votazione era incerto: vi era stata una dispersione di voti strana. Ognuna di quelle signore pareva avesse dato il voto a se stessa o alla vicina di fianco, senza criterio, stupidamente. La principessa leggeva ogni nuovo bollettino con un sorriso indulgente: in fondo era una donna di spirito che si trovava bene dappertutto, ma notava finemente ogni cosa. Pregò le signore a rifare la votazione e mettersi d'accordo sopra un nome, per avere un esito serio. Allora dei gruppi si formarono; la moglie del colonnello andò attorno, parlando sottovoce con le signore giurate.

- Signora Lieti, le piacerebbe il nome della signora dell'onorevole? Sarebbe meglio avere una votazione unanime.

- Per me voterò pure per la signora che dite. Durerà ancora molto la seduta?

- Non me ne parlate, è un supplizio. Figuratevi che oggi io ricevo gli ufficiali superiori, e mio marito è in casa ad aspettarmi, e lo troverò in collera. Diciamo dunque quel nome?

- Sì, contessa: ma sarebbe bene che ci spicciassimo.

- A chi lo dite!

Andrea, Alberto e Lucia andavano su e giù per la mostra agraria. Alle dodici, dopo colazione, erano venuti tutti quattro a Caserta, in carrozza. Avevano lasciato Caterina nella sala del giurì didattico, promettendo di venire a prenderla subito. Quel giorno, aveva dichiarato Alberto, egli si sentiva benissimo, forte, e voleva veder tutto, tutto. Invece Lucia era di pessimo umore, ma aveva fatto un sorriso di gioia malinconica udendo di quel miglioramento. Andrea era allegro e portava il quotidiano abito estivo invece di quella odiosa marsina che di estate è una pena. Si sentiva libero, sciolto, contento. Parlava spesso con Alberto; Lucia, camminando in mezzo a questi due, ascoltava tacendo. Si fermavano a guardare le cose interessanti, lei più lungamente di loro, talvolta lasciandoli avanzare.

- Siete triste, oggi? - le aveva finalmente detto Andrea.

- No, no - rispose lei, scuotendo il capo.

- Vi sentite male?

- Non più del solito.

- E che è allora?

- Niente.

- Niente.... è troppo poco.

- È questo niente che mi guasta la vita.

Si chinò sopra un cesto di patate grosse, bene sviluppate, come se la loro perfezione la incantasse.

- Non le dimandare nulla - disse sottovoce Alberto ad Andrea, camminando: - è a una delle sue cattive giornate.

- Che fai tu nelle sue cattive giornate?

- Niente. Non la interrogo, se vuol tacere; se parla, non la contraddico. È il meno che io possa fare per lei. Ti par poco il sacrifizio che m'ha fatto sposandomi?

- Ma che dici!

- No, no, ho ragione. È un angelo, Andrea, un angelo. Ed è una donna anche, te lo assicuro: se ti potessi dire....

- Qui non ci sono agrumi, n'è vero, Andrea?

- No, Alberto. Capirai che il terreno è poco favorevole. Anche la posizione è troppo interna. Gli agrumi crescono bene sulle coste marine. Tu ne possiedi molti, dalla parte di Sorrento?

- Oh! abbastanza; e sai, rendono il sei per cento, quando le altre coltivazioni non rendono che il due, pagata la fondiaria e la ricchezza mobile.

Lucia intervenne con la sua voce fiacca e il suo tono strascicato.

- Senti, Alberto, perchè non fabbrichiamo una villa a Sorrento?

- Eh! non sarebbe forse male. Qualche volta ci ho pensato anch'io. Ma una costruzione porta via tempo e denari....

- Non un palazzo, non un edificio grande e inutile. A che servirebbe? Ma un villino minuscolo, per noi due, un nido, con tre o quattro stanzine chiare e soleggiate, una serra; una cucina sotterranea per conservare la poesia della casa: non una stanza da pranzo, ma un pergolato di gelsomini e passiflore, una uccelliera dove cantassero i canarini e saltellassero i bengalì - e andarci soli in quella campagna profumata, dinanzi al mare divino - e rimanerci soli, appartati dal mondo, tu bene in salute, io dedicata esclusivamente a te....

Diceva questo ad Alberto, ma guardava Andrea che era un po'confuso a far da terzo in questa espansione coniugale e fingeva studiare le cipolle, pure ascoltando ogni parola, lenta, precisa, seduttrice.

- Hai ragione.... è una bella cosa, Lucia. Ci penseremo, quando saremo a Napoli. Oh! si dovrà fare questo nido. Ma dove le trovi queste idee strane, che io non trovo mai? Chi te le suggerisce?

- Il cuore, Alberto. Vogliamo sedere?

- Nient'affatto: non sono punto stanco. Mi sento gagliardo; farei quasi una passeggiata a cavallo. Tu, forse, sei stanca.

- Io non mi stanco mai - fu la risposta, grave, seria. - Mi domando talvolta, signor Andrea, come farebbe la gente senza pane?

- Eh! - fece lui.

- Se il grano mancasse! ... Ma chi lo ha inventato il pane?

La guardarono sorpresi. Alberto volle scherzare:

- Tu dovresti saperlo, Lucia. In collegio, dove avete imparato tante cose, vi avranno insegnata anche questa.

- No: io non so nulla. Io penso sempre, non ho imparato niente.

Aveva un aspetto molto giovanile, col suo semplice vestito di percallo a righe bianche e azzurre, stretto alla vita da una cintola di bulgaro, da cui pendeva la borsetta, col cappello di paglia intorno al quale si avvolgeva un velo di garza azzurra, dove ogni tanto il sole metteva dei punti luminosi. Il mento si nascondeva a metà nella ricchezza del fiocco di garza.

Si fermarono innanzi a un gran quadro, un capolavoro di pazienza, di cui la cornice era di fave secche attaccate l'una all'altra, con una greca di ceci bianchi a rilievo: il quadro era a fondo di grano, minuto, infilato granello per granello, e a lettere di lenticchie.

In rilievo vi si leggeva: - A Margherita di Savoia, regina d'Italia.

- Chi lo ha fatto? - chiese Lucia.

- Due signorine, figlie di un proprietario di San Leucio - rispose Andrea.

- Che età hanno?

- Credo, ventotto, trent'anni.

- Belle?

- Oh! no, ma buonissime.

- Si capisce. Vedete, in quel quadro io ci vedo un romanzo. Povere creature, che forse hanno passato le loro solitarie serate d'inverno, relegate in casa, distraendosi con questo antiartistico, provinciale, umile lavoro. E forse ambedue ci si sono affaticate, sospirando su qualche amore incompreso che l'avidità dei parenti impedisce. O forse ci hanno lavorato, pensando di essere vecchie zitelle, una gioventù sfiorita. Povero quadro! Lo comprerei....

- È fuori vendita. Lo manderanno alla regina forse.

Poco a poco i suoi due interlocutori si erano fatti malinconici anche loro, al contatto di quella malinconia affascinante. Andrea scuoteva le spalle per riprendere il suo buonumore, ma dopo si accasciava di nuovo, come vinto. Alberto si raddrizzava anche lui, tormentandosi i baffetti spelati, cominciando a sentire la stanchezza.

- Vi è ancora molto da vedere? - disse ad Andrea.

- Io non ho volontà. Conducetemi dove volete. Sapete che sono del giurì delle signore, per i fiori? Ieri ebbi la nomina.

- Ma questi giurì sono un'epidemia - esclamò Alberto. - Ci pigliano le mogli; la signora Caterina è diventata invisibile, ora mi sequestrano la mia. Io mi oppongo.

- Fa come vuoi, io farò quello che tu vuoi - disse Lucia, sorridendo. - Pure è bello essere del giurì dei fiori. Inebbriarsi di colori, di forme gentili, di profumi: vedere i fiori più bizzarri, più delicati, più ammalati, più misteriosi, e trovare il più bello, l'eccellente, il fiore tra i fiori.

- Tu allora potresti accettare, Lucia - suggerì Alberto.

- Benissimo, accetterò per amor tuo. Signor Andrea, che ne dite?

- Non sono giudice competente - disse Andrea seccamente.

Allora Lucia, come se fosse stanca, gli passò la mano sotto il braccio, per appoggiarsi. Egli trasalì, sorrise, affrettò il passo come se volesse portarla via. Entrarono nella sala della canape, in arbusto, appena macerata, poi pettinata, poi filata, poi in matasse: una esposizione completa.

- Guardate, guardate, questa massa di canape: sembra la capigliatura di una fanciulla svedese che da un terrazzo guarda il freddo Baltico e aspetta l'amante sconosciuto. E questa qui, più bionda, filata sottilmente, sembra la capigliatura di Amleto, principe di Danimarca. Oh! che senso hanno tutte queste cose per me?

- Ella vede delle cose che tutti gli altri non vedono - disse Alberto, come se parlasse tra sé.

- Sentite, signor Andrea: è vero che la vita della maceratrice di canape è trista, come quella delle contadine che coltivano le maledette risaie?

- Non proprio così, ma quasi, signora Lucia. La macerazione della canape si fa nel pieno estate, sotto il sollione, cattivo sole che fa esalare dalla terra tutti i miasmi. L'acqua dove la canape sta a macerare imputridisce e guasta l'aria.

- Ma sapete che quanto mi dite è odioso? Sapete che questa vita cittadina che si nutre delle vite campagnuole è antropofaga? Sapete che noi siamo degli omicidi ora per ora? O andiamo via, andiamo via da questa sala; questa esposizione mi fa l'effetto di un carnaio umano.

- Vi è dell'esagerazione - rispose lui, non osando contraddirla apertamente - poiché ora le malattie sono molto diminuite e i casi di mortalità diventati più rari. I proprietari forniscono chinino, gratis, alle donne ammalate. Poi, se si pensasse bene a tutte le cose umane, si vedrebbe che la vita ha bisogno di questi oscuri sacrifizi. Il progresso....

- Siete un essere antipatico e cattivo. Non vi posso soffrire. Andatevene.

Lasciò il suo braccio come se ne avesse orrore e si accostò al marito. Alberto rideva vedendo la faccia scombuiata di Andrea.

- O povero Andrea, non lo sapevi che Lucia è umanitaria?

- Non sapevo - disse egli, seriamente.

- Il mio cuore è pieno di amore per i diseredati della vita, per i miseri calpestati, per i paria di questa crudele società. Io li amo profondamente, arditamente. Il mio cuore è un focolare di amore per essi.

Infatti una fiamma le coloriva il viso, ella era eccitata, esaltata, la voce vibrante. Ma subito impallidì di nuovo, smarrì la voce.

Andrea soffriva. Sentiva il torto di Lucia, ma non osava mostrarglielo: sentiva il predominio ch'ella prendeva nella conversazione e la influenza che esercitava sulle persone che la circondavano, e se ne spaventava come di un pericolo. Poc'anzi, quando lei gli si era messa sotto il braccio, egli si era sentito fremere per ogni fibra, di un piacere delicato e pieno. Poi, quando se n'era staccata, egli si era sentito solo, abbandonato, come ammiserito, come privo di ogni forza, tastandosi il braccio quasi per ritrovarvi la impressione di quella mano. Ora Alberto rideva di lui, e ciò lo irritava assai. Questo piccolo Alberto, essere innocuo e stupido, era dunque capace di mordere, alle sue ore? Era dunque velenoso, quando ci si metteva, quell'animaletto tisico? Non valeva meglio schiacciargli la testa contro il muro? Andrea si trasse il cappello leggero, grigio, e si sventolò la faccia per far evaporare quei fumi di collera cieca che lo assalivano. Camminavano tutti tre in silenzio, come isolati in un pensiero, ognuno vivendo per conto proprio. Quel silenzio imbarazzante si prolungava. Alberto ebbe un'idea.

- Fa la pace con Andrea, Lucia.

- No, egli è un cattivo egoista.

- Via, fa la pace. Non vedi che è triste?

- Vi pentite di quello che avete detto poc'anzi signor Andrea?

- Mah!...

- Pentitevene presto e faremo la pace e ridiverrete il mio cavaliere dell'Esposizione. Vi pentite? Ecco il pegno della pace.

Dal mazzolino che portava alla cintura staccò un ramoscello di mughetti e glielo diede. Egli lo infilzò nell'occhiello, e prendendole la mano se la rimise sotto il braccio.

- E tu, Alberto, che sei stato mediatore della pace, vuoi anche tu i mughetti?

- Che me ne fo? Non ho occhiello a questo soprabito. Mi darai un'altra cosa: un bacio quando saremo a casa.

Alberto strinse tanto il braccio di lei sotto il suo, che ella represse un grido a fatica.

- Già... già... ? balbettò, tremando ancora.

- Questa mostra di vini che valore ha? ? disse Alberto, per far finta d'intendersene, lui che aveva beni in Puglia dove si fa lo Zagarese.

- Non molto ? rispose Andrea, facendo uno sforzo per riaversi ? poiché non tutti hanno mandato. Capisci, vi sono le esposizioni speciali, enologiche, che assorbono tutto. Ma vi è del buono.

- Questo è il tuo vino, per cui il ministro ti ha lodato?

- Sì: ve n'è dell'altro in un angolo.

- Questo vino ubriaca, signor Andrea? ? domandò Lucia.

- Secondo: ne ho dell'altro, più forte.

- Inebbriante?

- Sì.

- Il vino è una cosa eccellente e benefica: esso inebbria e fa dimenticare ? disse lei, lentamente.

- Dimenticare ? mormorò Alberto ? e la signora Caterina, che abbiamo dimenticata?

Gli altri due scambiarono un'occhiata rapidissima. Avevano, infatti, dimenticato Caterina, che li aspettava da un'ora nel salotto di Maria Carolina, donde tutte le giurate erano partite.

A tavola, fra l'arrosto e l'insalata, Lucia disse che era stata e stava di malumore per quel povero Galimberti. Non aveva più appetito, pensando alla sventura imminente.

- Quale sventura? ? fece Caterina.

- M'ha scritto la sorella: egli ha dato segni di alienazione mentale.

- O poveretto!

- Poverissimo: vittima di una cieca fatalità, di un destino brutale. Si spera ancora di vederlo guarito, ma non ha mai avuto la testa solida. Sai, sono anche poveri e non lo confessano.

- Gli hai mandato denaro?

- Se ne offenderebbe: gli ho scritto.

Un gelo si propagò fra gli astanti. Quando andarono a letto, Andrea era tutto pensieroso.

- Che hai? ? domandò Caterina, rifacendosi le trecce.

- Penso a quel disgraziato Galimberti. Mandiamogli, segretamente, qualche cosa.

- Mandiamo pure.

- Tanto più.... tanto più che a ognuno può capitare il suo caso - disse lui, tanto piano, a se stesso, che ella non udì.

E un terrore istantaneo gli si dilatò sul volto.

III.

- Stamattina mi sento così bene che voglio andare a fare una passeggiata a cavallo.

- È un'imprudenza, Alberto - gli disse la moglie dal canapè dove stava distesa.

- No, no: mi farà bene. Io monterò Tetillo, un cavallino quieto che Andrea ha fatto sellare. Una passeggiata di due ore, sulla via di Napoli.

- Ci è il sole, Alberto mio.

- Il sole mi riscalda il sangue. Io mi risano, Lucia mia. Vedrai come ingrasserò. Tu che farai?

- Non ho voglia di nulla. Non uscirò forse. Sono seccata.

- Brutto giorno - mormorò Alberto andandosene, facendo risuonare gli stivalini lucidi e gli speroni d'argento.

Più tardi Caterina picchiò.

- Che vuoi fare? Vieni all'Esposizione?

- No: mi annoio.

- Ti annoierai di più, qui, sola sola. Alberto tornerà tardi, Andrea e io pure verremo tardi. Vieni.

- Non vengo: quest'Esposizione mi annoia. Non posso mai stare un momento con te.

- Che vuoi farci? Capisco anch'io, ma non è colpa mia.

- Anche oggi mi toccherà di andarmene sola, su e giù per quegli stanzoni.

- Potrebbe stare Andrea teco - disse timidamente Caterina che sapeva l'antipatia latente dei due.

- No: litigheremmo.

- Ancora? - fece l'altra sorpresa e dolente.

- È così: non possiamo andare d'accordo.

Caterina tacque.

- Ma non è oggi il giorno dei fiori? - disse poi.

- Oggi? mi pare di no.... è vero, è oggi.

- Allora non puoi mancare.

- Mi darò per ammalata.

- È un cattivo pretesto.

- Bene, ho capito: ho da sacrificarmi e venire - e si rizzò nervosamente, borbottando tra i denti, cominciando a vestirsi rapidamente.

Caterina aspettava, tutta umiliata - quasi avesse lei la colpa di quella seccatura. Durante il tragitto da Centurano a Caserta, Lucia stette in silenzio, la faccia indurita dal dispetto, gli occhi socchiusi, l'ombrellino abbassato sulla testa, come se volesse non sentire nè vedere.

Caterina si congratulava di aver mandato innanzi Andrea, in quella ora di tetraggine insopportabile di Lucia. Arrivarono alla mezza dopo mezzogiorno al palazzo reale. Si salutarono, brevemente, dandosi appuntamento per le quattro. Caterina salì su, alla didattica, e Lucia prese pel giardino, alla floricoltura. S'incontrava un mondo di gente, in quei dintorni, giovanotti eleganti e signore elegantissime. Lucia camminava lentamente sul terreno battuto del viale a dritta, sotto gli ippocastani: chi la incontrava si voltava a guardarla. Portava un, abito di un verde cupissimo, in stoffa damascata a fiorellini dello stesso colore: abito corto, attillato, molto gonfiante dietro: si vedeva la scarpetta di pelle nera, alla paesana, e il principio della calza di seta verde cupo, traforata. Poi, sulla testa posato un leggero, aereo cappellino di velo rosa pallidissimo, una nuvoletta, un soffio, senza fiori, senza piume, arricciato come una spuma rosea. Era meno pallida del solito. Ora che Caterina se n'era andata, sorrideva a una fantasia. Il sorriso divenne più acuto quando, fiancheggiando le aiuole dell'Esposizione di floricoltura, per passare nella serra delle piante esotiche, incontrò Andrea.

- Caro Lieti, che andate facendo?

- Nulla - disse lui, confuso - cercavo un amico, un espositore di Maddaloni.

- E lo avete trovato? - ed ebbe un sorriso ironico.

- No, non v'è. Lo aspetto. E voi?

- Lo sapete bene: vengo al giurì per la floricoltura.

- Ma non si raduna che alle due.

- Proprio? O che smemorata! E che farò io sino alle due? Alla didattica non posso andare, all'agraria mi ci annoio.

- Restate con me - supplicò lui.

- Soli?

- .... qui.

- Senza far nulla? Tutti lo noteranno.

- Chi volete che guardi? che osservi?

- Tutti, amico mio.

- Guardano voi - disse lui amaramente, malgrado che quel titolo lo riempisse di dolcezza.

- E sia, ma bisogna pensarvi: questa provincia è molto maldicente: essa nasconde il suo vizio borghese e calunnia l'innocenza altrui.

- Sentite - mormorò Andrea, pigliandosela a braccetto: - perchè non venite meco nel giardino inglese?

- .... no.

- È bello: i grandi alberi lo coprono con le loro ombre: le viottole salgono, discendono, si smarriscono tra i cespugli di rose: sotto le ninfee bianche sta l'acqua cristallina: sotto le erbe l'acqua canta, allontanandosi. Non vi è alcuno e vi è fresco....

- .... no. Non mi parlate così - susurrò lei, abbandonandosi.

- Venite, Lucia, venite. Sarete più bella lì dentro. Sembrate una rosa oggi, come siete acconciata: vi siederete tra le rose.

- Non mi guardate così, per pietà, o muoio - e le stridevano i denti come pel gricciore della febbre.

Egli la sentiva mancare, la sentiva svenire. Passava gente: fu preso dalla paura del ridicolo.

- Non temete, non dirò più nulla. Rimettetevi per carità, Lucia, se avete un po'di affetto per me: rimettetevi. Andremo all'esposizione degli animali, volete venire? Vi è molta gente. Sarete in salvo. Volete?

- Conducetemi dove vi piace - disse lei, fiocamente, mentre il petto le ansava e le nari fremevano come se perdessero l'aria.

Lungo la via non dissero più nulla. Incontrarono persone che salutarono Andrea, profondamente, vedendolo con una signora. Due giovanotti si parlarono sottovoce.

- Mi prendono per vostra moglie.

- Non dite questo, ve ne prego.

- Siete poco coraggioso, signor Lieti, la verità fa paura.

- Mi avevate chiamato amico....

- Volete che me ne penta?

- Oh non mi tormentate. Voi siete forte in dialettica, voi pensate cose bizzarre, profonde, e talvolta cattive, a cui io non arrivo. Sono in mano vostra; nella conversazione, m'invescate, mi prendete, mi fate soffrire. Ricordatevi che sono un ignorante fanciullo, un bambino, tutto muscoli e senza immaginazione. Risparmiatemi.

Si passò le dita nel goletto come se soffocasse: dicendo questo, gli erano passate le lagrime nella voce e negli occhi.

- Perdonatemi, vi risparmierò - disse lei, umiliandosi dolcemente nel suo trionfo.

Andavano per un gran viale d'ippocastani: il sole metteva in terra dei cerchielli di luce bionda. Un acuto odore di menta e di acetosella si arrestava nell'aria immobile. L'ora si faceva calda. Qualcuno passava, sventolandosi col cappello di paglia sulla faccia arrossita dal calore: le signore agitavano i ventagli, camminando piano, vinte, intorpidite dalla pesantezza dell'aria. Essi non si dicevano motto, guardando per terra come due che si secchino molto. Voltarono: trovarono la prima sezione. Era un prato lunghissimo, molto largo, un rettangolo, intorno a cui girava il viale. E circondato da uno stecconato forte, a mezza persona, e diviso in tanti compartimenti, per ogni animale. Vi era una piccola rastrelliera per ogni capo di bestia e un anello di ferro a cui era attaccata la corda; tutte queste bestie, tranquille, immote, avevano il capo rivolto verso chi guardava. Venivano prima le vacche, con la testa di animale stupido e buono, l'occhio mansueto, i fianchi magri da cui spuntavano le ossa.

- Povere bestie - disse lei sottovoce - come sono brutte.

- Brutte, ma utili. È un animale robusto, preferibile quando è magro, perchè dà miglior latte, che si ammala difficilmente e rende il cinquecento per cento del suo valore.

- Voi amate le bestie?

- Sì, molto: quelle forti, utili e buone. Noi uomini non riuniamo spesso queste qualità.

- Ma abbiamo l'intelligenza.

- E l'egoismo.

- Anche l'amore è un egoismo - affermò Lucia indispettita.

Proseguivano pian piano. Dallo stecconato i bovi li guardavano coi grandi occhi sereni, che par quasi abbiano un senso di riflessione. Qualcuno di essi, chinando la testa sotto il sole che batteva sulla dura cotenna, brucava un fascio di erba. Ogni tanto un colpo sordo di zampa impaziente batteva sull'erba rada e calpesta del prato. Le mosche si posavano su quelle cuti rudi, rugate, a sciami. Tratto tratto un bove si dava un colpo di lingua sul collo o una sferzata di coda nei fianchi per cacciarle via; ma le mosche ritornavano, insolenti, ronzando nell'afa che cresceva. Lucia aprì il suo ventaglino giapponese, tutto sabbia d'oro su fondo nero, e si sventolò rapidamente.

- Avete caldo?

- Moltissimo. Anche qui si soffoca.

- Sediamo, se volete?

- No, le bestie m'interessano. Poi, sento il sole mordermi le spalle: meglio camminare.

- Queste sono le bufale - spiegò Andrea. - Non dovete mai averne vedute. Sono animali di razza più nobile della vacca. Vedete: non vi pare che abbiano un'aria fiera? Scuotono la testa con le corna ricurve. Sono di un temperamento sanguigno, robustissimo: hanno un sangue nero e fumante. Avete mai bevuto il sangue caldo?

- No - rispose lei sbalordita, ma umettandosi le labbra pel desiderio - com'è?

- Una bevanda gagliarda che mette il vigore , nelle vene. Una bevanda da militari, da cacciatori, da gente coraggiosa, abituata agli esercizi corporali. Una tazza di sangue vi allarga la vita.

Lucia si entusiasmava a poco a poco in quel rigoglio di forza che si espandeva da tutta la persona di Andrea, nell'ammirazione del vigore e della solida forma, dell'animalità plastica, sviluppata perfezionata, in tutta la sua enorme manifestazione. Ostinatamente una bufala cozzava con la testa contro la rastrelliera, presa da una collera solitaria. Lucia guardava, meravigliata di quella stalla grandiosa, all'aria aperta, di quella galleria di animali membruti e tarchiati.

- Sono colleriche queste bufale? - chiese poi timidamente.

- Moltissimo: il sangue va loro alla testa come agli uomini robusti. Sono prese da pazzie sanguigne. Odiano il rosso, che manda loro i vapori incendiarii al cervello. Nell'amore poi sono violente, furiose.

Ella arrossì. Pure egli parlava castamente, come di un fatto ideale, puro e semplice. Lucia trasse il fazzolettino profumato e lo portò alle labbra, turandosi il naso.

- Non è un odore cattivo questo di stallatico - mormorò Andrea, ingenuamente - anzi fa bene alla salute. I medici lo prescrivono ai tisici. Piuttosto questi vostri profumi depravano i sensi e ammorbano i nervi.

- La depravazione è cosa umana.

- Per questo preferisco le bestie, il cui istinto è sempre sano. Del resto abbiamo finito questo scompartimento. Ecco il più bello.

Era un toro, un toro nero, con una macchia bianca sulla fronte, fra le due corna splendide: era un toro maestoso, membruto, sdegnoso della rastrelliera, messo solo in un grande spazio, con la fune lunga: esso aggiravasi irrequieto nella sua galleria senza guardare la gente che lo ammirava, che mormorava sottovoce certi elogi paurosi.

- O com'è bello, com'è bello! - gridò Lucia.

- È bellissimo. È di Piccirilli, di Casapulla: lo premieranno. È l'amante, è il signore, è il tipo puro eccezionale: è la perfezione della razza. Un capolavoro, Lucia.... che avete?

- Mi sento male, un po': conducetemi laggiù dove ci è l'acqua. Sento il sole che mi morde le braccia, ora. Ho il fuoco nel cervello.

Si allontanarono sino alla fontanina, sotto un albero, dove vi era un bicchierino di legno. Lui bagnò il fazzoletto nell'acqua e glielo posò sulla fronte.

- Grazie, sto meglio. Mi sentivo morire. Torniamo, o piuttosto proseguiamo: qui siamo troppo soli.

Passarono dinanzi alle boxes dei cavalli, una lunga fila di casette di legno, chiuse, perchè non vi era esposizione quel giorno. Si udivano pure i nitriti frequenti delle bestie condannate all'inazione, in una semi-oscurità, sotto quei tetti di legno che s'infuocavano nel pomeriggio crescente. Si udiva lo scalpitìo delle bestie, irrequiete, impazienti.

- Sono puledri giovani e vivaci, abituati ai liberi galoppi nelle nostre pianure, nelle difese vastissime, dove sono allevati. Non sono assuefatti all'immobilità: qualcuno di essi sente, attraverso la divisione di legno, il nitrito della giumenta e le risponde nitrendo e sferzando con la coda le pareti della box.

Di nuovo ella impallidì.

- È il sole ancora? - chiese lui.

- Ho caldo, ho caldo.

Vampate di sangue le salivano alla faccia per poi lasciarvi il più ardente pallore, un pallore di febbre. Ella cercava di inumidirsi le labbra col fazzoletto bagnato, poiché le sentiva arsiccie, come se le avesse ferite il vento di tramontana. Il braccio posato sopra quello di Andrea si appesantiva.

- Entriamo in questo grande edificio, signor Andrea? Almeno il sole non mi morsicherà più. Sapete che cosa sento? Una quantità di punture, fitte, sottili, minute, sotto la pelle, come aghi che volessero uscirne. Al fresco finiranno, credo.

Entrarono nel caseggiato: una specie di vasto granaio terreno, col tetto spiovente, dove ogni specie di animali domestici si agitava nelle gabbie e nelle casupole. I conigli, gravi, bianchi, col musetto roseo, col loro comico tender d'orecchi, stavano accovacciati come un batuffolo di bambagia, in fondo alle conigliere. Bisognava chinarsi per vederli bene, ma subito essi si arretravano spaventati, non sapendo dove scappare, perdendo la testa. Le galline avevano tutto un lungo compartimento, una gran cassa a graticciata, divisa in tante casette. Stavano ferme, grasse, grosse, l'occhio tondo vivissimo, ogni tanto scomparente sotto la cartilagine giallastra e floscia, dando con la testa contro le pareti, pizzicottando svogliatamente il granone o la zuppa di crusca in un truogoletto, dandosi dei colpi di becco sotto l'ala, chiocciando spesso, come se quel grido fosse uno sbadiglio rauco di bestia molto annoiata. Sole le chiocce avevano un aspetto serio, tutte composte, tutte raccolte in sé, immobili.

- Vedete, Lucia, io credo che le chiocce pensino sempre ai pulcini che se ne sono andati pel mondo.

- Io non avevo mai visto una chioccia. Non vi sono tortorelle qui?

- No: ci sono i soli animali per l'uso agricolo. Le tortorelle sono animali di lusso. Voi le amate?

- Sì, ne avevo una e mi morì: allora ero piccina.

- Peccato, qui non ve ne sono.

Un gallo, svegliandosi dal suo torpore, vedendo che un raggio di sole penetrava da una finestra, lanciò nell'aria uno stridulo chicchiricchì; subito un secondo gli rispose, sopra un tôno più grave, poi un terzo entrò immediatamente - e le galline si misero a schiamazzare come da soprani sfogati, le gallinelle d'India facevano da contralti, le chiocce e i gallinacci gorgogliavano nelle gole grasse come bassi profondi. Una sinfonia discordante, crescente, saltellante, che faceva turare le orecchie ai visitatori pazienti e scappar via quelli nervosi. Lucia si era stretta al braccio di Andrea, la testa contro la spalla di lui, per non udire, sbalordita, ridendo nervosamente, tossendo, volendo parlare, ma non trovando fiato, mezzo assordata. Egli sorrideva nella sua flemmatica bontà per quella musica animalesca. Poi la sinfonia decrebbe man mano, alcune voci si estinsero bruscamente, altre s'indebolirono: poche rimasero, isolate, che tacquero subito come scorate.

- O Dio, Dio, Dio - balbettava Lucia, ridendo ancora come convulsa.

- Non avete mai udito ciò?

- Che ! Credevo di non dovermi meravigliare mai più di nulla; invece voi mi avete condotta nel mondo delle sorprese, amico mio.

- Le bestie sono belle e piacevoli - disse lui gravemente.

Escirono dall'altra porta, di nuovo all'aperto. Era il compartimento dei lanuti; pochi, perchè la Terra di Lavoro non ha montagne abbastanza alte, nè prati abbastanza ricchi per alimentarli. Qualche capo di animale, per tipo di razza. Solitario, grasso, alto come un ciuco, con una lana folta e sporca, un merinos si aggirava nella sua casetta. E in fondo, in un angolo, un porco bigiognolo, con certe macchie rosee vive come se lo avessero scorticato, se ne stava, dimenticato, fuori classe, fuori gruppo, pari a un essere originale e mostruoso che disprezzi la società delle altre bestie sue pari.

- Andiamocene, andiamocene - disse Lucia, vinta dallo scatto dei nervi, trascinando il suo cavaliere. - Non voglio vedere più altro.

Aveva i crampi allo stomaco, ora: a momenti se lo sentiva attraversare da una puntura acutissima, poi come stretto in una morsa. Ora tutto il fuoco che il sole le aveva trasfuso nelle vene sembrava concentrato sulla nuca, mettendole i nervi in combustione. Andrea non sapeva nulla di questo malessere ignoto, egli che non si lasciava vincere dall'ambiente, egli che poteva vivere sotto il sole e camminare fra due file di bestie, senza provarne alcun turbamento. Egli era sano come la natura è sana. Passarono attraverso il caseggiato delle galline quasi correndo, mentre le chiocce facevano sentire il loro chioccìo in minore, quasi materno, quasi carezzevole. Uscirono nel giardino, rasentando le boxes dei cavalli, dove cominciava ad allungarsi una striscia di sole. Lucia camminava presto, abbassando il capo, sentendo ora fastidio sotto il cranio, sentendo il lievissimo cappello pesarle come una calotta di piombo, provando l'irresistibile bisogno di buttarlo via, di sciogliersi le treccie, lasciarle disciolte per le spalle, di passarsi fra le ciocche, sulla cute calda, le dita gelate.

- Ardo, ardo - diceva ad Andrea.

- Come farete per andare al giurì? - disse questi molto inquieto.

- Ci andrò. Oh questo sole! mi farà morire.

- Che si potrebbe fare per aiutarvi? bagnarvi di nuovo il fazzoletto nell'acqua?

- Sì, sì.... oppure, no.... andiamo in fretta.

Traversavano il viale. Il toro era lì, infastidito dal sole, puntato sulle zampe di dietro, scavando il terreno con una delle zampe davanti. Poi, tutta la sfilata nuovamente, con l'aria più opprimente, il sole glorioso, le mosche roteanti basso, le teste degli animali appesantite, sonnacchiose. Lucia si tappava la bocca e il naso sino a non respirare più. Arrivò nel salone fresco accanto alla serra, tutta rossa, gli occhi smorti, le labbra appassite, il naso assottigliato.

- Ho creduto di morire - disse poi ad Andrea che aspettava, smarrito, pentendosi di averla condotta seco.

- Andatevene, vengono le signore.

La duchessa di San Celso era venuta dalla sua villa per la giurìa dei fiori. Questa vecchia mondana era più imbellettata, più rugosa che mai, vestendo il corpo floscio, dalla grassezza morta, con un abito giovanile, e portando sui capelli tinti un cappellino bianco; ella andava e veniva, curva, col collo torto, mostrando il piede che aveva ancora snello. Vi erano tre o quattro signore dell'aristocrazia venute appositamente da Napoli: la Cantelmo, alta, forte, bianca, opulenta, vestita con sfarzo; la Fanny Aldemoresco, piccola, bruna, zingaresca, col naso adunco, la pelle gialliccia e gli occhi sfolgoranti, vestita di rosso cupo; la Della Marra, col suo viso biondo, scialbo, i capelli di una tinta pallida, lo sguardo grigio; poi una contessa capuana, magra, una testolina di vipera; poi la moglie del prefetto, donna grassa e insignificante, piena di riverenze e di saluti cerimoniosi; poi la vedova di un generale; poi Lucia Altimare-Sanna.

Queste signore avevano fatto dei giri intorno alle aiuole, dove si dovevano giudicare i fiori in terreno, studiando con l'occhialino di tartaruga appoggiato al naso, il mento sollevato, l'occhio severo, volgendosi a discorrere coi giovanotti, chiacchierando vivamente fra loro. Un praticello di verbene multicolori, sul fondo di un rosso vivissimo, era giudicato grazioso, di un effetto mignon, disse l'Aldemoresco. L'Altimare-Sanna, che la conosceva e con cui parlava, rispose che odiava le verbene. Invece lei propendeva molto per quelle rose muschiate, che formavano un cespuglio così profumato, rose grosse, polpute, scoppianti dai petali accartocciati. La duchessa di San Celso era anche dello stesso avviso, anzi prese una rosa e se la passò nella scollatura dell'abito, sulla pelle grinzosa del petto. Questo gruppo di signore, agitantesi, coi ventagli in moto, gli ombrellini che si aprivano e chiudevano, i merletti che svolazzavano, questo gruppo chiaro, donde uscivano risatine trillate e piccoli gridi di cingallegra in collera, si faceva a poco a poco una corte.

Vi era il più vecchio amante, il primo forse, della duchessa, anche lui tinti i capelli, il rossetto sui pomelli, il mustacchio di colore dubbio, incerato, le guance flosce e pendenti - e il giovane amante, bellissimo ma pallido, l'occhio nero e sfacciato, la bocca sensuale, nella sua eleganza di giovane povero, arricchito da una vecchia. Vi era Mimì d'Alemagna, venuto per la Cantelmo, e Ciccillo Filomarino, amante in pectore, venuto anche per lei - e altri e altri, per consenso, per diletto, per fare il chiasso. Il prefetto, in marsina, era sempre accanto alla duchessa. Questa gente, andava, veniva, ritornava, formando gruppetti, restando sempre unita, mandando un frastuono mondano e un odore di veloutine, sotto i tranquilli ippocastani.

Il giudizio pei fiori in aiuole non fu lungo. Le signore prendevano un'aria molto grave, quando le s'interrogava sulla votazione.

- Vedremo.... penseremo.... provvederemo - diceva la Aldemoresco, seria come un ministro che non vuol compromettersi.

Entrarono nella grande serra a cristalli in cui si esponevano i fiori nei vasi, tagliati o formati in mazzi, le piante esotiche, quelle delicate e freddolose. Il prefetto aveva fatto mettere delle tende azzurre per riparo contro il sole. Da quella parte un po'di vento fresco soffiava come l'ora declinava. In mezzo vi era un getto d'acqua, sotto un palmizio, piantato nel terreno per l'occasione. Poi i sedili, le seggioline, gli sgabelli, smarriti tra i fiori che sorgevano da tutte le parti. Le signore, entrando lì dentro, traevano un sospiro di sollievo. Là, nel viale, si inghiottiva la polvere e il sole scottava; i fiori in aiuole valevano poco. Qui si entrava in un ambiente parco di luce e profumatissimo. Esse sorridevano con un piacere che si dilatava sulla faccia; Lucia fremeva, le nari aperte, palpitanti. Voltandosi, mentre voleva osservar meglio un grande arbusto di vainiglia, scorse Andrea sotto la porta; fece sembiante di non vederlo mentre egli discorreva con Enrico Cantelmo, e si chinò ad aspirare tutto il profumo della vainiglia. Egli la seguiva con l'occhio, alla sfuggita, come se nulla fosse, parlando di cavalli con Cantelmo. Poi ella ebbe un pensiero rapidissimo: girò su se stessa, e accostandosi a un gruppo di orchidee, fiori delicati, mostruosi e aristocratici, si trovò presso la porta. Andrea comprese, si staccò da Cantelmo, si avvicinò a lei e le porse la mano, come se la vedesse per la prima volta nella giornata. Parlarono, freddamente, come semplici conoscenze.

- State bene?

- Meglio: grazie. Perchè siete tornato?

- .... mi trovavo da queste parti. Poi, la sala è piena di gente; posso fermarmi anche io.

- Rimanete: voi dovete amare i fiori.

- No: mi sono indifferenti. Quest'aria è carica di profumi.

- Vi pare? Non me ne accorgo.

- Oh! sono fortissimi. Come possono resistere tante signore?

- Vi ricambio le vostre spiegazioni, signor Andrea. Io li adoro questi fiori e li capisco. - Vedete questi gelsomini: sono fiori spagnuoli, dal profumo già forte, fiori rassomiglianti a una stella. Si arrampicano anche, tenacemente, come un amore modesto ma costante.

- Che ne sapete voi dell'amore? - disse Andrea ironicamente.

- Quello che gli altri non sanno e che voi non sapete - ribattè lei. - Guardate, guardate quanto è bello questo grande fascio di rose bianche e di rose thea, che colori leggeri e delicati!

- È il fiore che portavate voi al ballo di Casacalenda, e l'altro giorno all'inaugurazione.

- Avete una buona memoria. V'annoiate di questo giro?

- No - rispose lui, con uno sforzo, come se il suo spirito tornasse di lontano.

- L'esposizione di Lamarra è la migliore, signora Sanna - disse la Cantelmo, fermandosi un po'con lei. - Noi lo premieremo. Guardate, vi prego, quel tappeto di fiori.

Passò avanti. Andrea e Lucia andarono verso l'estremo lato della grande serra, dov'era il tappeto di fiori. Era un rettangolo allungato, per terra, tutto a viole del pensiero, nei loro colori lugubri, il violetto cupo e vellutato, il giallo striato di nero; alcune grandi, con i petali grassi e il seno aperto come una boccuccia, altre piccole, minute, come un'unghia. Niente di verde. Questo tappeto tetro era tagliato da una grande croce bianca, nettamente staccata, tutta di gardenie, le più candide.

- Pare un tappeto che debba coprire una tomba - disse lei. - Mi ricorda il quadro di Morelli: La figlia di Jorio, distesa per terra, col tappeto che taglia tutta la stanza e attraversa il quadro.

- Voi vi compiacete troppo di cose tristi - osservò lui, la voce infiacchita.

- Gli è che il mondo è triste. Questi Lamarra di Napoli sono gente ignorante, ma hanno arte e sentimento. Essi intendono che il fiore può indicare la gioia, ma che indica spesso il dolore. Le gardenie sono fiori nobili. Sono quasi gelsomini doppi, il gelsomino fatto più ricco, più bello. La gardenia pare che abbia un'anima; certo ha sempre un carattere. È piccina, meschina, rachitica, coi petali arroncigliati; è grandetta, ma minuta come una fanciulla di diciott'anni, con una bianchezza tenue; è grande, sviluppata, forte, coi petali densi, di un biancore ardente. E quando appassisce diventa gialla, quando muore pare sia arsa.

Ella gli diceva tutto questo ritta innanzi al tappeto mortuario, parlando sottovoce, quasi astratta, come se narrasse a se stessa la storia dei fiori. Era molto pallida, ma gli occhi erravano, dolcissimi. Dalle gardenie un acuto odore saliva: così acuto che ad Andrea pareva sentirne le punture nelle nari, punture salienti al cervello, battenti alle tempia, dove sembrava affluisse più carico, più pesante il sangue.

- Ecco un bel mazzo - disse lui, per distaccarsi da quel tappeto funebre di cui vedeva la croce, di un bianco vividissimo, staccare sul fondo bruno delle viole.

- Sì, sì, è bellino - disse Lucia, e l'osservò attentamente, avvicinandosi, allontanandosi per giudicare meglio dell'effetto - proprio carino. Ha qualche cosa di velato e di verginale, non vi pare? Sono i fiori più fini e più giovanili della flora esotica. Il cuore del bouquet fatto di reseda, piccola, dal profumo sottile, dal colore verdiccio. Poi una larga fascia di vainiglia che cinge la reseda col suo violetto sbiadito, il suo fiore intagliato con un merletto. E su tutto questo un velo, una nuvolina di brughiera che tempera dolcemente, che mette il mazzo in una lontananza nebulosa. La brughiera sembra un fiore nordico; non odora, non è fresco, ma la sua ombra è mite, è fedele. Ecco un gruppo di fiori puro e innocente.

Andrea, invece, si sentiva male anche innanzi ai profumi tenui della reseda e della vainiglia. Era preso da una oppressione profonda, come se il respiro gli fosse mancato; stille di sudore gli s'imperlavano sulle tempie e sulla nuca. Provava una stanchezza per tutta la persona, come l'indolori-mento dell'indomani di un ballo, le gambe fiacche, intormentite alle ginocchia, le braccia cascanti, la bocca pastosa, e una pesantezza di palpebre.

- Che ne dite di Kruepper, signora Sanna? - domandò la San Celso, passando al braccio del suo giovane amante, a cui si appoggiava come una rovina cadente.

- Non ho ancora visto, duchessa.

- Guardate, guardate: questo tedesco ha del buono, ha della passione. Non è vero, Gargiulo?

- Voi parlate sempre bene e sempre artisticamente - rispose l'amante con una tenerezza nella voce, baciandole la mano nuda e scarna su cui si vedevano le vene gonfie della vecchiaia.

Passarono. La gente cresceva. Il mormorio delle voci si faceva sempre più alto, le signore diventavano più sorridenti, più scherzose in quella grande fioritura, si nascondevano dietro i gruppi a parlare con qualche giovanotto, ricomparivano arrossite nel volto, ridendo ancora, riparandosi dietro il ventaglio. L'ambiente si faceva sempre più carico, sempre più violento, con tutto quell'odore d'ylang-ylang, di opoponax, di fieno - e le carni femminili impregnate di fragranze - e i voluttuosi effluvii delle stoffe seriche - e i capelli dal profumo acre - e i merletti conservati tra i sacchetti d'ireos. Tutte quelle donne erano tanti fiori artificiali, acutamente provocanti, dalle bocche che parevano seni di fiori, dalle guance Che si colorivano come quei petali, dagli occhi cupi come il velluto delle viole, e dalle gole bianche e fragranti come le gardenie. Erano bei fiori falsi, dai colori metallici, dagli odori scientifici, combinati per la seduzione. Esse, in quell'atmosfera, si rialzavano come ringagliardite, quasi che quell'aria viziata convenisse ai loro polmoni guasti, risvegliasse il loro cervello ammalato, rinfrescasse il loro sangue ammorbato, desse una spinta ai loro nervi martoriati ed esauriti. La faccia di Lucia si marmorizzava di roseo, a chiazze; le palpebre, che avevano quella malinconica tinta plumbea, si sollevavano, lasciando veder re il lampeggio dello sguardo: un piacere intenso, acuto, le inchiodava il sorriso sulle labbra.

Andrea cominciava a vedere lo spettacolo come in un sogno. Era inutile: il cervello, aggravato, si addormentava. Egli faceva sforzi enormi, tutti interni, per scuotere quel torpore, ma si sentiva vincere, sopraffatto da una prostrazione che si diffondeva e gli spezzava le giunture. In quanto alle gambe gli pareva di averle di bambagia, senza forza, senza vita. Non sentiva che la testa come di piombo, che temeva gli cadesse sul petto, non reggendola più il collo. Si asciugava macchinalmente il sudore, seguendo Lucia con l'occhio vagante.

- Ecco Kruepper, di Napoli, - disse Lucia. - O guardate, guardate, Andrea.

Kruepper, di Napoli, esponeva tanti vasi in gradazione, dove si contorceva, piena di bozze, di gonfiature, bistorta, una vegetazione tropicale di cactus. Rassomigliavano a serpenti verdi, pieni di veleno sotto la pelle, pieni di pungiglioni, drizzantisi sulla coda come se fossero in amore, o spezzantisi come tagliati in una vertebra, o ravvolgentisi come presi dal sonno. Su quegli orribili gambi che mettevano spavento, si apriva,un fiore rosso come una coppa, dal tessuto trasparente, dal pistillo giallo; si apriva un fiore bianco, quasi simile a un giglio. Fiori superbi e gloriosi, coppe dove bruciava un incenso fortissimo, che dovevano vivere intensamente una vita splendida di ventiquattro ore. Lucia si chinò sopra uno di questi e Io aspirò lungamente, quasi volesse succhiarne tutta la essenza. Rialzandosi, alle sue labbra si era attaccato un pulviscolo giallo.

- Odorate, Andrea; è inebbriante.

- No, no: mi farebbe male - disse lui, fregandosi gli occhi per scacciarne una nebbia che li ottenebrava.

In verità egli sentiva il più grande bisogno di sedersi e addormentarsi, di sdraiarsi sopra un canapè, di buttarsi per terra, lungo disteso per dormire. La sonnolenza se lo prendeva tutto, mentre invano egli cercava, con una volontà indomita, di tenersi desto. Spalancava gli occhi, si stringeva una mano coll'altra, cercava di pensare a qualche cosa per non dormire. Ma avrebbe voluto, solo per cinque minuti, posare il capo non so dove per dormire. Cinque minuti sarebbero bastati: lo sentiva, crollava il capo. La gente che passava rassomigliava sempre più a fantasmi scivolanti sul terreno, senza rumore, tra una nebbia crescente. I fiori si ingrandivano, si ergevano, si assottigliavano tra la nebbia, prendendo un aspetto fantastico, dolori strani, profumi bizzarri. Oh il profumo Andrea lo intuiva più chiaramente di ogni altra sensazione nella testa che gli ardeva d'una fiamma infiltrantesi tra i meandri del cervello, penetrante nel fosforo. I nervi vibravano, vibravano, vibravano; poi succedeva l'esaurimento, e venivano la sonnolenza e quella catalessia invadente onde la volontà prigioniera tentava invano sferrarsi.

D'un tratto si voltò: Lucia era scomparsa. Ne provò un dolore così fiero che avrebbe voluto dare in un fortissimo grido, ma non trovò la voce per emetterlo. Poi molti di quei fantasmi femminili scomparvero, silenziosi, come se li avesse inghiottiti la terra. Avrebbe potuto dormire ora, quieto, per un cinque minuti? No, un'ombra gli si era accostata: Cantelmo che gli parlava dei fiori, di Kruepper ancora, e questo nome barbaro dal sonito di guerra, lo molestava. Che diceva dei giacinti?

I giacinti chinavano la testolina elegante in una larga giardiniera a graticcia dorata. Vi erano giacinti rosa, dall'odore acidulo di menta che portano insieme col loro; i giacinti lillà, dall'odore acuto e femminile; i giacinti bianchi dall'odore voluttuoso che pare corrotto. Questi tre profumi carnali si univano, si fondevano. Accanto ad essi, in una grande anfora di vetro veneziano, dieci magnolie, riunite in mazzo, esalavano l'odore più forte.

Nel letargo ond'era vinto, Andrea vide comparire sotto la porta Lucia. Nel suo abito verde cupo, col cappellino roseo, ella sembrava una grande rosa, una donna fatta fiore, un fiore fatto donna. Andrea sentì slanciarsi verso quel fiore tutto il suo essere - e avrebbe voluto, unico, supremo desiderio, abbracciare quel fiore, tenerlo sotto le labbra, aspirarne tutto il profumo, succhiarne tutta la vita.

Quella notte Lucia smaniò nella febbre gagliarda che dà ai temperamenti nervosi la rivelazione della vita animale, larga, clamorosa, soleggiata, nella sua sublime e sana impudicizia. Quella notte Andrea si sprofondò nella febbre torpente, esaurente, che dà ai temperamenti robusti l'eccitamento malaticcio dei nervi nella depravazione dei sensi.

IV.

La fontanella di Michelangelo Viglia, che

. . . sull'augusto Esempio

La do ad altrui da me,

scorreva tranquillamente nel suo bacino di pietra grigia. La seconda parte dell'iscrizione:

Il Pellegrino, il Villico,

Il Cittadin l'avrà:

Venite, dissetatevi,

Fresca per voi qui sta,

non poteva servire d'incitamento a nessuno. Nella notte oscura solo la fontanella ripeteva il suo ritornello di canzone sempre fresca e giovanile. Centurano dormiva: le sue case bianche, gialle e grigie, avevano tutte le finestre sbarrate. Primo si era spento il lume dell'ingegnere Maranca, che si levava prestissimo al mattino, pei suoi lavori al duomo di Caserta; poi dell'avvocato Marini, che il giorno seguente aveva una discussione al tribunale di Santamaria: infine quello del giudice Scardamaglia, dove si faceva un po'tardi per il giuoco del mediatore e perchè il giorno seguente non vi era per lui seduta in tribunale. Gli amici dell'onorevole di Santamaria se n'erano andati, salutandosi dalla via al terrazzo, avviandosi verso Caserta in due carrozzelle sonnacchiose, lume, cocchiere e cavallo. Ultimo si era smorzato il lume dei Lieti, la cui casa era sull'angolo, sopra la fontana. Il salotto era rimasto oscuro: due lumi erano comparsi nelle due stanze da letto, ambedue col balcone sulla via, divise da una stanza intermedia. Ombre piccole e grosse, magre e alte, pigmee e colossali, erano passate dietro i vetri, disegnandosi sulle tende. Poi, buio.

Notte nera, di quella densità profonda delle notti meridionali. Uno scintillìo di stelle, una polvere brillante, cosparsa a casaccio, dove più, dove meno, con un movimento di battito, un palpito di costellazioni. Sotto, tra i campi che erano neri, si allungava una striscia biancastra, la viottola che conduce alla via maestra, verso Caserta. I fanali spenti. D'un tratto il primo balcone a sinistra si schiuse pian piano, e dalla stretta apertura una forma bianca e sottile scivolò, rimanendo immobile sul balcone; ma non si distingueva niente. Stava ferma, appoggiata alla ringhiera. Guardava il cielo o guardava la terra? Nulla si distingueva, salvo che, ogni tanto, la veste bianca si muoveva verso il basso: forse un piede impaziente la spingeva. Alle spalle di quella forma, che pareva si allungasse sul fondo nero della notte, il balcone restava socchiuso. Durava quella immobilità, durava quella contemplazione. Suonavano i quarti d'ora all'italiana, all'orologio della parrocchia, e se ne propagava il suono nitido per l'aria silenziosa.

Poi il terzo balcone a destra si schiuse con un lieve stridore del paletto, e si spalancò quant'era largo. Una massa nera apparve, confusa nella notte, senza che nulla si potesse distinguere. Un punto luminoso, di bragia, si accese: la punta di un sigaro in combustione. A ogni respiro della persona che fumava, la punta accesa brillava di più e gettava una piccola luce sui mustacchi bruni del fumatore e una nuvolina di fumo chiaro saliva nell'aria. D'un tratto il punto di bragia filò come una stella, dal balcone sulla via, e si spense. Il sigaro era caduto, e la massa bruna passò all'angolo estremo del balcone per avvicinarsi a quello di sinistra. L'ombra bianca fluttuò come se tremasse tutta e passò anch'essa all'estrema punta, verso la destra, restando ritta, immobile. Poi un soffio traversò lo spazio che li divideva.

- Lucia.

Un soffio lievissimo rispose:

- Andrea.

Null'altro. Giù la fontanella cantava sempre, mai stanca, sempre fresca, sempre giovane. Su, la via lattea che si inchinava verso Caserta, palpitava tutta. Essi s'immergevano nella notte profonda, guardandosi attraverso quella tenebra, aguzzando la vista nel buio per vedersi. Nessun movimento, nessuna parola. Passava il tempo così, suonavano di nuovo i quarti d'ora alla parrocchia - ed essi restavano avvolti in quella oscurità, senza nozione dello spazio e del tempo, perduti in quell'annullamento della luce, perduti nell'idea fissa di potersi scorgere. Due o tre volte la figura bianca si chinò sulla ringhiera, quasi fosse presa da stanchezza; due o tre volte la massa semovente si abbassò sulla ringhiera, quasi misurasse l'altezza del terreno. Ma si rialzavano, riprendevano la prima posizione. Due o tre volte la forma candida e la massa bruna, spenzolandosi dal fianco del balcone, parve si tendessero le braccia, ma ricadevano, abbattute, allo stesso posto, come condannate a quella inazione, torturantisi in quel desiderio senza compimento, fatte parte di quel balcone immobile e spietato, diventate statue di travertino e di ferro. Durava quello strazio di una distanza minima che nella notte pareva immensa, durava quella tortura di non potersi vedere, di sapersi là e di non potersi scorgere. Finalmente un soffio lievissimo:

- Andrea.

E un soffio caldo, passionato:

- Lucia.

Per l'aria, lanciata da una mano malferma, una cosa bianca volò, da un balcone all'altro. Egli l'afferrò sull'orlo della ringhiera, mentre era lì lì per cadere. Nella rovina di un abituro una civetta stridette tre volte. Un fioco grido di spavento le rispose da sinistra e la figura bianca scomparve in un istante: il balcone si chiuse. Su quello di destra rimase la massa bruna, aspettando, spiando.

Quando Andrea rientrò in camera sua, trovò il lume acceso, Caterina ritta presso il letto donde era scivolata, in pianelle, abbottonandosi l'accappatoio.

- Che hai, Andrea?

- Niente, cioè ho caldo.

- Hai di nuovo la febbre, come la notte scorsa?

- No, no: prendevo il fresco sul balcone. Ricoricati, Caterina.

- Non stai male?

- Sto benissimo; non ho voglia di dormire.

- Che hai?

- Nulla, Ninì. Tu hai sognato.

- È il fresco che m'ha svegliato. Ho tastato e non ti ho trovato accanto a me.

- Hai avuto paura? Cerca di riaddormentarti.

Ella si spogliò, di nuovo, tranquillizzata.

- Domani ti devi svegliare presto, Andrea?

- Sì, presto.

- Alle sette?

- Sì.

- Buonanotte.

- Buonanotte.

Caterina, smorzato il lume, si fece il segno della croce e si riaddormentò immediatamente, come le succedeva sempre. Andrea aveva aspettato, fremendo, quel momento per stringere sul petto la sciarpa di merletto, tiepida ancora, del collo di Lucia. per baciarla, per morderla, per avvolgersela attorno alle mani, attorno al collo, per rinfrescarsene la fronte, e per tenerla sugli occhi, nella veglia prolungata.

Alla mattina Alberto, lamentandosi, sospirando, gemendo, allarmò tutta la casa. Levandosi di letto aveva tossito tre volte, poi aveva tossito di nuovo lavandosi la faccia. Si sentiva la gola aspra e stretta, il petto oppresso.

- Dove posso aver preso freddo? Dove posso averlo preso, io che uso tante precauzioni? Porto sempre il fazzoletto di seta al collo e la camicia di flanella. Qualche corrente d'aria sicuramente.

Si lamentava, innanzi allo specchio, vedendo che era pallido, cavando la lingua, cercando di guardarsi nella gola, respirando lungamente per sentire se vi fosse intoppo. Lucia lo confortava dolcemente.

- Ti pare che io sia ammalato? sono molto disfatto?

- Ma no, non ti creare fantasie. Hai il viso di ogni giorno. Molte volte io, stando benissimo, tossisco levandomi di letto.

- Anche lavandoti la faccia?

- Oh! quello sempre.

- Ah sì? Gli è che io sono malaticcio....

- Ma no, tu stai meglio assai da che sei qui.

- È vero, ma non vorrei ammalarmici. Senti, Lucia, io vorrei andare a Napoli oggi.

- A far che?

- A farmi fare una buona auscultazione da Cardarelli.

- Mi lasci sola?

- Per poco, cara. Sai, per rassicurarmi.

- Mi annoierò, Alberto mio. Quando ritorni?

- Quest'oggi, alle sei e mezzo, per l'ora del pranzo.

- Non mancherai, core mio?

- Ti pare? arrivo alla stazione, faccio colazione, vado un momento a casa, poi da Cardarelli, e riparto.

- Torna, Alberto mio. Io non mi moverò da questa stanza, starò a contare le ore, aspettandoti. Ascolta, non ti pare di aver preso questo raffreddore, a cavallo, ieri l'altro?

- È vero, è vero! Hai ragione, sono uno stupido; tu mi avevi detto di non andare. Non ti voglio mai dar retta, Lucia mia. Tu sei il mio buon angelo. Lo dirò a Cardarelli dell'imprudenza che ho fatta.

- Domandagli anche se dobbiamo restare ancora qui.

- Perchè? Io ci sto volentieri. E tu?

- Io sto bene dove stai tu.

A colazione Lucia venne cogli occhi rossi, non mangiò quasi nulla. Andrea taceva, Caterina taceva, essi scambiavano occhiate di compatimento; per quella povera donna. Lucia raccontò, tutta dolente, l'imprudenza commessa da Alberto a voler fare una passeggiata a cavallo, il freddo che aveva preso nella traspirazione, e la pena che le aveva fatto a sentirlo tossire così, duramente, quella mattina.

- Mi sono sentita squarciare il petto - conchiuse, e pianse di nuovo.

Nessuno mangiò più. Caterina le si mise accanto e cercò consolarla come meglio poteva, tenendole una mano fra le sue, memoria del collegio. Andrea le restava accosto, in piedi, non trovando nulla da dirle. Lei non si calmò che più tardi. Caterina doveva uscire per quell'eterno giurì; ma per fortuna ci erano solo due altri giorni di seduta. Non osò neppure dire a Lucia di uscire seco, tanto ella era abbattuta. Andrea doveva andare anche: lui a Caserta per affari. Marito e moglie la salutarono, Caterina la baciò sulle guance, Lucia singhiozzò e pianse di nuovo. Si trattennero ancora. Andrea s'impazientiva e Caterina temeva che Lucia se ne avvedesse. Si licenziarono.

- Tornate presto, amici miei, tornate presto - disse, languida languida.

Escirono. Ella li richiamò. Ricomparvero sotto la porta.

- In qualunque caso voi mi volete sempre bene, cari miei?

Li interrogava ambedue. Quelli si guardarono, Caterina sorridente e Andrea imbarazzato.

- Per me e per lui, sì, sì, si - disse Caterina.

- Anche per voi, Andrea?

- Sì - diss'egli, brevemente.

- Tu trovi certo Lucia un po'folle - disse Caterina, in carrozza, a suo marito.

- Io?... no.

- È tanto infelice.

- Lo so.

- Tu sei preoccupato.

- Nel terreno delle Faete, tu sai dove, è andata a male la vigna.

- O come? raccontami....

Il custode del giardino inglese salutò quella pallida signora vestita di nero, le spalancò il cancello, e le domandò se avesse bisogno d'una guida. Ella rifiutò, dicendo di conoscere il posto. Infatti s'inoltrò tranquillamente nella vasta spianata donde si diramano sentieri larghi e viottoli, come se fosse abituata a passeggiarvi. Aveva chiuso l'ombrellino coperto di una trina nera, lasciando che il sole le riscaldasse le braccia e l'alto delle spalle, un po'trasparenti sotto la grenadine nera della veste. Il cappello nero di trina era aggiustato come un velo spagnuolo, con certi spilloni martellati di jais nero. Ella, arrivata al punto dove doveva scegliere un sentiero, restò indecisa. Voltandosi indietro, vide il cancello chiuso e un pezzetto di parco; innanzi, la inclinazione seducente dei viali che s'abbassavano sotto il verde. Si avviò per uno, a caso, pianamente, rasentando una siepe di mirto, posando appena i tacchetti delle sue scarpette sul terreno fresco. Gli alberi formavano un arco di verdura che scendeva come quello di una grotta, formando, in fondo, un buco di luce, rotondo, lontano lontano. Ella se ne andava alla ventura, in quella penombra verde, lasciando che qualche foglia, caduta roteando da un albero, le si posasse sopra una spalla, fermandosi a guardare le lucertoline vivaci, dalla testa all'erta, dalla coduccia snella. Poi ripigliava la sua passeggiata col passo ritmico e uguale, la veste sfiorante la siepe, lo sguardo errante in quella solitudine piena di mormorii.

Alla fine del viale discendente si trovò in una piccola valle da cui salivano e scendevano sentierucci e viottole; nel mezzo un prato costellato di fiori; era una vallicciuola ombrosa, con le pendici cupe, tagliate dalle striscie gialle dei viali. Attorno gl'ippocastani, i cerri, gli eucaliptus, alti, sottili polverosi: solitudine completa. Ella discese ancora verso quel prato. A un tratto si fermò, a metà strada, spaventata, tremante, poiché Andrea le era sorto innanzi. Si guardarono negli occhi, senza parlare. Egli veniva di giù: ella gli doveva essere apparsa, scendente sulle nuvole, come una Madonna. Questo le balbettò. Tacquero, scesero insieme, daccanto, senza guardarsi. Lui le tolse l'ombrellino e tuffò le mani nei merletti. Discendevano a valle. Andrea malinconico, dolente di non averla al braccio, non osando chiederglielo.

- Come siete qui? - chiese lei bruscamente

- Non saprei dirvi. Laggiù si moriva dal caldo e dalla noia.

- Non per altro?

- .... pensavo che ci verreste.

- E avete ragione: è il destino. Aveva un'aria tragica sotto il suo velo nero, con l'abito nero, con la roncoletta d'argento che pendeva da una catenina alla cintura. Gli occhi cerchiati d'azzurro violaceo avevano uno sguardo tetro e voluttuoso.

- Se venisse Caterina.... - disse ella, stringendo i denti rabbiosamente.

- .... non verrà.

- Se venisse, sarebbe meglio. Mi ucciderei qui.

- O Lucia!

- Non mi chiamate per nome. Vi odio.

Il tôno era così collerico, il labbro così livido, che egli impallidì, si levò il cappello per passarsi una mano sulla fronte. Poi, improvvisamente, due lagrimoni gli sgorgarono dai buoni occhi addolorati, scesero per la faccia onesta e disperata, si disfecero sulle mani.

- O Andrea, per pietà di me, ve ne scongiuro, non piangete. Oh non mi rendete così infelice, così infelice!

- Che! non piango - disse lui, rimesso, sorridendo; - è stata una cattiva impressione, un passaggio brusco. Quando ero piccolo, mi succedeva, con mia madre. Volete venire al braccio mio? Vi condurrò dappertutto.

- Dove l'ombra è profonda, dove ci è il rumore delle acque cadenti, dove niuno pensa di venire - mormorò lei, intenerita.

Standogli al braccio, camminando in una viottola stretta, le cui siepi erano molto alte, ella colse degli anemoni di bosco, rosei, un fascio che mise alla cinta, nel nodo della cravatta, nel fiocco dell'ombrellino.

Quelle siepi fiorenti nell'ombra, dove il sole penetrava per riflesso, erano piene di anemoni selvatici, dalla campanula china, così delicata. Ella gliene dette, gliene mise nelle tasche del matinèe, all'occhiello. Andrea rideva, silenziosamente, tutto rabbonito, tutto felice, sentendo quelle dita leggiere che strisciavano sul panno. Non si dicevano nulla: solo, per la via esigua, ella si stringeva a lui. Un uccellino, passando, le strisciò sulla fronte. Lucia gridò, si staccò da lui, corse innanzi.

- Venite, venite, Andrea. Che incanto!

Erano giunti a una piattaforma, una specie di terrazzino di verdura, che affacciava sopra un'altra valle. Di fianco, in alto, balzante, spumante, sgorgava dalla roccia il torrente, cadeva a valle; come una cateratta tutta bianca, tutta fioccosa, formava giù una corrente limpida, larga, poco profonda, che se ne andava tra due file di pioppi come se si avviasse, corrente senza nome, a un mare sconosciuto. Essi, sull'orlo del terrazzino, dominando quel paesaggio nordico, quel fiumicello nitido, quella verdura chiara, ricevevano in faccia la spruzzaglia minuta della spuma, penetrati da quel piacevole umidore, da quel venticello fresco che faceva l'acqua cadente.

- O com'è bello, com'è bello - diceva Lucia, tutta pensosa.

- Qui si sta meglio che nei vostri salotti, dove non si può respirare - disse lui, respirando a pieni polmoni.

- Qui è bello - mormorava Lucia.

Si appoggiava alla sua spalla, con la guancia. Egli sentiva quel piccolo contatto, rabbrividendo di piacere. Poi, ella, sotto il velo nero del cappello, aveva rialzato i capelli e la nuca era nuda, bianca. Poi il braccio era nudo sotto la grenadine di seta, e lui, stringendo un pochino, sentiva lo scricchiolìo della stoffa rude e trasparente che si sgranava.

- Cerchiamo di scender giù, alla corrente, a vedere dove se ne va - gli disse Lucia.

- Per di qua non si scende.

- Cerchiamo una via, una via ignota.

- Ci perderemo.

- Perdiamoci, poiché qui è il Paradiso - soggiunse lei.

Infatti si smarrirono per una viuzza che non finiva mai. Essi ridevano, allungando il passo. Trovarono un gran viale interminabile di alberi esotici: poi un quadrivio con un palmizio nel centro. Infilarono una strada a casaccio: lei era divenuta di nuovo tristemente languida, facendosi trascinare un poco.

- Voi siete stanca: sediamoci per terra, e non cerchiamo più la corrente.

- E moriremo qui?

- Forse qualcuno passerà.

- No, non dite che qualcuno passerà: ho paura, ho paura. Cerchiamo la corrente.

Infine la trovarono più piccola, più stretta, più lenta, quasi lasciandosi andare mollemente, sotto gli alberi. Essi erano sulla riva, in pendìo. Lucia si chinava sull'acqua, guardando il fondo grigio, dove qualche erba verde si agitava misteriosamente. Un riflesso glauco le batteva in viso. Strappava i suoi anemoni, li buttava in acqua, li vedeva andar via, travolti, li seguiva con l'occhio, poi ne buttava degli altri, interessata, preoccupata. Quando ebbe finito i suoi, riprese quelli di Andrea: egli si voleva opporre.

- No, no: tutto giù, tutto giù - disse Lucia duramente.

E li gettò via a fasci, chiudendo gli occhi. Quando rimase a mani vuote, fece un gesto come se volesse abbandonare anche la sua persona.

- Che fate? - disse lui, prendendole i polsi. - Sediamo qui: volete?

- No, qui. Troviamo un posto segreto, che nessuno conosca, un bel posto tutto coperto di piante, dove non giunga il sole, dove non si veda il cielo: io ho paura di tutte queste cose.

Si misero di nuovo alla ricerca, avidamente, inerpicandosi per le viottole, scendendo a precipizio, lui sorreggendola alla vita con un braccio, attraversando certi larghi prati dove l'erba molle bagnava le scarpette di Lucia, tenendosi per mano, quasi abbracciati, senza guardarsi, presi dalla follìa innocente della natura verde che ubbriaca. Trovarono un rivolo. Andrea sollevò sulle braccia Lucia e la posò sull'altra sponda; lasciandola, la strinse tanto che ella diede un grido.

- Vi ho fatto male? - dimandò lui, umiliato.

- No.

Si curvarono per discendere una viottola, dove i rami d'albero s'inchinavano, s'intrecciavano fitti come in una foresta vergine. Un leprotto passò al galoppo, destando la sorpresa di Lucia.

- Ah! se avessi un fucile! - gridò Andrea, mordendosi l'indice.

- Cattivo, cattivo! Come potete godere della morte d'innocente animale?

- Oh, è una voluttà grande. Voi non potete intendere l'ansia smaniosa di chi segue le tracce di una lepre. È un combattimento di astuzie, di furberie animalesche. Non sempre la vittoria resta all'uomo. Ma quando il suo colpo coglie in pieno e l'animale cade al suolo, palpitante, morente, col sangue caldo che sgorga a fiotti....

- È orribile, orribile!

- Perchè? - chiese l'altro, nella ingenuità del suo istinto.

- Siete senza cuore, siete un essere insensibile.

- Scherzate?

- Che! dico sul serio. Non mi narrate di queste cose sanguinose e crudeli. Voi comprendete solo l'odio, la vendetta, la strage. Voi non comprendete l'amore.

- Ma io non odio la lepre, nè l'amo. Io l'ammazzo, perchè mi fa piacere.

- Il piacere! la gran parola: voi tutto sagrificate a questo. È una brutalità.

- Io non posso discutere con voi - disse egli, mortificato: - mi vincete sempre, dicendomi cose dolorose.

- Vorrei che foste buono e sensibile - mormorò Lucia, vagamente. - Voi altri uomini avete lo scoppio potente e breve della passione; ma noi donne abbiamo la tenerezza lunga e costante.

- Per questo l'amore è una bellissima cosa - egli gridò trionfante.

Siccome un lungo spino attraversava la via, Andrea l'attirò a sé per non farla pungere, ripetendole nella guancia:

- L'amore.... l'amore....

Ella si lasciava attirare, si lasciava soffiare nel volto come magnetizzata, ma a un tratto si staccò bruscamente, spaventata, stralunando gli occhi, vedendo una visione di terrore.

- Voglio andarmene, voglio andarmene - disse battendo i piedi nervosamente, ansando dalla paura.

- Andiamo pure - disse lui, chinando il capo, domato, incapace di avere altra volontà che quella di Lucia.

Cercò di orientarsi, arrivò sino allo svolto della via, si cacciò fra gli alberi. Poi ritornò a Lucia, già calmata dal pensiero di andarsene.

- Di là - le disse - vi è il laghetto, il posto di cui vi ho parlato, e vi è anche la strada per andar via. Si giunge per una scorciatoia.

Si avviarono, muti, lui scherzando con l'ombrellino come se volesse romperlo, comprimendo la sua collera. Per la discesa profonda che s'ingolfava come in un sotterraneo, si trovarono improvvisamente dinanzi al luogo che avevano cercato e che ora non cercavano più.

Era un laghetto piccolo e rotondo, dalle acque chiarissime, con una lieve intonazione glauca. Esso rimaneva sepolto, circondato dalle pendici del giardino inglese, piccole colline folte di alberi che lo nascondevano alla vista e alle ricerche: per vederlo bisognava arrivare sulla riva. La riva era circolare, piantata di acacie dal verde pallidissimo, di pioppi alti e magri, dal fogliame smorto. Dalla sponda, piegandosi sull'acqua, bagnandovi la sua capigliatura verde di ninfa desolata, un salice piangeva. Sul terreno un'erba corta e molle, a fili sottili, qua e là interrotta dai gruppi, folti e radenti il suolo, del trifoglio. Sulle acque, immobili, si aprivano largamente le piante acquatiche, dalle foglie rotonde e vellutate, dal verde cupissimo, senza fiori. A un punto, presso la sponda, una ninfea era salita dal fondo e aveva schiuso il suo bianco, largo e provocante fiore che fa staccare dal fondo i fiori maschi che lo amano e che muoiono di questo amore. Una penombra avvolgeva questo paesaggio, una luce bigia e dolcissima come passasse filtrata attraverso una tenda: un'assenza placida di sole, solamente il suo riflesso, attenuato e smorto. Nessun romore: la solitudine completa, la dimenticanza, l'angolo fresco e ignoto, che niuno sa, dove niuno viene. Appena appena una lontananza celeste, altissima, fra gli alberi.

Ella era rimasta stupefatta, sulla spiaggia.

- Come si chiama questo lago? - domandò ad Andrea, senza voltarsi.

- Il bagno di Venere.

- Perchè?

- Guardate là.

Dietro il salice piangente, dalle acque del laghetto, una statua di Venere sorgeva. Era tutta bianca, di marmo, di grandezza naturale, con la testa troppo piccola che hanno tutte le Veneri, belle di questa imperfezione. Aveva i capelli mezzo rialzati sulla nuca, mezzo cadenti sul collo. L'acqua le saliva sino alla cintura, nascondendone il basso del corpo; ma dentro l'acqua le erbe, le alighe crescenti avevano formato un piedestallo di verzura a quel busto bianco. La Venere si chinava a guardare l'acqua, l'occhio sereno, il collo pienotto, il seno immobile e gonfio di piacere, come se non si dolesse di quell'acqua, di quelle piante che salivano sul suo corpo, che la tenevano incatenata.

Era un'apparizione quella mezza statua femminile, quella forma bianca che di lontano, sul verde, sembrava il corpo nudo e palpitante di una donna che si bagnasse in quella penombra, sotto la custodia degli alberi, lontana dal mondo vivo, nel mondo dei fantasmi.

Quando Lucia si voltò verso Andrea, aveva la faccia mutata: un pensiero sulla fronte, negli occhi, sulle labbra. - E di là che cosa c'è, Andrea? - Venite a vedere.

Era qualche cosa che gli alberi celavano. Girarono intorno, vi andarono. Era una finta rovina di portico, otto o dieci colonne in due file, l'architettura greca, il tetto mezzo disfatto, con un buco fatto apposta dove l'erba cresceva folta. Le mura d'intonaco, come l'antico, si scrostavano, le edere mordevano realmente queste false rovine, dei sassi erano caduti. Sotto il portico una oscurità umida, un puzzo di muffa che dava un senso di freddo e di pena come in un sotterraneo.

- E questo che è, Andrea?

- La rovina di un portico.

- Vi doveva essere un tempio?

- Sì, quello di Venere.

- Venere che ogni notte discendeva dall'ara, per andare a bagnarsi nel lago - disse lei, fantasticando. - Una notte lunare, Diana, gelosa di lei, le ha fatto l'incanto e l'ha inchiodata nell'acqua. Venere non è più risalita nel tempio: il tempio, senza Dea, è caduto, è crollato. Vi è rimasto solo il portico, che crollerà anch'esso. Poiché eternamente, per l'incanto della luna, Venere è prigioniera tra le acque che le rodono i piedi e le alighe che le mordono i fianchi. Un giorno fatale il piedestallo rosicchiato rovinerà, e Venere, caduta, starà lungo distesa in fondo al lago, annegata, affogata.

Tacque.

- Parlate ancora, parlate - le susurrò Andrea, prendendole una mano - la vostra voce è una musica. Voi dite cose strane e armoniose.

Ella gli abbandonò la mano guantata, ma non disse altro. Guardava il foro del tetto, donde penetrava la luce. Andrea saliva con le dita lungo il polso, cercando nella manica dove finiva il guanto, dove cominciava il braccio nudo.

- Avete un lapis? - domandò lei.

Andrea staccò il portalapis d'oro dalla catena del suo orologio e glielo diede. Lei cercò il punto più oscuro del portico, e col lapis, sul muro, disegnò un cuore, con una linea sottile bruna. In mezzo vi scrisse:

A VENERE, DEA

-

LUCIA

Restituì il lapis ad Andrea. Egli si piegò a leggere e subito scrisse il suo nome, così:

A VENERE, DEA

-

LUCIA

ANDREA

- Fatalità, fatalità - gridò ella, fuggendo dalle braccia di Andrea che se la prendevano.

Si era seduta sull'erba, coi piedini che quasi arrivavano nell'acqua, coi merletti bianchi delle sottane che spuntavano sotto la gonna dell'abito. L'ombrellino era buttato per terra, lontano. Ella, con le mani guantate di nero, prendeva delle zollette di terra con qualche filo di erba e le lanciava nel lago, seguendone il volo, guardando come si sfacevano nell'acqua, guardando i circoli concentrici che si allargavano come rughe diradantisi. Andrea era seduto accanto a lei, guardando quel collo bianco che si curvava, quel braccio che si inarcava, quelle dita che muovevano la terra. Egli aveva buttato altrove il cappello, lasciandosi cadere sulla fronte ardente l'umidore di quell'ambiente. Ella non si voltava, ma sembrava sentisse l'influenza di quegli occhi appassionati, perchè ogni tanto s'inclinava verso di lui, come se gli si abbandonasse. Egli non osava più muoversi, preso da una timidità affettuosa, da un intenerimento soave per quella donna fragile e seducente. Ella, stanca di gittare le zollette erbose nell'acqua, abbandonò una mano sull'erba. Andrea prese quella mano e pian piano cominciò a spuntare i bottoncini del guanto, sogguardandola, temendo d'irritarla. Nulla: Lucia socchiudeva gli occhi come se si addormentasse. Quando le ebbe tolto il guanto, egli sussultò come per un trionfo. Poi, distendendosi un poco, le prese l'altra mano e con la stessa dolcezza le tolse l'altro guanto. Li gittò sull'erba accanto al suo cappello, presso l'ombrellino. Ora le carezzava un braccio sotto la manica trasparente, una carezza lieve. Lucia si sottrasse a quella carezza, ma senza infastidirsi, senza sorridere: guardava l'acqua del lago, la Venere Anadiomene, attraverso la pioggia verde del salice. Poi lentamente, ella disfece il nodo di merletto del suo cappellino e rigettò le sciarpe indietro: si tolse gli spilloni di jais dalla capocchia rotonda nera, tutta martellata, e li puntò nel terreno, ficcandoli dentro in tutta la lunghezza, come in un cuscinetto da spille. Si tolse il cappellino e lo mandò a raggiungere i guanti e l'ombrellino. Poi si sollevò, si chinò sull'acque, ne prese nel cavo della mano e si bagnò la fronte, tutta ridente, le labbra infuocate e i capelli stillanti. Egli perdette la testa: si rizzò, grande, alto, robusto, l'abbracciò tenacemente alla vita, la fece scomparire nelle sue braccia, baciandola furiosamente sui capelli, sugli occhi, sul collo, sulle braccia, affogandola di baci, mangiandola coi baci, prendendosela coi baci. Ella si dibatteva, senza gridare, contorcendosi, convulsa, gli occhi sbarrati, serrando le labbra, riparandosi la faccia, i capelli mezzo disfatti.

- Lasciami.

- No, amore.... no, amore....

- Lasciami, te ne scongiuro.

- O amore mio bello, amore mio immenso!

- Andrea, per l'amore che ti porto, lasciami.

Subito la lasciò. Ella affannava, la trina del goletto lacerata, una macchia rossa sul collo, i polsi rossi, trionfante, superba, guardandolo come una regina. Andrea, i sensi domati, i nervi tranquilli per quello sfogo di forza, i muscoli rilasciati, sorrideva, umiliato e beato.

Sedettero di nuovo sull'erba. Lei si distese, lunga, inarcando un braccio, passando una mano sotto la testa per non farle toccare la terra, guardando il cielo: Andrea, buttato di traverso, arrivando appena a sfiorare col capo un ginocchio di lei. Lucia guardava in cielo e gli carezzava i capelli, con un moto quasi materno; egli si muoveva sotto quella mano che ne scompigliava i ricci, con un moto di gatto che si fa lisciare. Poi, sotto la tranquillità dei grandi alberi, una voce risuonò, calma, fredda:

- Andrea, quello che facciamo, è un'infamia.

- Perchè, amore mio santo?

- Se non capisci che è un'infamia, io non posso spiegartelo. Ricordati che vi sono due esseri al mondo, innocenti, che ci amano, che soffriranno per noi: Alberto e Caterina.

- Essi non ne sapranno nulla.

- Sì, forse: ma il tradimento infame esisterà sempre per noi. Noi non dobbiamo amarci.

- Perchè, se ti amo? Tu sei il core mio, la mia dolcezza, il mio profumo....

- Taci, dunque. Questo amore è una colpa. Andrea.

- Non ne so nulla. Ti amo. Tu mi vuoi bene: l'hai detto.

- Io ti adoro - disse lei, freddamente. - Mi sento impazzire per questo amore. Ma ciò deve cessare. È un peccato dinanzi a Dio, una colpa dinanzi alla gente, un reato innanzi alla legge.

- A me non importa nulla di Dio, della gente, della legge. Io ti amo....

- Noi siamo colpevoli, peccatori e adulteri. Tutti i tribunali umani e divini ci condannano....

- E che me ne importa? Io t'amo!

- Noi siamo pieni d'inganno, di malafede, di nequizia.

- Amore, lascia queste fantasie: dammi un bacio. Non ci vede nessuno.

- No, è un sacrilegio. Io appartengo a un altro uomo, tu appartieni a un'altra donna.

- Ma perchè siamo venuti qui allora? - si lamentò lui, come un bambino. - Perchè mi hai dato la tua sciarpa, questa notte? Perchè mi hai fatto innamorare? Come ho da fare ora, io? Ho da morire ? Non posso stare senza te: non posso stare senza vederti, senza baciarti, senz'averti. Tu sei bella, io ti amo. Che colpa ne ho io?

- È la fatalità - concluse lei, funebre, incrociando le due mani dietro il capo, chiudendo gli occhi, come se aspettasse la morte.

- Lucia? - riprese Andrea, con una voce di bambino melanconico.

- Eh?

- Mi vuoi bene?

- Sì.

- Dillo: ti voglio bene.

- Ti voglio bene - ripetè lei, monotonamente.

- E quanto me ne vuoi, amore caro?

- Non posso misurarlo.

- Dimmi, a un dipresso - insistette egli, puerilmente.

- Lasciami pensare - fece ella, infastidita.

- A chi pensi? Lucia bella, Lucia piccola, dimmi, a chi pensi?

- A te, fanciullo imprudente - disse Lucia, balzando furiosa a sedere, pigliandogli la testa fra le mani, per guardarlo negli occhi - a te, creatura spensierata, che ti metti a una terribile impresa, col cuore tutto pieno d'amore, senza paura, senza rimorsi....

- Che rimorsi? Io amo te e voglio te: non so altro.

- Bravo! come vai dritto al tuo scopo, come vuoi solo quello che vuoi. Ma sai tu che cosa lasci dietro di te? Sai quello che abbandoni sulla via, sai quello che incontrerai?

- No: non mi preme saperlo. Vorrei solo essere certo che mi vuoi bene....

- Sii uomo, Andrea. L'amore è una cosa sempre seria, la passione è sempre spaventosa. Bada, l'amarmi, l'essere amato da me, è per te un pericolo grande.

- Lo so: è questo che mi tenta.

- Per me, non parlo. Io sono un essere infelice, sofferente, abbandonato alle passioni umane senza difesa. Io ti amo: fatale questa passione in me: mi lascio andare a questo amore, quale che esso sia, debba io rimetterci tutta la vita. Per te, parlo. Io sono una donna fatale: ti recherò sventura.

- E via: io ti voglio.

- Questo amore sarà una follìa, Andrea.

- E sia: così lo voglio.

- Tu t'impegni per la vita, Andrea.

- O Lucia, dimmi che m'ami.

Allora ella si avanzò sulla sponda e stese le braccia come se invocasse:

- O cielo lontano, o nuvole che passate, o alberi che stormite, specchiandovi nel lago, voi siete testimoni che la verità io gliela ho detta. O salice doloroso, o acque immobili, o fiori delle acque, voi avete udito le mie parole. O Venere madre, o Venere Dea, io gli ho detto l'avvenire. Tu, Natura, che non mentisci, vedi che io non ho mentito. È lui che lo ha voluto.

- Quanto sei divina, gioia mia bella!

Ella si voltò, gli gettò le braccia al collo e si lasciò baciare, baciando. Poi riprese la sua roba, tranquillamente, come se tutto fosse irrevocabilmente stabilito.

- È la fatalità - soggiunse.

E se ne andò per la viottola, figura nera, alta, orgogliosa di regina, traendosi dietro il suo vassallo innamorato.

PARTE QUARTA

I.

In un giorno di pioggia dirotta, l'Esposizione agraria si era chiusa, dopo una cerimonia di premiazione, fatta molto in fretta, innanzi a un pubblico scarso di malcontenti. I non premiati scrivevano articoli di fuoco nei giornaletti e mandavano comunicati a pagamento ai giornali importanti di Napoli; i premiati borbottavano per non avere avuto una ricompensa maggiore. La premiazione della Esposizione didattica era riuscita anche malissimo, ogni maestra avendo sperato di aver la medaglia d'oro, quelle private in collera contro le comunali e queste contro le maestre dei collegi educandati. Le signore Sanna e Lieti si erano astenute dall'andare quel giorno a Caserta, pel cattivo tempo e perchè di quella festa si curavan poco.

Caterina specialmente, liberata dall'obbligo de giurì didattico che la forzava a correre su e giù da Centurano a Caserta e perdere così le intere giornate, provava un gran piacere a restare in casa. Aveva tante cose da mettere in ordine, tante noncuranze da riparare, tanti progetti casalinghi da porre ad effetto. Una faccenda da compirsi presto era quella della conserva delle frutta, che il cuoco faceva a meraviglia, ma che richiedeva sempre una sorveglianza superiore, perchè poi nell'inverno, a Napoli, aprendo le bocce di cristallo, non si trovasse la conserva muffita. L'anno innanzi questo era accaduto per due bocce di conserva di pesche, diventate tutte verdi: un vero peccato. Poi ci era da mettere sotto aceto, nell'aceto vecchio di quattro anni, i capperi, i cetrioletti, i peperoncini forti, le pastinache: ce ne volevano varie bocce, poiché i sottaceti erano un gusto speciale di Andrea, che ne mangiava una quantità grande col lesso e con l'arrosto. Certo, Caterina non ci metteva le mani, ma doveva essere sempre lì, per direzione, per aiuto, per consiglio. Monzù aveva un'alta idea della propria sapienza culinaria, ma dichiarava a tutti che senza l'occhio della signora egli lavorava mal volentieri. Essa aveva una mano ferma, ma dolce coi servi, non parlando mai più del bisogno con loro, non accordando mance straordinarie in denaro, dando invece più spesso abiti vecchi e cappelli fuori uso, non misurando mai il mangiare e il bere, facendoli dormire sempre pulitamente. Le avevano una certa affezione rispettosa, vantandola coi servi delle ville vicine. Oh! ella aveva tanti altri pensieri. Ancora della biancheria da rifare, poiché non si finirebbe mai, con la biancheria. Andrea aveva dichiarato che certe camicie non avevano più goletti alla moda e che non le metterebbe più. Ne aveva fatto venire sei da Tesorone, che è il primo camiciaio di Napoli, e Caterina voleva tagliarne altre diciotto in tela d'Olanda finissima, impuntirle, e poi passarle a Giulietta, che era molto esperta per cucire alla macchina. In ultimo, poi, ella voleva farsi cucire due vestaglie per l'inverno, sopra un bel modello che aveva Lucia Sanna, sebbene temesse che alla piccola statura non andassero troppo bene queste vesti larghe e fluttuanti.

Anche Lucia Sanna diceva di restare in casa volentieri, accanto al suo caro marito. Alberto seguitava a essere infreddato, ma migliorava un poco: ora, invece di tossire al mattino, tossiva un po'la sera, forse pel fresco delle lenzuola, diceva lui. Si faceva già riscaldare il letto, ma quando era troppo caldo tossiva pel caldo. Cardarelli gli aveva ancora detto che i polmoni erano deboli, ma sani, che cominciasse l'olio di fegato di merluzzo a colazione, che continuasse il liquore arsenicale di Fowler dopo pranzo e qualche cucchiaiata di acqua di catrame al mattino, quando si levava, per solidificare la mucosa. Al cibo, badasse, al cibo: latticini, uova, carne: mai salumi, mai pepe, mai eccitanti, mai fritture. Anzi per questa faccenda Alberto si raccomandava alla signora Lieti, sua buona amica e seconda infermiera, le era sempre attaccato alle gonne quando ordinava la colazione e il pranzo; e Caterina aveva una grande pazienza con lui, discutendo le vivande, facendo qualche proposta che egli respingeva, accordandosi, infine. Del resto, salvo quel po'di raschio in fondo alla gola, raschio stupido e ostinato che lo faceva un po'tossire la sera, per liberarsene, Alberto si sentiva perfettamente bene. Così non fosse mai andato a fare quella passeggiata, cavalcando Tetillo, in cui aveva traspirato e poi si era raffreddato: ora starebbe benissimo. Quando diceva questa cosa ad

Andrea e Lucia, quei due scambiavano un'occhiata rapidissima di compianto.

Poi, Alberto era sempre più innamorato di sua moglie, ronzandole sempre attorno, soddisfatto della chiusura dell'Esposizione che toglieva il pretesto a tante uscite, a tante passeggiate, nelle quali egli si seccava enormemente, egli che non prendeva interesse a nulla e a nessuno. Gli piaceva restare a casa, in camera, sino a tardi, assistendo alla toilette di Lucia, ammirando la figura snella e l'ondulazione dei capelli neri sotto il pettine e le unghie rosee e tutte le minute cure che ella prodigava alla sua acconciatura. Alberto aveva del fanciullo malaticcio e vizioso, che ama stare in mezzo alle gonne, tra gli odori del vinaigre e della veloutine, andando, venendo, rialzando un busto, sedendosi sopra una sottana, sturando una bottiglina, mettendo, un dito sulla pasta dentifricia, fiacco, indolente, infemminito dalla debolezza fisica. E faceva certe domande sciocche, talvolta sapendo di dire una sciocchezza, ma provando un piacere a essere cretino con sua moglie, perchè costei lo proteggesse di più, lo compatisse di più. Lucia gli rispondeva con pazienza, con quel sorriso rassegnato che faceva male a vedere, ma che a lui pareva il sorriso dell'amore. Quando ella si alzava, Alberto si alzava, ella veniva in salotto, Alberto la seguiva: quando ella lavorava, Alberto le parlava seguitando a farle delle domande stupide, a cui ella rispondeva con qualche stravaganza da sbalordirlo. Alberto ammirava sempre più in sua moglie le idee singolari, le cose che ella vedeva e che gli altri non vedevano, la coltura, la voce. Ora, ogni tanto la baciava, meno riservato di prima, attaccandosi a lei tenacemente. Egli dimenticava sinanco la propria salute per lei. L'acuto egoismo di quell'essere infermo, dal sangue povero e dalla fibra molle, taceva solo dinanzi all'amore per Lucia.

Oh! lei, Lucia, a sentirla dire, restava in casa volentieri. Quel palazzo reale finiva per diventare antipatico, troppo grande, troppo pesante, troppo architettonico.

In quanto al parco, era un orrore, di natura pettinata, infronzolita e incipriata, con i laghi pieni di trote e di pesci rossi che i borghesi amano, con la verdura rasa dalle forbici, con quella eterna cascata in fondo, striscia bianca, immobile, odiosa.

- Vi è il giardino inglese - osservò una volta Caterina.

- Tu l'hai visto? - domandò Lucia.

- No, mai.

- Come, stai ogni anno quattro mesi a Centurano e non hai visto mai il giardino inglese?

- Non vi è mai stata occasione. Non vado quasi mai nel parco. Vi condurrò te e lo vedremo insieme.

- Io non ho alcun desiderio di vederlo. Io odio i giardini inglesi.

Non se ne parlò più. Restava in casa volentieri Lucia, ma si occupava lungamente a vestirsi, mutando sempre. La sua camera era piena di casse e di bauli: aveva scritto a Napoli e le era venuta altra roba di mezza stagione, uscita fresca fresca dalle mani della sarta. Aveva ogni specie di vesti da camera, da quelle bianche, larghe e fluttuanti, che danno un'aria così casta alla persona, a quelle corte, sboffanti, come le dame Pompadour, vesti civettuole: da quelle tutte merletti, vaporose, lievi, volanti a un soffio, a quelle di stoffa aprentisi sopra un davanti di raso, a piegoline. Le stavano bene tutte, perchè una donna snella sempre sta bene. Ella, quando Caterina la trovava bella e glielo diceva, sorridendo placidamente, quando Andrea le faceva un inchino cerimonioso, rispondeva sempre:

- È per Alberto che mi vesto, non per me.

- Naturalmente - diceva sottovoce, a parte, Alberto a Caterina, ad Andrea - questa povera Lucia si sacrifica troppo per me. Almeno abbia la soddisfazione di essere bella per me.

Dopo l'acconciatura, Lucia andava a colazione, indi riprendeva il suo posto favorito, nel salotto di Caterina. Ella aveva cominciato un lunghissimo lavoro, tutto di fantasia: sul canavaccio grosso e rude, senza disegno, a lunghi punti di lana e di seta, a caso, ricamava le più strane cose, un fiore, una ragostina, una stella bianca, un gallo, una mezzaluna, una graticciata di finestra, un serpentello, una ruota di carro, alla rinfusa, andando a dritta e a sinistra. Era la gran moda di Parigi, avere un salotto coi mobili tappezzati con questo canavaccio ruvido, ricamato così stranamente. Restava libera l'imaginazione delle signore ricamatrici di farvi nascere su le più bizzarre e dissimili cose; e la imaginazione di Lucia si sfogava a ricamarvi le cose più diverse fra loro. Tutti in casa avevano una curiosità per quell'immenso lavoro, per quello che ogni giorno vi metteva di nuovo Lucia. Alberto le dimandava dal letto, ogni mattina, come se le chiedesse una notizia della più alta importanza:

- Che ci metti, Lucia, oggi?

- Una cipolla, Alberto.

- Una cipolla, una cipolla! Oh è proprio buffa! Ieri ci ricamasti una violetta del pensiero e oggi una cipolla. Come la ricami?

- Con la seta di un rosso fuoco. Il giorno seguente:

- O Lucia, dimmi che ci metti?

- Un piffero.

- O Dio, un piffero! Che stravaganza! Avremo un salotto da pazzi. Tutti perderanno il tempo a vedere di che si tratta, senza sedere.

Mentre lavorava, si chiacchierava anche un po'. Caterina cuciva e tagliava sulla grande tavola, seguendo i consigli di Lucia, pel cui gusto aveva un gran rispetto. Lucia era diventata per Caterina più profondamente affettuosa e le faceva domande e confessioni intime che chiamavano il rosso del sangue sulla faccia dell'amica. Beninteso, quando gli uomini non ci erano. Quando non si usciva., Lucia si ritirava in camera sua un'ora prima del pranzo.

- Che farà in quest'ora? - domandò una volta Andrea a sua moglie.

- Non so: è molto probabile che preghi.

- In collegio pregava molto?

- Moltissimo: anche troppo per la sua salute.

Lucia ritornava pel pranzo con lo stesso abito, ma pettinata diversamente, variando sempre il modo di pettinarsi. Ora portava i capelli ammassati sulla nuca, col pettine di tartaruga: ora ravvolti a tortiglioni, con una rosa fresca: ora intrecciati e molli sul collo, con qualche margherita appuntata qua e là: ora rialzati alla greca, con un filo microscopico d'oro che passava sulla fronte e si legava dietro. Le sere in cui si metteva il fazzoletto di seta rossa, alla creola, era irresistibile.

- Mettiti il fazzoletto di seta rossa, mettitelo - la pregava Alberto.

Per questo lei amava di stare in casa. Ma come aveva detto in segreto Alberto a Caterina e ad Andrea, la sua Lucia era dietro a un altro lavoro importante. Nessuno doveva saperne niente, zitti dunque: Lucia lo aveva pregato di non dirne nulla a nessuno, ma loro erano amici carissimi e gente fidata. Nientemeno che Lucia stava scrivendo un romanzo, un grande romanzo, tutto di fantasia, tutto di creazione, che sicuramente avrebbe superati quelli di tutti gli scrittori italiani. Lucia ci lavorava dopo la mezzanotte: lui, Alberto, se ne andava a letto: Lucia disponeva la lampada in modo che non gli ferisse gli occhi - la cara anima era piena di queste attenzioni delicate - apriva la sua scrivania, tirava fuori il suo quaderno e si prendeva la testa fra le mani, meditando prima di scrivere. Poi si curvava a scrivere lungamente, senza fermarsi mai. Talvolta, sotto l'impeto della ispirazione, ella si alzava, passeggiando, agitata, contorcendosi le mani.

- Pare un poeta che improvvisi - soggiungeva Alberto - e a cui manchi la rima. Mi fa pena qualche volta. La chiamo, si scuote, par che cada dalle nuvole. Capite, stava componendo. Non intende quello che io le dico: ma risponde come trasognata. Ora non la chiamo più in quei momenti, perchè capisco che disturbo il suo ingegno. Ma più spesso mi addormento, e Lucia, credo, non viene a letto che alle due, alle tre. Io, il romanzo non l'ho letto e non le chieggo di leggerlo. Dicono che gli scrittori non amino far vedere i loro lavori prima che siano finiti. Quando lo avrà terminato, lo leggerò. Credo che me lo dedicherà. Sarà un'opera da stordire.

Anche Andrea si mostrava lieto della chiusura dell'Esposizione: aveva trascurati molti suoi affari, pel comodo degli altri. Ci aveva un mondo assai di cose da fare, diceva lui, che quella dannata mostra gli aveva ritardato. Finalmente ricuperava la pace della sua casa e non doveva passare tutto il giorno in quel maestoso palazzo reale, facendo dieci chilometri su e giù, nei saloni, su quei mattoni lustrati a cera, che stancano le gambe più resistenti. Ora, usciva la mattina, molto presto, più del solito, nel carrozzino a un cavallo, per andare a Caserta a sorvegliare il ritiro della propria roba dalla mostra. Tornava per la colazione, si rivestiva: quella sua sciarpa di seta bianca che gli serviva di goletto e di cravatta, per casa, non la portava più: era sempre in goletto rovesciato e cravatta nera. - Per le signore - diceva egli, ridendo. Durante la colazione parlava vagamente dei suoi progetti pel pomeriggio.

- Esci ancora? - chiedeva Caterina.

- Non so.....avrei da fare. Uscite voi, signore?

- Se vuole Lucia - diceva timidamente Caterina, ma col desiderio che si rivelava di non uscire.

- Io non ho voglia - diceva l'altra, sollevando stancamente le palpebre.

- Esci tu meco, Alberto?

- Non ho voglia - ripeteva l'altro

- Io non so.... forse non uscirò - mormorava Andrea.

Ma a colazione finita, quando tutta la gente era riunita nel salotto, lo prendevano le impazienze e si alzava per uscire. Talvolta riusciva a trascinar seco Alberto, nel phaéton: lo portava a Marciasse, ad Altifreda, sinanco a Santamaria. Andavano su e giù, per le strade maestre, nel tepore dolce dei pomeriggi autunnali. Alberto, piccolo, meschino, stretto nel suo paletot, il fazzoletto di seta annodato alla gola, una coperta ravvolta attorno alle gambe, era il contrapposto di quel giovanottone gagliardo, vestito di chiaro, collo libero, cappello grigio alla cacciatora, con la penna d'aquila nel nastro, mustacchio arricciato. Andrea guidava benissimo, ma sulle vie larghe allentava un poco le redini e lasciava prendere certe rincorse al cavallo, che spaventavano Alberto.

- Andrea ha intenzioni di omicidio su me - disse una sera a sua moglie che lo guardò fisamente, quasi lo interrogasse sul tôno di quello scherzo.

Nelle loro passeggiate, Alberto, quando aveva voglia di discorrere, gli parlava dei suoi due soggetti favoriti: la sua salute e sua moglie - gli decantava le bellezze di Lucia e la profondità del suo ingegno e l'impensato delle sue risposte. Talvolta scendeva a certi particolari che fra uomini, fra giovanotti ammogliati, si dicono sorridendo - e Alberto ci metteva certe intonazioni di malato voluttuoso, certe velature morbose di etico innamorato, che irritavano Andrea. Allora pazzamente sferzava il cavallo, faceva schioccare la frusta come un carrettiere, si lasciava andare all'ebbrezza fisica di una corsa trabalzante, sulle pietre della via maestra.

- Tu sei pudico come una verginella - gli diceva qualche volta, ghignando, Alberto, e si convinceva sempre più che questi uomini molto robusti hanno i muscoli troppo sviluppati a sfavore dei nervi. Gli uomini forti sono freddi: questo consolava Alberto che era debole.

Ritornavano a Centurano con un galoppo furioso. Appena voltavano l'angolo, vedevano un fazzoletto bianco agitarsi sul balcone: era Lucia, ritta, bella, elegante, che li salutava, che li aspettava. Qualche volta, più indietro, dietro la spalla di Lucia, si vedeva Caterina che sorrideva: non si avanzava, perchè temeva le maldicenze dei vicini che trovavano ridicole codeste espansioni fra marito e moglie. Allora Andrea gridava hip, hip, a Pulcinella, il cavallino ardente che faceva la viottola, in salita, di gran galoppo: sotto il balcone saluto rapidissimo, e nel cortile una voltata magistrale, un'entrata trionfale. Per lo più Lucia scendeva nelle scale a incontrarli, a chiedere ad Alberto come si sentisse; dava la mano ad Andrea congratulandosi del suo valore di auriga. Caterina non era lì, occupata agli ultimi ordini del pranzo, poichè sapeva che Andrea non voleva mai aspettare.

Una delle ragioni per cui Andrea aveva desiderato che l'Esposizione si chiudesse, era la libertà di poter andare a caccia. Sua moglie lo sapeva, ella che l'altro anno era rimasta cinque o sei volte, sola, ad aspettarlo per giornate intiere, molto lunghe e molto noiose, occupata a cucire, pranzando sola, dormendo sola, presa da una malinconia insolita nel suo temperamento equilibrato. Ora, quest'anno, temeva che suo marito se ne andasse per troppo tempo e troppo spesso, il che poteva sembrare una grave scortesia agli amici. Non gliene parlava, ma da un momento all'altro le pareva di dover ascoltare: domani parto. Egli invece non diceva nulla: tanto che una sera Alberto gli domandò, sbadigliando:

- E a caccia, Andrea, non ci vai?

Egli esitò: poi, deciso, rispose:

- Quest'anno, no.

- E perchè?

- Ho fatto un voto.

- Un voto? A sant'Uberto?

- No: alla Madonna Addolorata.

Le due donne non levarono gli occhi, ma sorrisero: ambedue diversamente. Caterina pensò che Andrea fosse stato buono a non andarsene, per cortesia verso la sua amica e per quel povero Alberto. Ella era sempre in pena per non fare annoiar troppo la gente che aveva in casa; e se Andrea se ne fosse partito per la caccia, come avrebbe fatto lei, con le sue scarse risorse di spirito? Oh! Andrea si sacrificava senza mormorare, senza far più udire i brontolìi della sua grossa voce, non si lasciava più andare in quelle collere subitanee che la sgomentavano. Andrea arrivava sino all'estrema cortesia di non addormentarsi più sul seggiolone, nell'ora della digestione

II.

Per una settimana, dopo la scena del giardino inglese, il loro amore era stato calmo, senza nessuna espansione, quasi si concentrasse in sé, tutto interno. Si guardavano alla sfuggita, ma senza ansietà: non impallidivano, non arrossivano, non tremavano dandosi la mano. Lucia aveva un'aria assorbita, come se guardasse dentro se stessa, senza che il mondo esteriore e il suo medesimo amante potessero strapparla a questa contemplazione. Andrea aveva il contegno tranquillo e la sere: noncuranza dell'uomo che è sicuro di sé, che è sicuro dell'avvenire. Quando scambiavano un'occhiata fuggitiva, pareva si dicessero, quieti, calmi, soddisfatti:

- Io t'amo - tu mi ami - tutto va bene.

Gli è che la giornata del giardino inglese era stata troppo passionata per non esaurire, almeno per qualche giorno, tutto l'impeto selvaggio di un amore represso. Allo stato acuto, alla vibrazione alta, era succeduto quel periodo di riposo, quella specie di cullamento orientale nella certezza di essere amato, quello stato di annullamento che riunisce la dolcezza del ricordo alla dolcezza della speranza.

Ma durò poco. Si ridestarono d'un tratto, appassionati, infelici. Una mattina Andrea si levò torbido, irrequieto, sospinto da un desiderio pungente di veder Lucia. Era troppo presto: ella dormiva. Egli passeggiò nel salotto, come un prigioniero, guardando ogni tanto l'orologio. Caterina che si era già alzata, gli portò il caffè e latte nel salotto, gli si sedette accanto per parlargli di certi conti famigliari, per ricordargli che si doveva andare a Caserta pel pagamento delle imposte. Egli ascoltava, inzuppando il biscotto nel caffè e latte, senza intendere quello che ella gli diceva. Si rodeva d'impazienza. Che poteva fare sino a quell'ora Lucia, in camera sua? Come non comprendeva che egli voleva vederla, che egli l'aspettava da un pezzo? Era senza dubbio quell'indolente Alberto che non si levava mai, che stava sempre a riscalducciarsi tra le coltri, freddoloso e piagnoloso, creatura infelice e odiosa che contristava l'esistenza di quella povera Lucia! Quell'idea che Alberto fosse di là con Lucia, che la trattenesse, che le impedisse di venire, gli fu insopportabile. Si levò in piedi, come per protestare, come per andare....

- Ci sarà oggi l'intendente di finanza? - finì col chiedere Caterina, spingendo via con le dita le miche del biscotto, col suo istintivo bisogno di ordine.

- Dove?

- A Caserta.

- E chi ne sa nulla?

- Possiamo domandare all'avvocato Marini, che fa le cause demaniali: egli deve saperlo. Mando Giulietta.

- Manda Giulietta.

Ella uscì, senza essersi accorta di nulla. Andrea si era un po'calmato, pensando che presto sarebbe venuta Lucia, che era irragionevole pretendere che ella venisse in salotto alle nove e mezzo. Desiderava ancora di vederla, ma con un desiderio più dolce. Dietro i vetri egli stamburava con la mano una marcia, ripensando a quel momento in cui ella lo aveva pregato di non abbracciarla perchè lo amava, e egli, obbediente come un fanciullo, l'aveva lasciata. Bisognava amarla in tutt'i modi Lucia, la sua Lucia, con passione, ma con tenerezza profonda: con ardore di giovinezza, ma con rispetto e venerazione. Oh! egli aveva in cuore tutto questo. Egli avrebbe atteso con tranquillità che Lucia venisse, senza dare in escandescenze pericolose. Poteva tardare Lucia, l'amante suo non avrebbe sfondato le porte, non avrebbe infranto i mobili e le porcellane, per assopire la propria collera....

Caterina rientrò.

- Ha detto l'avvocato Marini che l'intendente ci è dalle nove alle dodici, in ufficio, oggi.

- Sicché?

- Tu hai il tempo di andarci prima di colazione. In un'ora vai e ritorni.

- No, non vado - disse Andrea, dopo avere esitato.

Caterina tacque: non gli faceva mai osservazioni. Le pareva che egli avesse sempre ragione.

- Andrò dopo colazione - soggiunse egli, quasi spiegasse la sua condotta.

- Come vuoi - disse Caterina, senza fargli osservare che, dopo colazione, l'intendente non lo avrebbe trovato.

Andrea s'irritava di nuovo: Caterina lì, ritta innanzi a lui, gli dava fastidio. Pareva che aspettasse qualche cosa, che volesse domandargli, chiedergli conto....

- Senti, Caterina, va in camera e portami la mia cartella: scriverò qui certe lettere molto interessanti.

Ella se ne andò di nuovo, col suo passo ritmico che sfiorava la terra. La porta di Lucia si aprì ed ella entrò: Andrea le corse incontro, pallido dal piacere di rivederla. Ma si arrestò disilluso. Dietro veniva Alberto. Andrea salutò, freddamente, vedendo svanire tutto il suo bel progetto di contemplarsela lungamente.

- Non sei uscito stamane? - domandò scioccamente Alberto.

- No.

- Ti senti male forse?

- Io sto sempre bene. Sono seccato.

Lucia lo guardò, come se lo interrogasse. Ella era così seducente quella mattina, coi suoi occhioni bistrati, con le labbra vivide che tagliavano il pallore del viso, con la sua aria languida e provocante di donna che ama, di donna che è amata, che vorrebbe dirlo, che vorrebbe sentirselo dire. In una occhiata passionata e desolata, dietro le spalle di Alberto, essi si compresero. Egli si era seduto in mezzo a loro, sdraiato sopra una poltrona, deciso a non andarsene. Quando lo vide così, per contrasto, Andrea sentì nascere potente in sé il desiderio di dire a Lucia che le voleva bene. Dirglielo una volta sola, pian piano, nell'orecchio, come nel giardino inglese: una sola volta e sarebbe stato contento, se ne sarebbe andato quieto e felice. Ma voleva dirglielo, assolutamente: la parola gli veniva sulle labbra e pareva che Lucia ve la leggesse, tanto sbarrava gli occhi, ansiosa, rapita. Intanto Alberto sbadigliava, si stirava le braccia, provava a respirare lungamente per sentire se vi era intoppo nel petto, tossiva leggermente per provare il fiato. Ora, Andrea non desiderava altro se non che Alberto si alzasse per un momento, che andasse sino in camera o sino al balcone, perchè egli, Andrea, potesse dire a Lucia che l'amava. Ma che! Quello, lungo, sdraiato, guardando il soffitto, dondolando una gamba sull'altra, non si moveva. Lucia fingeva di leggere il giornale, giunto per la posta, ma le mani le tremavano nervosamente.

- Che dice il giornale, Lucia?

- Nulla.

- Al solito: non vi è mai niente. Tu ti diverti a leggere?

- Immensamente - e la voce fischiò fra i denti.

- Perchè non chiacchieri con noi? Ci è qui Andrea, che non è uscito: la prima volta che resta in casa di mattina, tu t'immergi nel Pungolo.

- Io ho dimenticato in camera la scatola con le tue pastiglie - disse lei, pensierosa.

- Eccola qua - rispose Alberto, e la cavò di tasca.

L'espediente volgare, ma quasi sempre efficace, non era riuscito. I due amanti rimasero taciturni, abbattuti, come sconfitti. In questo entrò Caterina con la cartella.

- Ho tardato - disse - ma non la trovavo più. Era nel fondo del cassetto, sotto la carta bollata. È tanto tempo che tu non scrivi.

Dopo avere apparecchiato tranquillamente l'occorrente per scrivere a suo marito, si accostò a Lucia e le sedette accanto. Andrea, rabbioso di quella doppia sorveglianza, cominciò a scrivere frasi senza senso, rapidamente. Scriveva dei nomi, dei verbi, degli avverbi lunghissimi, a caso, per scrivere qualche cosa, sentendo che non poteva pensare ad altro salvo che a dire alla sua cara Lucia, il suo amore bello, che le voleva bene. Sogguardò verso i tre. Lucia, la testa arrovesciata, la faccia livida dal dispetto, le labbra secche, come tirate da un filo interno, lo guardava fra le palpebre socchiuse dietro il giornale. Egli si sarebbe alzato, sarebbe corso da lei, a dirle che l'amava: ma Alberto e Caterina se la discorrevano placidamente, dicendo che la pioggia aveva rinfrescata l'aria e che oramai si poteva passeggiare, anche al sole. Caterina aveva la sua aria raccolta e composta di donnina che si compiace del riposo, e Alberto girava i pollici, come un borghese immobile e ventruto che si sprofonda beatamente nel senso della propria nullità.

- Non ne faremo niente - borbottò Andrea.

- Che dici? - chiese Caterina, che aveva sempre l'orecchio teso.

- Che non faremo mai colazione. A momenti sono le undici e mezzo. Io muoio dalla fame.

- Vado, vado ad affrettare - mormorò lei, turbata da quell'accento feroce.

- Vengo anche io, signora Caterina - disse Alberto.

I due si scambiarono una rapida occhiata, già quasi vicini, già frementi. Ma sollevandosi, ad Alberto parve di sentire una puntura nel petto. Cominciò a tastarsi, a comprimersi la mano sulla costola, già spaventato. Caterina se n'era andata.

- Mi sembra d'avere un dolore qui - si lamentò lui.

- Io l'ho sempre - disse l'altra, tetramente, senza guardarlo.

- Dici sul serio? alla base del polmone?

- Sì: e anche alla cima. Ho dei dolori dappertutto.

- Ma perchè non lo dici? Perchè non farti curare? Vuoi darmi il dispiacere di vederti in letto ammalata? Io che ti voglio tanto bene!

Il tavolino ove Andrea scriveva, scricchiolò come se egli ci si fosse abbandonato sopra, con tutto il peso. Alberto, inginocchiato innanzi alla moglie, continuava a domandarle dove si sentisse male, se i dolori fossero nelle ossa, se fossero punture. La pregava, dimenticando i propri malanni, innamorato di quel volto duro e chiuso di sfinge, che si lasciava interrogare senza rispondere. Caterina li trovò in questa posizione: sorrise, additandoli a suo marito che le rispose con un riso di ironia, molto bizzarro su quella faccia bonaria e onesta. Ma la penetrazione della moglie non giungeva a distinguere un semplice sorriso da un ghigno sarcastico.

A tavola vi fu un silenzio penoso, ma breve: Lucia prese a chiacchierare volubilmente, nervosamente, scherzando col coltello, versando lei il vino ad Andrea, per capriccio. Ella non mangiava e beveva grandi bicchieri d'acqua gelata, la sua bevanda favorita. Mentre Caterina badava al servizio, l'occhio su Giulietta, parlandole talvolta sottovoce, toccando il campanello elettrico, Alberto toglieva dalla sua carne il grasso, i filamenti, i nervi, riducendola un bocconcino, Andrea fissava distratto un raggio di sole che batteva sopra un bicchiere d'acqua. Lucia seguitava a tener viva la conversazione, dicendo una quantità di stravaganze, eccitandosi, stringendo le mani, come quando l'assalivano le sue convulsioni isteriche. La solita questione venne in campo.

- Si esce oggi? - domandò Andrea.

- Io no - disse Alberto.

- E io neppure - disse Lucia.

- E io neppure - rinforzò Caterina.

- E che farete in casa? - chiese ancora Andrea?

- Io farò il giuoco solitario, con le carte - disse Alberto. - Ma può darsi che io non lo faccia. Per me, purché ci stia Lucia....

- Io lavorerò alla mia tappezzeria - disse lei, infiacchita d'un tratto.

- Ed io cucirò - completò Caterina.

- Vi divertirete un mondo - sghignazzò lui, levandosi - venite in carrozza, facciamo attaccare la daumont.

- No - disse subito Lucia, guardandolo.

Egli intese. A che serviva quella passeggiata? Sarebbero usciti, sempre in quattro, sempre vicini, i due uomini di fronte alle due donne: non avrebbe potuto dire a Lucia che l'amava.

- Quasi rimarrei qui per contare i vostri sbadigli - borbottò lui, diventato feroce.

- Se rimani sei un galantuomo - gli disse Alberto. - Vedrai come passiamo bene le ore del pomeriggio, nel salotto caldo, dove non si suda e dove non ci è vento.

Egli rimase. Sperava ancora, sperava sempre. Ma quando vide Alberto dinanzi al tavolino col suo giuoco di carte, Caterina presso il balcone col suo cesto di biancheria, Lucia sul divano con l'interminabile canavaccio in mano, tirando il filo lentamente, senza alzare gli occhi, egli pensò che nulla, nulla se ne sarebbe fatto, e uno sconforto e un abbattimento cupo lo vinsero. Quei due ostacoli, pacifici, benevoli, immobili, passivi, che sorridevano dicendo qualche rada parola, erano insormontabili. Mai, mai più, avrebbe potuto parlare a Lucia. Era finita. Non aveva la forza nè di uscire nè di restare in quella stanza chiusa.

- Me ne vado a dormire - disse, alzandosi come se compiesse un atto di coraggio.

- Che cosa stai ricamando oggi, Lucia? - chiese Alberto.

- Un cuore trafitto da una spada.

In camera sua Andrea chiuse le imposte e si buttò sul letto, preso da una stanchezza mortale, come mai non aveva sentito. Nella lotta con le cose era stato atterrato. La sua natura impetuosa, senza transazioni, non sapeva le lunghe perseveranze: egli non sapeva nè attendere nè calcolare. - Mai più, mai più - diceva fra sé, col viso sepellito nei cuscini.

Due volte venne Caterina in punta di piedi, si chinò su di lui, trattenendo il respiro per sentire se dormisse. Egli finse di dormire, reprimendo un moto di fastidio. Ora, non era libero neppure di chiudersi in una stanza e di sfogarsi, dando delle pugna nelle materasse? Ora doveva sopportare tutte queste premure, tutte queste noie? Ma Lucia ritornò nel suo pensiero, dominante, imperante; Lucia, di cui mormorava il nome, che lo empiva di dolcezza; Lucia, l'amore caro, l'amore grande, l'amore immenso, come il mare, come il sole. Si voltava e si rivoltava nel letto, smaniava nervoso, egli che non aveva mai avuto fastidio dai nervi, parendogli di essere da un secolo lì, arroventandosi su quella biancheria fresca di bucato. Si addormentò due o tre volte, leggermente, supino, e, sognando come gli pareva di vedere Lucia, gli occhi spalancati e fiammeggianti, la bocca offerta ai baci: come lui si accostava, bramoso, assetato, come qualcuno traeva indietro Lucia, ed egli non si poteva più muovere, inchiodato al suo posto, volendo urlare, e non trovando fiato. Si destò di soprassalto, trabalzante - Lucia, Lucia - ripeteva, ricadendo nel suo torpore, procurando di sognare di nuovo, per rivederla, per cercare di baciarla. E la ritrovava nel sogno, egli sul balcone, ella nella via che gli tendeva le braccia - ed egli si precipitava dal balcone, lentamente, lentamente, non cessando mai di cadere, provando un'angoscia suprema. Era l'incubo che gli premeva lo stomaco, era il sonno affannato e travagliato. Quando si destò, completamente, aveva le palpebre grevi, la bocca pastosa, e il corpo indolenzito. Quell'eterno pomeriggio doveva essere finito. Aprì il balcone: il sole era ancora abbastanza alto. Erano le cinque, ci volevano altre due ore pel pranzo. Ma in lui, per quella luce gaia, per quel risveglio, rinasceva la speranza. Ecco, le avrebbe scritto, a Lucia, sopra un pezzetto di carta, che l'amava. Niente altro: bastava, si contentava di questo.

Diamine, non le avrebbe potuto dare quel pezzetto di carta? È cosa facile a farsi: sì, sì, era un'idea splendida. E venne nel salotto, contento della sua trovata. Vi trovò, per primo disinganno, Caterina in compagnia di Alberto. Lucia mancava. Dove era? Non osò chiederlo. Alberto fumava una sigaretta di quelle medicinali, per i polmoni deboli, e guardava attentamente il fumo: ora, dondolava la gamba diritta a cavalcioni della sinistra. Caterina aveva finito di mettere una balza ad una sottana e infilava la guaina della cintura. Lucia mancava. A chi domandarne?

- Hai dormito bene?

- Sì, Caterina: benissimo. Tu hai cucito sempre?

- No: è venuta la signora Marini a farci visita.

- Spero che l'avrete fatta entrare nel salone.

- Sì: è rimasta troppo a lungo.

Niente di Lucia. A chi chiederne? chi gli direbbe quello che faceva Lucia?

- .... e allora, Lucia che si annoia nella compagnia delle persone stupide - completò Alberto - si è sentita male e se n'è andata in camera sua: io sono stato pocanzi a vedere che faceva.... Indovina, Andrea, che faceva?

- Che posso saperne?

- Indovina, indovina....

- Mi sembri un bambino.

- Giacché non sei buono a indovinare, te lo dico io. Era inginocchiata sul cuscino dell'inginocchiatoio e pregava: pregava fervidamente, con la testa fra le mani.

- Lucia sta troppo tempo inginocchiata: questo le procurerà qualche deliquio - osservò Caterina.

- Che volete farci? In materia di fede non soffre osservazioni. Anzi si lagna di me che ho dimenticati l'Avemmaria e il Pater noster. Appena io tossisco un poco, ella prega un'ora di più.

Andrea se n'era andato al tavolino, aveva tagliato un pezzettino di carta, e sopra, minutamente, di traverso, in tutti i sensi, vi aveva scritto una trentina di volte: ti amo. Questo, mentre Caterina e Alberto parlavano ancora di Lucia - e gli pareva di aver commesso un grande atto di audacia a scrivere quelle parole sotto gli occhi di quei due. Non aveva finito che Lucia rientrava. Era più nervosa che mai, gli andò vicino, celiò sul suo sonno provinciale, su questa abitudine di uomo già maturo. Non gli mancava più che una partita di tresette la sera, una tabacchiera di râpé, e un fazzoletto di cotone a scacchi rossi e neri. Voleva giuocare alla scopa, con lei, dopo pranzo? E mentre gli altri ridevano, mentre la voce di lei strideva, due o tre volte mise la mano in tasca, come per cavare il fazzoletto: un pezzettino di carta ne spuntò. Allora egli, turbato, mise le dita nel taschino della sottoveste, e mostrò la punta del suo biglietto. L'uno aveva scritto all'altro.

Ma non poterono scambiarsi i due biglietti. Nella sala erano sempre o Caterina, o Alberto, o ambedue. L'uno andava, l'altra tornava: mai un minuto soli. Con le dita nel taschino, senza far mostra di nulla, Andrea aveva piegato il suo biglietto in due, in quattro, in otto; ne aveva fatto una pallottolina microscopica, che teneva in mano, per averla più pronta. Lucia lasciò cadere un gomitolo: Alberto lo raccolse. Andrea domandò il ventaglio a Lucia, ma fu Caterina l'intermediaria che glielo porse. Non era possibile. Quei due guardavano, ingenuamente, francamente, senza sospetto, quindi più temibili. Andrea tremava per Lucia: non per sè che era pronto ad arrischiare tutto. Ogni tanto un'idea strana e sfrontata gli passava pel capo, di dire a Lucia, ad alta voce: - Vi ho scritto una cosa sopra una carta. Ma dovete leggerla voi sola. - Chi sa, forse Alberto e Caterina non avrebbero capito nulla e l'atto audace poteva riuscire. Ma se avessero chiesto, scherzando, di vedere? Tutto sarebbe stato perduto, allora. La paura per Lucia lo vinse: finì per ricacciare la pallottolina di carta nel fondo del taschino.

In quanto a Lucia, essa aveva una collera concentrata e nervosa, che le intorbidiva gli occhi - e le affilava il naso, come se una mano tirasse le linee della sua faccia. Si muoveva disordinatamente, andando di qua e di là, toccando gli oggetti, distrattamente, raggiustandosi il nodo della cravatta, disfacendolo, rialzandosi le trecce sul collo, guardando il lavoro di Caterina, pigliando la sigaretta di Alberto e aspirandone due boccate, riempiendo la stanza di movimento, di chiacchierìo, di rumore. Non era possibile scambiarsi i biglietti. Lucia mise il suo nel fazzoletto e posò il fazzoletto sul divano: ma per arrivare al divano, Andrea doveva passare sul corpo di Alberto, che s'interponeva. Dopo cinque minuti Lucia riprese il fazzoletto portandolo alle labbra, come se lo mordesse. Poi corsero un vero pericolo.

Andrea aprì un volume di Balzac che era sopra una mensola e vi pose il biglietto, riponendo il libro. Dopo un poco:

- Datemi quel libro, Andrea.

- Ma che! - esclamò Alberto - vuoi leggere adesso? Si va a pranzo, sai.

- Veggo solo una pagina.

- Che pagina! Io odio il tuo Balzac, lungo e triste. Il libro lo sequestro io.

E fece per prenderlo. Andrea lo tirò a sé, naturalmente, pensando che tutto era perduto. Lucia chiuse gli occhi, come se morisse. Nulla accadde. Alberto non insistette per avere il libro. Dopo tutto, che gliene importava di Eugénie Grandet? Purché sua moglie non leggesse e chiacchierasse così allegramente come prima! Andrea respirò lungamente, riprendendo il suo biglietto, non volendo darlo più, avendo provato uno spasimo ineffabile. Lucia sì riaveva, con la sua maravigliosa facoltà di passare da una impressione all'altra, rapidamente. Era finita anche pei biglietti. Invece il pranzo fu allegrissimo. Caso strano, ai pomelli di Lucia era salito un rossore ardente, due macchie di sangue: sulla gota, verso il mento una striscia rossa, simile a una graffiatura. Ella aveva caldo, si sventolava, odorava la sua boccettina di sali inglesi, scherzava con suo marito, scherzava con Caterina. Non aveva mostrato mai tanta allegria: ogni tanto uno stiramento nervoso le moveva la bocca, ma poteva sembrare una risata. Andrea beveva, beveva distratto. Lucia si chinava verso lui, gli sorrideva, gli parlava molto da vicino, mostrava i denti, gli offriva quasi le sue labbra garofanate. Allora Andrea, in quel calore della stanza da pranzo, con l'aria pesante dove si aggravava l'odore delle vivande e quello acuto delle frutta conservate e quello forte dell'aceto sparso sulla cacciagione, con quei riflessi caldi dei cristalli sulla tovaglia, con Lucia rossa in volto, la cravatta allargata, il collo bianco che appariva, Andrea fu preso da una voglia pazza di darle un bacio: uno solo, uno solo, sulle labbra. Ogni tanto si accostava per farlo, parendogli che gli altri lo avrebbero creduto ubbriaco, e che agli ubbriachi tutto si perdoni. Si accostava per baciare, tormentato da quel desiderio. Si rigettava indietro, sgomentato dalla faccia bianca e tranquilla di sua moglie, dal profilo osseo di uccellino di Alberto. Un momento,

Lucia intese e diventò smorta come la cera. Vide ch'egli le guardava le labbra e le nascose con la mano. Ma che importava? Egli le vedeva, vivide, sbocciate, umide, col sapore del sangue fresco che lo aveva inebbriato, là, nel giardino inglese. Le voleva succhiare, per un minuto secondo. E l'occhio fisso, le sopracciglia aggrottate, il pugno chiuso sulla tovaglia, egli si ribadiva nella mente questa risoluzione, mentre gli altri seguitavano a discorrere di Napoli e delle feste invernali che si approssimavano.

Passarono in salone a prendere il caffè. Egli cercò di attirare Lucia dietro il pianoforte, per poterle dare un bacio: un'assurdità, perchè il pianoforte era troppo basso. Si accesero i lumi, Caterina si mise al pianoforte e suonò le sue solite cose, poco difficili veramente, ma suonate con un certo garbo: la rêverie di Schubert, il preludio della Traviata al quarto atto, la marcia delle rovine di Atene, un pezzo popolare di Beethoven. Lucia era distesa sulla poltrona americana, la testa abbandonata, i piedini nascosti sotto le pieghe dello strascico, sognando.

Alberto, di fronte a lei, sfogliava l'album della guerra franco-prussiana, trovando che Moltke non rassomigliava a Crispi e che tutti i Prussiani si rassomigliavano fra loro.

Andrea dava le volte pel salone, venendo ogni tanto al pianoforte, dicendo qualche parola a Caterina, per farle mutare il pezzo o farle allargare il tempo. Ma era perseguitato dalle labbra di Lucia che vedeva dovunque, un fiore di melograno aperto, una vivezza di corallo boccheggiante: innanzi a sè, le vedeva ondeggiare, fluttuare, le seguiva, le raggiungeva, scomparivano. Libero per un istante: poi dallo specchio, da un candelabro di bronzo, da una giardiniera di legno, le vedeva trasparire, prima pallide, poi rosse, poi di carminio, come se pigliassero vita. Non poterle raggiungere mai! Uscì sul balcone, espose all'aria la sua testa infuocata, sperando che l'umidità della sera calmasse quel delirio.

Caterina pregò Lucia di suonare, ella non volle, non ne aveva la forza, disse che si sentiva estenuata. Alberto sonnecchiava. Le due amiche parlarono sottovoce, a lungo, fra loro, curvandosi sui tasti bianchi e neri, mentre dal balcone Andrea le guardava: ora le labbra di Lucia gli facevano l'orribile scherzo di accostarsi alla guancia di Caterina. Oh se Caterina si muovesse dal pianoforte! Ma niente, vi rimaneva, confitta, ascoltando quello che le mormorava Lucia.

Così le ore passarono, lente, lunghe, non mutando nulla in quel salone. Egli sentì calmarsi quell'acuzie di desiderio, in una desolazione crescente.

A mezzanotte si salutarono, Andrea spossato, vacillante sulle ginocchia; ella trascinantesi a stento. Scambiarono un buonanotte arido, con la voce spezzata di chi non spera più nulla.

E solo, nell'oscurità, accanto a sua moglie che si addormentava, egli ebbe il tormento di rivivere quella giornata in cui aveva desiderato uno sguardo e non lo aveva avuto, una parola e non l'aveva potuta nè dire ne udire, un biglietto e non lo aveva potuto nè dare nè leggere, un bacio e non lo aveva dato: sfinite le forze in questa miserabile giornata, perduta per l'amore. Sì, tutto sarebbe andato sempre così, sempre, sempre. Ed era meglio morire.

III.

Andrea, questo grosso fanciullone, natura semplice e primitiva, temperamento gagliardo e furioso che era poi così facile alla tenerezza, si sentiva infelice e non voleva essere infelice. Egli si ribellava al dolore, si ribellava allo spasimo. Perchè non gli lasciavano amare Lucia? Chi si metteva fra lui e la femmina sua? Quando Caterina si frapponeva, egli avrebbe strillato, pestato i piedi in terra, singhiozzante come un fanciullo a cui la madre toglie un balocco: le sue convulsioni interne rassomigliavano alle terribili nervosità dei bambini cocciuti, che muoiono di un capriccio non soddisfatto. Lucia vedeva gonfiarsegli gli occhi per le lagrime e il viso farsi rosso per lo sforzo di ricacciarle giù: ella si commuoveva, impallidiva. Quando era quel disgraziato Alberto che si frapponeva, con la sua personcina magra, la sua voce rauca, e i suoi colpetti di tosse, ad Andrea venivano certi impeti di afferrarlo alla vita e buttarlo per terra, di camminargli sopra coi piedi per schiacciarlo. Lucia vedeva passare questo soffio di follìa sulla faccia di Andrea e al primo gesto si faceva innanzi, sgomentata come per impedire una catastrofe. Allora egli prendeva il cappello e usciva, a piedi, pei campi, sotto il sole, a passo affrettato, stringendo i denti, coi muscoli tesi, coi nervi vibranti, andando, salutando macchinalmente la gente che incontrava, sorridendo anche senza vedere. Tornava tutto molle, tutto in sudore, fiaccato: dormiva profondamente il buon sonno di un tempo, un paio di ore, coi pugni chiusi, la testa sprofondata nei cuscini. Quando si svegliava, godeva un istante di felicità completa, il benessere del riposo goduto, l'equilibrio delle forze, ma subito il tarlo riprendeva il suo rosicchiamento e lui, piagnoloso come un fanciullo che si è svegliato troppo presto, pensava:

- O Dio, quanto sono infelice! Perchè mi sono svegliato, se sono così infelice?

Era invero un fanciullo nell'amore, senza molti ragionamenti, senza sottigliezze metafisiche, senza sofisticazioni malaticce, senza morbidezze sensuali. Amava Lucia e la voleva: ecco il suo scopo, chiaro, netto, preciso. Vedeva innanzi a sé la propria volontà, rigida e inflessibile, come un colpo di spada che trova la via del cuore. Sapeva di far male, sapeva di tradire, vedeva lucidamente il fatto del tradimento, ma senza fronzoli sentimentali. Non aveva terrori mistici, nè languidezze di coscienza errante, nè ravvolgimenti di anime depravate. Egli faceva il male, non per fatalità, non per castigo di Dio, non per influenza di fantasia, ma perchè amava. Egli non si giustificava, cercando in Caterina qualche difetto immaginario, delle mancanze, dei torti, per cui egli fosse scusabile di amare altrove: egli non diceva a se stesso che Alberto meritava di non essere amato, che era un marito assurdo per una donna come Lucia. La sua coscienza si ribellava a questi pretesti dei cuori vili, che cercano attenuanti all'amore. Loro due facevano il male, tradivano, perchè amavano altrove. Ecco tutto. Non è una fatalità l'amore: è l'amore stesso, più forte di ogni altra cosa. Così soffriva perchè non poteva amare liberamente, nel pieno sole, con la lealtà di un cuore equo che ha il coraggio dei propri errori. Egli non capiva gli ostacoli, lo irritavano fisicamente, come un carro che gli attraversasse la via. Avrebbe voluto scostarli con una spallata o scavalcarli, si lagnava con sé, per questa ingiustizia che gli veniva fatta dalla sorte, di non poterli sormontare. Talvolta, quando erano tutti riuniti nel salone, gli veniva la voglia di prendere Lucia nelle braccia e di portarsela via. Era il suo diritto quello, diritto cieco, diritto di violenza, ma che conveniva al suo temperamento. Lo capiva lei? Quando le si faceva troppo dappresso, ella aveva un piccolo moto di repulsione.

Ma come in lui la passione ribolliva, così fuori si ergevano più grandi, più insistenti gli ostacoli. Quel tisicuzzo di Alberto non abbandonava mai sua moglie, dormicchiando, sbadigliando, leggicchiando, rosicchiando pastine di catrame, sputando nel fazzoletto, lagnandosi, tastandosi il polso cento volte al giorno, lamentandosi di certi avvampamenti e di certi sudori freddi. Caterina, è vero, andava e veniva per gli ordini, per qualche faccenda da dirigere, per qualche lettera da scrivere; ma poiché il suo marito restava in casa, essa faceva di tutto per sbrigarsi presto e per venire in salotto a cucire. Alberto guardava e vedeva tutto, voleva toccar tutto, aveva certe curiosità puerili di uomo ammalato e disoccupato. Caterina era meno curiosa, più discreta, restando in silenzio, ma ascoltando e vedendo tutto. Impossibile di parlare un minuto da solo a solo con Lucia.

Due o tre volte avevano tentato questo, quasi dimenticando gli altri due; ma, rientrando in se stessi, li avevano trovati muti, pallidi di noia, la faccia stirata dallo sbadiglio compresso. Caterina e Alberto non avevano nulla da dirsi. Dopo cinque minuti tacquero. Alberto considerava Caterina come una eccellente donna, ottima massaia, ma un po'stupida, inferiore a sua moglie di molto. Caterina non faceva giudizi, ma aveva per Alberto una compassione quieta e senza emozione: non altro. Non vi era comunicazione di spirito fra loro e vi era repulsione fisica. Ad Alberto, Caterina produceva quella impressione negativa che fa l'assenza del sesso; non gli sembrava nè brutta nè bella, non gli sembrava donna. In Caterina parlava l'istinto della salute che ha ribrezzo del morbo. Allora venivano le ore tetre, in cui Lucia presa da una disperazione muta si stendeva sul divano, rigida come una morta, i piedi nascosti sotto la gonna, lo strascico pendente, la testa sui cuscini, le braccia arcuate e le mani congiunte sotto la nuca, gli occhi chiusi, la faccia pallidissima. Rispondeva poco e a monosillabi, duri, freddi. Non apriva gli occhi, passando le ore così. Alberto si affannava a interrogarla: ella taceva. Caterina, che conosceva questi malumori profondi dal collegio, gli faceva cenno di tacere, di lasciar passare. E tacevano tutti e la tetraggine si allargava su loro. Di botto, in punta di piedi, Andrea prendeva il cappello e se ne andava, senza guardare dalla parte del divano. Caterina si turbava a questa partenza, perchè sapeva che suo marito non poteva soffrire queste scene bizzarre. Lo raggiungeva per le scale, richiamandolo, parlandogli sottovoce.

- Abbi pazienza, Andrea - gli diceva.

- Ma che avrà? - domandava lui.

- Non so. Sono pensieri strani che le guastano il cervello. Ella dice che sono visioni e che il medico le chiama allucinazioni. Ella vede cose che noi non vediamo.

- Che creatura singolare!

- Poverina, sai, è molto sofferente. Se tu sapessi quel che mi racconta, quando voi altri non ci siete. Temo che abbiamo fatto male a consigliarle di sposare Alberto....

- Ma che ti dice? Raccontami.

- Tu non devi uscire?

- Sì, hai ragione: vado. Se cercano di me, dirai che sono uscito per affari. Nel salotto non si respira. Vi è un tanfo di malattia.

- Presto se ne andranno, e....

- Non dico questo. Mi dirai il resto questa sera. A rivederci.

E per colmo di disperazione, in certe sere Lucia si faceva bellissima, lo guardava fisamente, con ostinazione, con una provocazione calma e persistente che lo torturava. Si torturava, egli che non conosceva l'arte delle lunghe aspettazioni, nè aveva la flemma che vince gli ostacoli. Egli aveva la fretta di coloro che vivono presto e bene, che non hanno la fede nel futuro, che vogliono la vita pronta, facile, non come un ideale da raggiungere, ma come una realtà da godere giorno per giorno. Che cosa era questo avere sempre presente Lucia, a due passi, bella, desiderabile, desiderata, e non poterla avere? Egli non era dômo, lottava, stringendo le pugna che avrebbero voluto abbattere qualche cosa - poi, ricadeva, spossato, vinto dall'esaurimento, senza voglia più di vivere, avendo questo ritornello nel pensiero: che tutto sarebbe stato sempre così, che non vi era rimedio, e che valeva meglio morire.

Di notte, era impossibile passare un'ora sul balcone. Appena sentiva scricchiolare un po'il letto, Caterina si svegliava e domandava:

- Vuoi qualche cosa?

- No - diceva lui, duro, rabbioso.

Qualche volta non rispondeva. Quella si riaddormentava, ma aveva il sonno leggiero. Egli sapeva che se si fosse alzato e fosse uscito al balcone, dopo poco, Caterina senza far romore sarebbe scivolata dal letto e sarebbe venuta in accappatoio bianco, ombra piccina, fedele e amorosa, a vegliare con lui, poiché egli non poteva dormire. Oh lui la conosceva Caterina, e misurava tutto l'affetto calmo, profondo, previdente, quasi materno, che era in quella piccola anima. A volte gli veniva una pietà immensa, quando la testolina di lei si appoggiava, sicura, sul suo largo petto, quasi fosse quello il porto della calma: una tenerezza desolata gli veniva per quella donnina, ch'egli non amava più. Era passato tutto questo, cancellato, cancellato. Scritta la parola fine, chiuso il volume. Ma da questa pietà, da questa tenerezza, sorgeva più alto l'amore per Lucia, che dormiva o vegliava, due stanze dopo la sua. Avrebbe dato della testa nei muri, qualche notte, per sfondarli. Si sentiva tanto bollore nel cervello che n'era capace. Infine, per rimedio disperato, arrivò a parlare di Lucia con sua moglie tutte le volte che restavano soli. Caterina ne parlava volentieri, tanto più che le piaceva mettere Lucia nella simpatia di suo marito. Lucia era la persona che modificava un po'il tranquillo temperamento di Caterina: quella fantasia esercitava la sua influenza su lei - e Caterina Io dimostrava ingenuamente, trovando delle immagini, ella che non ne trovava mai, per discorrere di Lucia. Invero, Andrea era poco abile nell'interrogare e nel mascherare una curiosità troppo acuta, ma Caterina non era esperta di simili sfumature. Ella diceva, diceva con la sua parlantina regolare, con un'onda continua di parole. Era di notte, prima di dormire, che veniva il discorso. Egli smorzava il lume e il discorso continuava all'oscuro. Ella parlava sottovoce, col capo appoggiato ai cuscini, guardando l'oscurità: Andrea ascoltava avidamente, bevendo le parole. La interrogava sul collegio, il grande e inesauribile soggetto che le donne non dimenticano mai, anche quando sono passati molti anni. Ella gli diceva della follìa mistica di Lucia, che aveva sconvolto il collegio con le sue penitenze, le sue estasi, i suoi pianti alle prediche, i suoi deliquii alla comunione: aveva sinanco portato il cilicio, poi la direttrice glielo aveva tolto, perchè ne ammalava. Gli narrava le sue strane risposte e i compiti fantastici che turbavano la classe, e le superstizioni che l'agitavano: talvolta Lucia, alla notte, si alzava di letto e veniva presso il letto di lei, Caterina, e piangeva, piangeva silenziosamente.

- Perchè piangeva? - domandava Andrea turbato.

- Perchè soffriva. Nel collegio qualcuna la trattava da stravagante, chi la chiamava romantica, chi fantastica: il medico diceva che era ammalata e che doveva uscire di là.

Seguitava a dirgli i gusti bizzarri, come il non mangiare frutta al martedì per le anime del Purgatorio, e non bevere vino al venerdì per la Passione di Cristo. Mangiava molti dolci e beveva grandi bicchieri d'acqua.

- Anche adesso li beve - osservava Andrea profondamente interessato.

Poco a poco la voce della narratrice si stancava, si abbassava, il racconto diventava lento, ed egli non osava destarla. Caterina si addormentava un momento, poi ricominciava, a frasi spezzate. Finiva per dire addormentata:

- Povera Lucia!

- Povera Lucia! - ripeteva Andrea macchinalmente.

Caterina posava, addormentata, ma egli restava sveglio, con là febbre addosso messagli da quel racconto, resisteva alla voglia di svegliare sua moglie, per dirle:

- Parlami ancora di lei.

Poi, quel metodo, lo aveva insensibilmente preso anche con Alberto. Quando se lo portava a passeggiare, abilmente gli metteva il discorso sulla moglie. Detto fatto: Alberto non voleva udire altro. Come per Caterina, Lucia era la sua idea fissa, il suo soggetto favorito. Ne aveva tante da contare che Andrea non sentiva bisogno d'interrogarlo più: lo interrompeva con qualche interiezione, per dimostrare che ascoltava e che si interessava. Alberto ne aveva da dire per un secolo, come egli si era innamorato, come parlava Lucia, che gli scriveva, come vestiva da fanciulla. Si ricordava specialmente di certe frasi, il carro di Jaggernaut, il dramma della vita, l'amore di testa, il silenzio del cuore - e le ripeteva, pastosamente, come assaporandole. Gli ripeteva certi particolari minimi, una data, il fiore ch'ella portava nei capelli quel giorno, i guanti che le salivano fino al gomito, la sottana di seta che faceva un certo fruscio, ondeggiando sotto la pelliccia. Alberto non dimenticava nulla: un giorno l'aveva trovata con la febbre in letto, la testa avvolta in un fazzoletto di seta bianca che celava i capelli, imbacuccata come una monaca: un altro giorno ella gli aveva fatto il segno della croce sul petto, un gesto ascetico per preservarlo dal male. Un'altra volta ella gli aveva detto che sarebbe morta presto, che ne aveva il presentimento, e che aveva già fatto il testamento: voleva essere imbalsamata, perchè aveva paura dei vermi, avvolta prima in un lenzuolo di batista, poi in un grande pezzo di raso nero, profumato all'ambra, i capelli intrecciati con le perle, un crocifisso d'argento sul petto.

- Una cosa da piangere, Andrea mio - continuava Alberto - io non poteva farla tacere. Volle dirmi tutto, tutto. Finimmo col piangere ambedue, l'uno nelle braccia dell'altro, come se dovessimo morire lì per lì.

Ma come Alberto Sanna diventava troppo espansivo nelle sue confidenze e ai pomelli sporgenti gli saliva la porpora malaticcia dell'eccitazione, Andrea provava la tortura della gelosia. Alberto Sanna si entusiasmava per la delicata bellezza di sua moglie, per la dolcezza dei suoi baci, e andava avanti,

avanti; il suo compagno si faceva pallido, mordeva il suo sigaro, e non sapeva come resistere alla voglia di buttare Alberto in un fosso. Questo ammalato, che respirava affannando alla pianura, e alla salita il respiro gli sfuggiva come un fischio, questo gretto omuncolo parlava delle gioie dell'amore con una enfasi, come se fosse capace di intenderle. Andrea lo squadrava e lo trovava un burattino così legnoso nel suo soprabito già invernale dal bavero alzato, col cappello abbassato sugli occhi, che alla collera si univa il disdegno, e gittava il sigaro con violenza contro un tronco d'albero. Non vi era modo di farlo tacere più, Alberto. Egli aveva quella appassionata sfacciataggine degli innamorati, che narrerebbero al mondo come è tornita la spalla dell'amante loro, come il corpo sia più bianco del volto: un impudore sereno, per cui diceva ad Andrea che Lucia portava le giarrettiere di seta azzurra, ricamate a violette del pensiero, col motto: Honny soit qui mal y pense. E gli chiedeva, sorridendo:

- Che te ne pare eh? Non è grazioso? La consolazione diveniva una tortura, il sollievo si cangiava in spasimo. Andrea si faceva tetro e grave.

IV.

Un giorno Lucia comparve in salotto con una faccia risoluta e quasi sfidatrice. Le sue nari frementi pareva odorassero l'odore della polvere e che tutto in lei fosse pronto per la battaglia. Tranquillamente, guardando altrove, mentre Andrea le porgeva una tazza di caffè, ella gli dette un bigliettino. Egli tremò tutto, ma non si smarrì. Col primo pretesto uscì di stanza, scese in cortile a leggere. Erano poche parole scritte col lapis, ardenti di amore, dove gli diceva che lo amava, lo amava, lo amava, che era il suo Andrea, il suo forte amore, che ella aveva perduta la pace, che era felice perchè l'amava, infelice perchè non la lasciavano amare, che bisognava giuocare di audacia, che Alberto e Caterina - poveri, poveri traditi - non avevano sospetti, che lui Andrea studiasse lei, Lucia, e comprendesse quello che gli diceva con gli occhi, che era la sua innamorata, la sua donna, che adorava il suo bel signore....

Tutto il nero era scomparso. Andrea si sentiva soffocare dalla gioia; si mise a parlare forte con Matteo, lo stalliere, chiamò i cani Fox e Diana che gli saltarono addosso, impugnò Diana per la pelle del collo, fece fare dei salti enormi a Fox, ridendo, gridando, dicendo a Matteo che era un vecchio rimbambito, che i cani valevano più di lui, ma che viceversa lui era una buona bestia. Da una finestra comparvero due testoline di donna e una testolina di uccello spennacchiato: allora egli disse a quelle signore che proponeva loro una grande passeggiata in carrozza, al trotto. Loro signore, come due principesse in incognito, nella victoria, egli e Alberto nel phaéton.

- E la colazione? - si lamentò la voce sottile di Alberto, seppellita in una sciarpa dì lana.

- Hai ragione - tuonò lui, dal cortile - mangeremo prima.

E salì le scale a quattro a quattro, cantando, scuotendo i ricci della criniera leonina. Arrivato su, prese Alberto pel collo e lo costrinse a fare un giro di polka turbinosa per tutto il salone.

Lucia guardava, senza battere palpebra, questo sfogo violento di gioia.

- Poiché siete così galante oggi, Andrea - disse lei freddamente - offritemi il braccio per andare a colazione. È un'abitudine cortese che vi manca.

- Io sono uno zotico, signora Sanna. Volete accordarmi l'onore di accettare il mio braccio? - e s'inchinò profondamente.

Gli altri due ridevano, seguendoli, senza imitarli. Nel corridoio, nella penombra, Lucia si strinse tutta ad Andrea, con un fremito: egli le fece male, stringendole il braccio. Quando furono nella stanza da pranzo, erano composti e rigidi così, che Alberto si burlò di loro. Caterina era felice, poiché suo marito aveva ripreso il buon umore. A tavola il gomito di Lucia sfiorò tre o quattro volte la manica di Andrea: bevendo il vino, ella lo guardava attraverso il cristallo del bicchiere. Egli stava all'erta, sogguardando obliquamente Alberto e Caterina; ma nulla essi vedevano, di nulla avevano sospetto.

- Per ringraziarvi del braccio che non mi avete offerto - disse Lucia, con una glaciale audacia - io vi offro una pera mondata da me.

E gliela dette sulla punta del coltello; ma da una parte la strega ci aveva dato un morso, coi dentini bianchi e forti. Egli chiuse gli occhi, mangiandola.

- Com'è? - chiese lei, con importanza.

- Me ne dispiace per me, ma è pessima - rispose compunto, con una smorfia di rammarico.

Alberto credette morire dal ridere. Quella birbona di Lucia che offriva sul serio una pera ad Andrea, come per ringraziarlo, come per fargli un bel dono, e invece gli dava una pera cattiva! Che spirito, quella Lucia!

Le signore andarono a vestirsi per la passeggiata. Prima ritornò Caterina, vestita di nero, con un cappellino coperto di jais. Lucia tardò abbastanza, ma valeva la pena di aspettare, come disse poi Alberto. Venne, fatta tutta piccina, tutta graziosa da un costume in lana scozzese cupo, con qualche filo rosso e giallo. Portava una giacchetta da uomo, a due petti, di panno turchino cupo, bottoniera minuta d'oro cesellato, colletto dritto, di tela, all'inglese, cappellino di feltro col velo turchino cupo che s'arrotolava coi capelli. Un amore di viaggiatrice a diporto; un po'di polvere sulle guance per smorzarne il calore.

Giù in cortile erano pronte la victoria e il phaéton. Le signore salirono in carrozza, tirarono sulle ginocchia la pelle di tigre: i signori saltarono sul phaéton e fecero un saluto alle dame che sventolarono i loro fazzoletti: poi il carrozzino partì di carriera - guidando Andrea - e dietro l'equipaggio si avviò più grave. Per un pezzo la durò, voltandosi essi a guardare le due donne che parlavano fra loro e sorridevano: Andrea salutava, schioccando la frusta. Soffiava un venticello fresco: Alberto, che lo riceveva in faccia, se ne stava tutto rattrappito, avendo paura di raffreddarsi.

- Ma che? - esclamò Andrea - non senti il caldo? io butterei via il soprabito e mi metterei a guidare in maniche di camicia.

E sferzava Tetillo che galoppava.

- Perdiamo di vista la carrozza, Andrea - supplicò Alberto, che trovava quel galoppo inopportuno.

- Ora ci fermeremo e aspetteremo.

Erano sulla via di san Nicola, che va da Caserta a S. Maria: Andrea smontò e attese a piedi l'equipaggio, che arrivò dopo un minuto. Francesco, il cocchiere conservava la sua gravità di cocchiere napolitano, malgrado avesse sferzato i suoi trottatori meclemburghesi. Andrea e Alberto si appoggiarono allo sportello e chiacchierarono.

- Vi divertite?

- Oh moltissimo, questa corsa m'innebria - disse Lucia.

- La giornata è bella - soggiunse semplicemente Caterina.

- Sì, ma fa vento - mormorò Alberto, stirandosi un poco, stanco di essere stato rattrappito.

- Dunque possiamo continuare? - domandò Andrea, impaziente.

- Vorrei fare una proposta - disse Alberto - mi raccomando alle signore perchè sia accettata.

- Dilla presto, almeno.

- Abbiate pietà di un povero infermo e lasciatemi venire nella victoria: vi si sta riparati dal vento: vi è questa bella pelliccia che garantisce le gambe.

- E Andrea resta solo nel phaéton? - osservò Caterina.

- È vero - disse, riflettendo, Alberto, - come si potrebbe fare? Farlo venire con noi, metterci tutti nella carrozza: ma allora il carrozzino chi lo guida? Una delle signore vuole andare sul carrozzino?

Le due si guardarono, consultandosi, e dissero di sì. Andrea non interveniva, stava a sentire, raggiustando il fiocco della sua frusta.

- Ci andreste voi, signora Caterina? - continuò Alberto che voleva assolutamente andare nella carrozza. - Ma no, non conviene: staremmo moglie e marito, poi marito e moglie. Faremmo una figura ridicola: ci griderebbero dietro: oh gli sposi! Lucia, hai paura di andare sul carrozzino?

- Io non ho paura di nulla - disse ella distratta.

- Bè, fammi il favore - vacci tu con Andrea. Lo pregheremo di guidare piano per non farti venire il nervoso. Me lo fai proprio questo favore?

- Figurati, Alberto mio. Stavo tanto bene con Caterina, ma poiché si tratta di non farti prendere vento....

Andrea aperse lo sportello, ella discese, leggiera, mostrando lo stivalino inarcato, di color bronzo. Salutò Caterina, mentre Alberto si accomodava in fondo alla victoria tutto beato.

- Signora Caterina, bisogna sopportare gli ammalati. Fingete di essere una infermiera.

Ella gli rivolse il suo sorriso buono e paziente. Andrea e Lucia, senza parlarsi, si avviarono verso il carrozzino. Egli l'aiutò a salire, dopo montò lui, e ambedue, voltati verso la carrozza, salutarono di nuovo. Poi, via di carriera.

- O amore mio, o amore mio bello.... - mormorava Andrea, lasciando quasi le redini al cavallo.

- Portami via, portami via - gli mormorava ella, guardandolo di sotto in su, con gli occhi illanguiditi.

- Non guardarmi così, maga - disse Andrea, ruvidamente.

- Io ti amo.

- Ed io, ed io? come t'amo, non puoi capirlo.

- Lo so. Perchè non mi scrivi?

- Ti ho scritto venti volte, ho stracciato le lettere. O Lucia mia, come sei bella, come sei cara!

Oh, era cara, accanto a lui, stretta nell'abito come in una corazza, coi piedini incrociati le cui punte si baciavano, con l'aria appassionata del volto sotto la falda del cappello. Sembrava una bambina innamorata, dal mento roseo e dalle guance delicate che il venticello rinfrescava, dai capellucci neri che svolazzavano sulla fronte.

- Ora lascio le redini e ti abbraccio.

- No, no, ci guardano.

- E tu non essere così cara, e tu non mettermi fuoco nella testa.

Correva, correva il cavallino, inarcando il collo, quasi danzando: l'equipaggio veniva dietro, a sessanta passi.

- Mi sono dannato in questi giorni.

- Non dirlo: io ne morivo. Mi vuoi bene?

- Perchè me lo chiedi? lo sai, lo sai tanto, lo sai tutto.

- Non lo so, non lo so - disse Lucia, tutta carezzevole.

- Lucia, mi fai impazzire, se mi parli con quella voce. "Vuoi che ti prenda e ti porti via, qui, sulla strada maestra?

- Sì, sì, sì: portami via. Questo voglio, che mi porti via.

Lo provocava con l'occhio, con le labbra, col piedino che si strofinava contro quello di lui.

- Abbi compassione di me, amore mio. Vedi che muoio.

Per breve tratto tacquero. Egli guardava innanzi a se, per non cedere alla tentazione, mordendosi le labbra. Ma vi ricadde, a guardarla di nuovo: ella gli sorrideva con le labbra stirate che mostravano i denti, un sorriso tutto febbre, tutto carezze.

- Quanto sei cara! Perchè ridi?

- Non rido: sorrido.

- Alle volte, Lucia, mi fai paura.

- Paura di che?

- Non so: non ti conosco e sei tanto padrona di me, sono tanto tuo, tanto schiavo di te, che mi spaventi.

- Non dicesti di essere pronto a tutto?

- Sì: te lo dico ancora.

- Bene. Prepara il tuo coraggio.

Ella era diventata seria, la fronte tagliata da una grande ruga, le sopracciglia corrugate, l'occhio cupo.

- O non dirmi queste cose, non tormentarmi, non essere così severa. Sorridi come prima: sorridi, te ne prego.

- Non voglio sorridere - disse Lucia, duramente.

- Se non sorridi, butto la carrozza su quel mucchio di sassi e ribaltiamo e moriamo - disse Andrea, preso dal furore.

Ella sorrise stranamente, ferocemente e con dolcezza gli disse:

- Ti amo. Sei pazzo e sei fanciullo. Mi piaci.

Andrea tirò le redini al cavallo in un moto istintivo; il galoppo fu rallentato.

- O Lucia, tu sei una strega.

- È vero. Bada che io ti ho dato un filtro. Non risanerai mai più: io sarò la tua malattia, la tua febbre, il tuo malore inguaribile.

- Oh no: sii la mia salute, sii la mia forza, sii la mia freschezza.

- Il fuoco è migliore della neve, il tormento è più squisito della gioia, il morbo è più poetico della salute - disse Lucia con voce squillante, rizzandosi accanto a lui, l'occhio lampeggiante, dominandolo.

Andrea abbassò il capo, soggiogato.

Ritornavano. A Santamaria i due equipaggi si erano arrestati, la victoria aveva raggiunto il carrozzino. Avevano chiacchierato un poco, da una carrozza all'altra. Alberto diceva che stava benissimo, che si era lungamente fatto spiegare dalla signora Caterina come si fa lo sciroppo di more, che è eccellente per i bronchi deboli: in quanto a lui, le aveva narrato un suo viaggio a Parigi. Caterina approvava col capo, ella non si annoiava mai. Poi erano ripartiti, il carrozzino alla testa, la carrozza dietro. Calava il sole.

- O Dio, ce ne andiamo - si lagnava Lucia, malinconica - ce ne andiamo, finisce questa bella giornata, così. Chissà se ne avremo un'altra!

- Che pensieri! Non fantasticare, Lucia, non ti far crucciare dai sogni. La realtà è che ti amo. La realtà è bella.

- Questo amore è un delitto - mormorò ella.

- Lucia, sii buona: non ripetermi queste brutte cose che mi fanno disperare.

- Noi siamo due grandi colpevoli.

- Lucia, tu lo fai apposta per avvelenarmi quest'ora di gioia.

- E che uomo sei tu che non sai sopportare il dolore? Che vigliaccheria è questa? Sei forte solo nei muscoli? Io ti ho amato perchè ti credevo forte.

- Io sono debole innanzi a te. Solo la tua voce può rallegrarmi o contristarmi: tu puoi darmi la forza o levarmela. Non abusare di questo potere.

Così, erano arrivati alla lite sentimentale, a cui ella lo trascinava dal principio della passeggiata.

- L'amore non è una cosa allegra, Andrea: ricordati che l'amore è una tragedia.

- Non guardarmi così, Lucia. Sorridimi come prima: eravamo così felici prima!

- Non si può essere felici sempre. La felicità è un peccato, la felicità si sconta - sentenziò lei.

Egli voltò il capo e tacque, profondamente contristato. Non sferzava più il cavallino e Tetillo se ne andava a mezzo trotto. Voltandosi, Lucia vide la victoria a poca distanza. Un lampo le passò negli occhi.

- Sferza, Andrea, sferza - disse - presto.

Il carrozzino partì come una freccia. Ella, per reggersi, passò il braccio sotto quello del guidatore e, la testa eretta, i capelli al vento, si dava al piacere della corsa.

- È la steppa, la steppa - mormorava, sognando.

- Amore, amore, amore.... - ripeteva Andrea, preso dalla follìa della corsa.

Sfilava, sfilava il carrozzino: essi non guardavano più indietro, non vedevano il doppio filare di alberi che fuggiva, nè le carrozze che incontravano, nè la polvere della strada che si sollevava in una nuvola. Volava il carrozzino e pareva una cosa fantastica, un carro alato.

- Dammi un bacio - disse Andrea, strozzato dal desiderio.

- No: ci sono alle spalle, ci vedono.

- Dammi un bacio.

Allora ella aprì il suo largo ombrellino di tela bianca foderato di azzurro e se lo passò sulla spalla: quella cupola li proteggeva ambedue, le due teste vi si potevano nascondere. Avanti, nessuno: nessuno nei campi. E lì, mentre fuggiva il carrozzino, in piena luce, si baciarono lungamente sulle labbra.

V.

Ma l'audacia del loro amore crebbe ogni giorno. Fidando sulla tranquillità degli altri due, essi osarono quanto può inventare immaginazione innamorata. Si sedevano accanto: Andrea scherzava col ventaglio, col fazzoletto di Lucia, le contava i cerchiolini del portebonheur: se stavano lontani, si parlavano del loro amore usando un vocabolario speciale che si riannodava a tutti gl'incidenti del passato, a un ombrellino aperto, a un lago, all'ombra verde, a una sciarpa di merletto, a qualche frase detta, allora, dall'uno o dall'altro. Se Lucia vedeva Andrea pensieroso, subito metteva il discorso sull'Esposizione e placidamente diceva che la giornata della premiazione di floricoltura era stata una delle più belle della sua vita - e Andrea trovava modo di ficcare nel suo discorso la parola maga. Si capivano a una intonazione, a un batter di palpebra, a un movimento di mano. Ma, un giorno, Lucia disse ad Andrea, da un capo all'altro della stanza:

- Udite, Andrea, vi ho da dire una cosa in un orecchio; nessuno la deve sentire.

- Nemmeno io? - disse Alberto, con un broncio comico.

- Nè tu nè Caterina che sorride laggiù. Venite qui, Andrea.

Egli traversò la sala, le si accostò: ella gli posò una mano sulla spalla per farlo chinare e gli disse sottovoce:

- Andrea mio, ti amo.

Egli pensò un poco, poi le disse:

- Sentite la risposta. E nell'orecchio soffiò:

- Amore mio, strega mia, ti amo.

E se ne ritornò al suo posto. Poi Alberto volle sapere, assolutamente: se no, moriva di curiosità. Lucia, fingendo di cedere, confessò che aveva detto: - Alberto è curioso come una donna, tormentiamolo - e che Andrea aveva risposto: - Non lo tormentiamo, povero Alberto. - Si divertirono molto di questo incidente: ma i due amanti non ritentarono più la prova. Avevano altro: ora vi era l'offerta del braccio, in casa, sul terrazzo, per le scale, e le strette fuggevoli nei corridoi oscuri, gli sfioramenti di mano. Tante volte, per un istante, le due teste erano così vicine che allora allora pareva si baciassero. Quando Caterina non vi era e Alberto voltava le spalle, si scambiavano quelle occhiate così intense che pare facciano dolore. Quando passavano la sera nel salotto, Lucia che sceglieva la sua posizione con un'arte infinita, si metteva nell'ombra, dietro a suo marito, potendo guardare lungamente Andrea, senza che nessuno la osservasse.

Talvolta si apriva il ventaglio sugli occhi; guardava entro le stecche. Ogni tanto, quando Alberto era fuori e Caterina si curvava a cucire, gli occhioni di Lucia balenavano in volto ad Andrea: le palpebre si riabbassavano subito. Tutta una sera Lucia aveva la sua aria languida e triste, la voce fioca, la parola strascicata. Se per un momento poteva rimaner sola con Andrea, si rialzava, fremente, piena di vita, e gli buttava in faccia:

- Ti amo.

Ricadeva come abbattuta! egli restava smarrito. Poi, ora, si davano le lettere in cento modi, rischiando di essere scoperti ogni volta, ma riuscendo sempre, con una destrezza singolare: mettendo le lettere nei gomitoli, nei fazzoletti, nei libri, nel mazzo delle carte da giuoco, in fondo alla scatola del domino, nel quaderno della musica, sotto l'orologio del salone, sotto il piedestallo di qualche statuina, sotto i vasi delle piante, nella fodera del cappello: insomma, dovunque si può nascondere un pezzetto di carta. Con l'occhio Lucia indicava il posto: Andrea studiava il tempo, si alzava con disinvoltura, girava, poi arrivava al posto, prendeva la lettera con una maestrìa che l'uso gli aveva insegnato, vi faceva scivolare la risposta. Egli nascondeva, sotto la sua cera ilare, e sotto i suoi scherzi clamorosi, un'ansietà ardente, un'inquietudine continua. Non guardando Lucia, ne studiava tutti i movimenti: egli, il grosso leone, aveva certe ondulazioni feline, certi raggricchiamenti da tigre: egli, che era la franchezza medesima, cadeva in una dissimulazione profonda, si faceva sagace, furbo, callido, con certe occhiate oblique, con certi moti rampanti. Meditava, la notte, il piano dell'indomani, perchè l'indomani potesse dare una lettera a Lucia, stringerle la mano: combinava tutte le domande false, tutte le false uscite, tutti i ritorni improvvisi, tutti i dialoghi posticci, tutti gli affari-pretesto e gli appuntamenti fittizi. Nella notte, studiava come avrebbe mentito il giorno seguente, dalla mattina alla sera, per ingannare Alberto e Caterina. Il suo carattere si corrompeva, transigendo ogni giorno con la verità, affogando le ribellioni della sua coscienza che voleva il male chiaro, netto, pubblico, che odiava il male subdolo e perfido: egli faceva per se stesso dei sottintesi, si formava delle restrizioni mentali e delle scusanti gesuitiche.

Ma questa medesima corruzione spirituale che rodeva tutte le sue qualità di uomo franco e leale, queste concessioni d'ipocrisia, queste vigliaccherie sentimentali lo attaccavano furiosamente a Lucia. Più si abbandonava a lei, più si lasciava impregnare dalla sua influenza, più sentiva la voluttà dell'abbandonarsi, più sentiva l'amarezza squisita del lasciarsi invadere. I suoi sacrifizî di onestà per questa grande rinunzia, lo legavano sempre più fortemente a colei che glieli faceva fare. Quantunque egli fosse parato a tutto, comunque fantasticasse quale nuova, infernale e amorosa invenzione potesse uscire dal cervello di Lucia, pure costei finiva sempre per sbalordirlo. Una mattina, incontrandolo sotto una tenda, sulla soglia del salone, ella aveva lasciato cadere la tenda, gli aveva buttato le braccia al collo ed era fuggita: a lui era parso un sogno, frenandosi per non correrle dietro. Una sera, fuori il terrazzino, mentre Alberto sonnecchiava e Caterina suonava la sua eterna rêverie di Schubert, ella lo aveva chiamato, col pretesto di fargli vedere una stella - e lì, in un angolo, gli si era riversata fra le braccia, pallida, per un attimo. Subito gli aveva detto:

- Vattene.

In uno di questi momenti egli le aveva mormorato, col viso stravolto:

- Bada che ti affogo.

Gli veniva la voglia d'affogarla quella donna che era sempre con lui, che lo faceva impazzire con queste stravaganze, e che gli sfuggiva sempre. Anche le lettere erano così incoerenti, così folli, così trabalzanti dalla disperazione alla gioia, che egli ci perdeva la testa. Oggi, essa gli scriveva una divagazione sentimentale sull'amor puro, dicendo di voler essere amata come una sorella, come un essere impersonale, come un essere ideale, poiché questo era l'amore più alto, l'amore sublime: e Andrea, intenerito, cullato da quelle astrazioni, da quei pensieri teneri, le rispondeva che l'amava così, come lei voleva, come un angelo del paradiso. Il giorno dopo ella metteva del misticismo nella sua lettera e gli parlava di Dio, della Madonna, di una visione che aveva avuta la notte, lo pregava di aver fede, lo pregava di pregare - oh, salvarsi ambedue, quale felicità! che estasi, ritrovarsi insieme in paradiso! - e Andrea, che era indifferente in religione, che viveva nella più grande apatìa, le rispondeva che sì, che per lei avrebbe creduto e pregato: mentiva per non contraddirla, mentiva, non avendo altra volontà che la sua. Ma in un'altra lettera Lucia si abbandonava alle più passionate frasi, riempiendo un foglietto di baci, di parole ardenti, di baci ancora, di desiderii languidi, di desiderii feroci, di baci, di baci, di baci, sempre, sempre, sempre. Finiva così: non senti tu le mie labbra morenti sulle tue? - e Andrea le sentiva, e quelle parole scritte in caratterino minuto gli parevano proprio baci, e si metteva la lettera sulla bocca, provando un bruciore, provando una freschezza, col sangue che gli ribolliva: le rispondeva una lettera violenta, talvolta brutale di passione. Lucia si sgomentava e tornava a scrivere che il loro amore era un'infamia, che quel tradimento sarebbe stato punito atrocemente, che già, lei, si sentiva misera e infelice e inferma: Andrea, tormentato da questa variabilità, da questi contrasti, da questi passaggi immediati, non sapendo più come seguirla, non trovando nè ragioni, nè argomenti per persuaderla, le rispondeva che non lo torturasse più, che avesse pietà di lui. E Lucia di rimando: - Tu non mi ami!

Di nuovo, egli soffriva, malgrado le audacie e le lettere e i baci furtivi e gli abbracci improvvisi fra due porte. Ogni giorno Lucia diventava più strana. Certe mattine compariva col viso pallido pallido, gli occhi cupamente neri, le labbra strette, la voce sgarbata e stridula. Non dava la mano, non salutava, non si voltava verso nessuno: i gomiti avevano qualche cosa di angoloso, le spalle pareva che bucassero la veste: si curvava, come invecchiata. Rispondeva male a tutti: aveva certe frasi malvagie per suo marito, per Caterina, per Andrea: per costui, specialmente. Egli taceva, pensando che cosa le avesse fatto. Se poteva cogliere il destro di parlarle, le chiedeva:

- Che hai?

- Niente.

- Che ti ho fatto?

- Niente.

- Mi ami?

- No.

- Allora me ne vado?

- Vattene.

Ad Andrea veniva la voglia di batterla, tanto gli sembrava perfida in quel momento. Se ne andava, a Caserta, nell'ufficio postale, dove le scriveva una lettera furibonda. Ritornava a casa: ella stava peggio, poiché non si degnava parlare più, si assorbiva nel silenzio. Attorno a lei tutti si facevano dominare dal suo malumore. Non parlavano più. Ogni tanto Alberto domandava:

- Lucia mia, vorresti qualche cosa?

- Sì.

- E che cosa?

- Morire.

Ad Andrea tremava il giornale tra le mani; egli fingeva di leggere, ma ascoltava tutto.

- Lucia, vogliamo andare domani al bosco? - diceva timidamente Caterina, per darle una iniziativa.

- No, io odio il bosco e la campagna e il verde.

- .... ieri hai detto di amarli.

- Io odio oggi quello che amavo ieri - ribatteva Lucia, col suo tôno sentenzioso.

Fino a che un giorno, mentre stringeva la mano ad Andrea che usciva, ella cadde per terra, in preda a una convulsione nervosa, come ne soffriva da fanciulla; si contorceva tutta, le braccia fendevano l'aria, la testa balzava sul pavimento. Poco aiuto potevano dare Caterina e Alberto, ma Andrea le stringeva i polsi e li sentiva, come di ferro, irrigidirsi nelle sue mani: le battevano i denti come per tremore febbrile, l'orbita scompariva sotto le palpebre. Balbettava parole che non si comprendevano e ad Andrea, spaventato, pareva sempre di udirla prorompere in frasi che rivelassero il loro segreto.

Poi, la convulsione sembrava si calmasse, le membra si rilasciavano, il petto si sollevava in forti sospiri: apriva gli occhi, guardava la gente attorno, ma li richiudeva subito, come inorridita, dava in un altissimo grido, e ricadeva convulsa, dibattendosi, non sentendo nè l'aceto, nè l'acqua di cui le inondavano il viso, nè gli odori, nulla. Alberto la chiamava, Caterina la chiamava: nulla. Quando poi la chiamava Andrea, tutto il viso le si scomponeva, la convulsione aumentava di ferocia: con la cravatta sciolta, l'abito lacerato sul petto, i capelli discinti, la gola nuda, i polsi lividi, ispirava terrore e amore. La convulsione durò tre ore: finì a gradi, lentamente. Rinvenendo ella pian a dirotto, strappandosi i capelli, come se le fosse morto qualcuno. La consolavano: ella diceva: no, no, no, e seguitava a disperarsi. Poi, stanca, sfinita, le ossa peste, spezzate le giunture, incapace di muoversi, si addormentò sul divano, avvolta uno scialle. Alberto stette fino alla mezzanotte: Caterina lo persuase ad andare a letto: gli uomini si ritirarono. Restò ella a vegliarla, seduta vicino al tavolino, trasalendo al minimo rumore. Verso le due, venne Andrea pian piano: era vestito, non si era coricato ancora, aveva fumato un sigaro.

- Come sta? - chiese sottovoce a sua moglie.

- Mi pare meglio: non si è mai svegliata: solo ha sospirato tre o quattro volte, come se fosse oppressa.

- Che orribili convulsioni!

- Ne aveva anche in collegio, ma erano meno forti.

- Tu perchè non vieni a dormire?

- Non posso, Andrea: questa poverina non la lascio sola.

- Resto io.

- Non conviene, sai.

- Hai ragione. Ma l'aranciata non me l'hanno fatta.

- Vi debbono essere gli aranci e lo zucchero in camera.... ma sarà meglio che vada io: resta qui un momento; ora ritorno.

Allora egli s'inginocchiò presso il divano, mettendo la sua testa accanto a quella di Lucia. Ella si risvegliò dolcemente, non mostrò meraviglia, gli si appese al collo, lo baciò.

- Portami via - disse.

- Vieni, amore - e fece per sollevarla.

- Non posso: muoio, Andrea - e chiuse gli occhi.

- Domani.... - disse egli vagamente, temendo di vederla ricadere nella convulsione.

- Sì, domani, mi porterai via, lontano, lontano....

- Lontano, lontano, fiamma mia....

Tacquero. Ella parve udisse qualche rumore impercettibile, poiché gli disse, senza aprire gli occhi:

- Ecco Caterina.

Infatti, dopo un istante, Caterina rientrò in punta di piedi e trovò il marito seduto al suo posto.

- Non si è mossa?

- No.

- T'ho fatta la tua aranciata.

- Vuoi proprio vegliare?

- Sì, resto: tu non te ne hai a male?

E poiché era nella penombra, per dargli la buona notte, si rizzò e si fece abbracciare. Egli se ne andò, lento lento. Caterina vegliò sino al mattino.

Adesso tutte le lettere finivano: portami via. - Le lettere erano tutte disperate, adesso. Lucia scriveva le cose tragiche, con tale una terribile concisione che egli aveva paura di aprire quelle lettere. Non vi era che peccato, maledizione, suicidio, morte, dannazione eterna, il rimorso dell'inferno, lo stridore dei denti, il gricciore delle fibre, il fuoco. Essa aveva paura di Dio, degli uomini, di suo marito, di Caterina, di Andrea stesso: si sentiva avvilita, perduta, precipitata in un abisso senza fondo. - Morire, morire - esclamava nelle sue lettere. - Oh portami via, portami via! - esclamava ogni tanto. E appariva così veramente infelice, così veramente perduta, che egli s'incolpò di aver rovinato l'esistenza di quella donna, le chiese perdono come a una vittima, come a una martire. - T'ho assassinata: sono il tuo boia: sono il tuo carnefice - scriveva Andrea, che oramai aveva preso lo stile di lei e le formole e il lirismo fantastico.

Finiva l'ottobre. Un giorno, a tavola, di domenica, Lucia annunziò tranquillamente che il prossimo martedì sarebbero partiti, malgrado il proverbio.

- Credevo che sareste rimasti con noi, sino a san Martino - disse dolcemente Caterina.

- Gli è che ad Alberto si è un po'inacerbita la tosse, per l'umidità di questo ottobre piovoso. La nostra casa, in via Bisignano, è molto asciutta. Tutto è pronto.

- Del resto, mi sento meglio - soggiunse Alberto - mi sono ingrassato, credo. Ho dovuto mettere la cinghia dei calzoni più larga. Questa villeggiatura è stata la mia salute.

- Mi dispiace che Lucia non sia stata tanto bene - osservò Caterina.

- Che importa? - disse l'altra, con noncuranza - non vi date pensiero di me. Io sono una creatura disgraziata e malaticcia. Ma questo tempo, passato qui, a Centurano, è stata, Caterina mia, l'epoca più luminosa, più armoniosa della mia vita; è stato il punto più elevato della mia parabola: dopo di esso, non vi può essere che una rapida discesa verso l'eterno silenzio, l'eterna oscurità, l'eterna solitudine.

Andrea non aveva aperto bocca, ma la sera le scrisse un biglietto supplichevole, scongiurandola a voler restare qualche altro giorno. Non poteva pensare che ella se ne andasse. A Napoli non lo avrebbe amato più. Egli non voleva lasciarla andar via. Era la sua Lucia: perchè se ne andava? Se non restava, egli l'avrebbe seguita, subito. Pensasse.

Fu inutile. Lucia volle andarsene. Egli si urtò contro una volontà di ferro, contro una volontà che mirava, diritta, al suo scopo. Lucia gli rispose uno, due biglietti durissimi, con cui lo atterrò. Voleva andarsene, la lasciasse partire in pace. Voleva andarsene: perchè la tratteneva? Voleva andarsene, poiché soffriva tanto, poiché era così disgraziata. Voleva andarsene, a piangere altrove, a disperarsi altrove. Voleva andarsene, egli non aveva il diritto di trattenerla, quando la rendeva così infelice. Voleva andarsene, per non morire a Centurano.

E se ne andò. Solo, gli addii furono strazianti. Lucia piangeva dalla mattina, dovendo partire a mezzogiorno. Ogni cosa che vedeva, diceva: è l'ultima volta che la vedo - ogni cosa che faceva: l'ultima volta che la faccio. - Caterina era pallida, frenando le lagrime a stento. Alberto borbottava, commosso anche lui, perchè Lucia era commossa. Andrea vagolava per la casa come un fantasma, toccando gli oggetti, quasi si volesse assicurare della propria esistenza. Lucia lo evitava, non gli dirigeva la parola: soltanto gli levava in faccia gli occhi pregni di lagrime. Fecero colazione in silenzio: nessuno mangiò. Dopo, Lucia prese Caterina e se la condusse in camera: là le gettò le braccia al collo e singhiozzò, ringraziandola di quanto fosse stata buona con lei.

- O angelo, o angelo, Caterina mia, per quello che m'hai fatto, possa tu essere felice! Dio tenga la sua santa mano sulla tua casa: vi faccia entrare l'allegria e rimanere l'amore. Ti possa Andrea amare sempre più, ti possa adorare come una Madonnina....

L'altra le accennava di tacere, non potendosi più frenare: si baciarono più volte. Uscirono in salotto, Lucia con gli occhi gonfi.

- Addio, Andrea - disse Lucia.

- Lasciatemi venire sino alla stazione - mormorò lui.

- No, no, è peggio. Addio. Grazie. Che il Signore vi benedica....

Singhiozzando, scappò via. Dal balcone vi furono saluti, e uno sventolare di fazzoletti fino a che la carrozza non svoltò verso Caserta.

Marito e moglie rimasero soli, l'uno in faccia all'altro. D'improvviso, la casa parve fosse deserta, e le stanze parve fossero diventate immense, Un freddo vi piombava. Caterina si chinò a raccogliere qualche cosa di bianco: era il fazzoletto di Lucia, e su quel fazzoletto Caterina si mise a piangere, chetamente, con certi lamentii di bambino, a cui hanno tolta la madre. Andrea sedette accanto a lei, sul divano, le appoggiò la testa sulla spalla, come nel tempo antico, e pianse anche lui. Due sole lagrime: bollenti, brucianti, sacrileghe.

PARTE QUINTA

I.

Il biglietto diceva così:

"Non ho potuto resistere senza te. Ho detto che me ne andavo a caccia e sono venuto a Napoli. Te ne scongiuro, fa che io ti vegga per un momento solo! il tempo di dirti che t'amo più di prima.

"ANDREA".

La risposta tardò ma venne.

"Domattina, alle dieci, fa trovare una carrozza chiusa nel chiostro di Santa Chiara, innanzi alla porta piccola della chiesa. Lo sportello aperto, le tendine abbassate. Vengo, per un momento, per dirti addio.

"LUCIA".

Egli si aggirò tutta la notte nella camera d'albergo, rileggendo quel biglietto buono e crudele, inesplicabile, come colei che lo aveva scritto. Il temperamento saldo di Andrea, dalle sorgenti ricche di vitalità, si era guastato, il sistema nervoso si era corrotto, i muscoli si erano ammalati di fiacchezza. Egli ricercava invano la forza dei suoi pugni, la solidità dei garretti che non piegavano: era diventato debole, come se le gambe non lo potessero sostenere. Questo stomaco, dalle cui meravigliose facoltà digestive dipendeva tutta l'armonia di quell'organismo, aveva perduto l'appetito. Egli era giunto a prendere i gusti di Lucia, i bicchieri d'acqua gelata, quelli appena coloriti di vino, le vivande stuzzicanti, i dolci: le costolette sanguinanti lo nauseavano, come nauseavano lei. Si sentiva infermo. Non sentiva in sé, e attorno a sé che un solo rimedio al suo morbo: Lucia. Ella sola poteva guarirlo, ridare ai suoi polsi fiacchi il vigore, fargli correre furioso e ricco il sangue per le vene, restituirgli quella serenità fisica che viene dall'equilibrio, ridonargli quella gaiezza esuberante, quella contentezza della vita che aveva perdute. Egli era infermo per la mancanza di Lei, per una privazione ingiusta: sentiva che al primo bacio, alla prima giornata d'amore, sarebbe rinato, bello, forte, caldo, sfidante la mala fortuna e il dolore. E, a questa visione, egli chiudeva gli occhi, come abbarbagliato dal sole.

- Lucia, Lucia!- andava ripetendo, pallido, coi capelli disordinati, la camicia aperta al collo, poiché respirava male: egli non pensava ad altro che all'appuntamento del domani e a quello che gli avrebbe detto Lucia, e come lui l'avrebbe dissuasa dal dirgli addio. L'avrebbe dissuasa, n'era certo: perchè, senza Lucia, egli sarebbe morto e non voleva morire. Mille progetti stravaganti gli si affollavano nella fantasia. Sognava d'inginocchiarsi davanti a lei, di dirle tranquillamente: Sono venuto qui per essere ucciso da te. - Avrebbe portato una rivoltella e gliel'avrebbe offerta. Ella non lo poteva uccidere se lo amava. Sognava di non rispondere nulla ai suoi ragionamenti, se non continuamente: Ti amo, ti voglio. - Sognava di tacere sempre, ma di baciarla, di baciarla, di baciarla, sino alla stanchezza mortale delle labbra. Quando l'alba livida di novembre sorse, trovò Andrea con gli occhi ardenti che guardavano ancora le inafferrabili allucinazioni della sua fantasia, con la bocca riarsa. Egli uscì alle sette, per le vie di Napoli, sotto una pioggerella minuta minuta, lasciandosi bagnare. Alle otto era già in carrozza, passeggiando su e giù per Toledo, con le tendine abbassate, lungo disteso, il cappello sugli occhi, facendo suonare ogni cinque minuti il suo cronometro.

La pesante portiera di pelle imbottita, col paramano di ferro chiodato, ricadde dietro la signora, vestita di lutto profondo, di lana nera. Poca gente nella chiesa di Santa Chiara: è una navata sola, tutta allegra di dorature, di larghi finestroni, di pitture fresche e vivaci: un salone, piuttosto che una chiesa. Lucia prese l'acqua benedetta, si segnò profondamente rivolta all'altare maggiore, poi s'inginocchiò davanti all'altare dell'Eterno Padre, miracoloso altare, circondato di ex-voto di cera, di argento, in quadretti rossi e turchini. Essa, genuflessa sullo scalino di marmo, appoggiata la fronte alla balaustra di marmo, parlava mentalmente all'Eterno Padre, dicendogli che se egli aveva voluto così, poiché il destino era quello, poiché lei obbediva ai misteri della Provvidenza, almeno che le desse consiglio in quell'ora suprema. L'Eterno Padre aveva voluto buttarla in quello stato di dolore in cui ella aveva tutto perduto, pace e felicità: ora, la sostenesse, la illuminasse per ritrovare la sua via. Quale era la sua via, dunque, la via della giustizia? Lasciare Andrea perchè egli commettesse qualche eccesso? Darsi a lui, ingannando sempre? Darsi a lui, palesemente? Ella parlava all'Eterno Padre, umilmente, aspettando il lampo divino dello Spirito Santo, che rischiarasse la sua terribile posizione.

- O Padre, o Padre, voi voleste che ciò fosse! Ora aiutatemi voi.

Si levò di lì, dopo tre Pater noster finali. La grazia non era venuta; l'Eterno Padre non le aveva fatto sentire la sua voce: ella si rialzava inutilmente dalla preghiera. Dio, il Padre, non aveva inteso. Attraversò la lunghezza della chiesa e andò, barcollante, a cadere innanzi all'immagine della Madonna, un'antica Madonna delle Grazie, dal viso scialbo e dai grandi, pietosi occhi azzurri, che pare vi guardino, che pare chiamino, che pare seguano il credente che si allontana. Lucia parlava alla Madonna della sua pena, della sua infelicità.... e col capo abbassato sulla balaustra, la bocca sul marmo, piangendo e singhiozzando silenziosamente, ella le diceva:

- O Vergine Santissima, voi soffriste come madre, io soffro come donna. Voi non provaste lo strazio di questi dolori, ma dal cielo li vedete e li comprendete. O Vergine Santissima, io fui senza volontà in questo peccato. Dinanzi alla misericordia divina, io sono innocente e infelice. Fui trascinata, vinta, poiché le mie forze erano deboli, poiché le aveva affralite la sventura, inflittami da cielo. O Vergine Santissima, io posso anche ave peccato, ma non sono una malvagia, sono un essere bersagliato, torturato, di cui tutti si fanno zimbello. O Vergine Santissima, come a voi, hanno immerso anche a me nel cuore sette spade di dolore; come voi, sono quindici anni che ho anch'io la truce visione del martirio. O Vergine Santissima, io sono la più alta tribolazione che sia sulla terra. Il mio cuore sanguina, il mio cervello è stretto in una scatola di piombo, i miei nervi sono ritorti da una mano di ferro, la mia bocca è arida. Madonna, aiutatemi voi, consolatemi voi. O Madonna, che non avete conosciuto l'amore umano, pietà di chi lo conosce, immenso, ardente, divorante. O Madonna, che non conoscete il desiderio, pietà di chi lo ha in sé, lungo, insaziato, feroce. O Madonna, ditemelo voi: debbo io darmi ad Andrea?

Ma gli occhi supplici di Lucia si rivolsero invano al volto pallido della Madonna: la Vergine seguitava a guardare, coi medesimi occhi compassionevoli, Lucia che pregava e una femminetta che recitava il rosario e si batteva il petto. Allora Lucia disse la metà del rosario, su quel frammento in lapislazzuli. A un Pater noster si fermò, cavò l'orologio: erano le dieci. Finì per pregare solo con le labbra, distratta, sdegnosa, poiché la grazia divina non era venuta a lei. Tutti l'abbandonavano alla sua sorte, anche Dio, anche la Madonna: povera foglia staccata dall'albero e travolta nel vortice del destino. Era inutile: tutti contro lei, tutti la lasciavano senza difesa, senza soccorso. In quell'ora nera, l'ingratitudine del mondo e l'indifferenza del cielo le furono palesi.

- Fiele e aceto, fiele e aceto: è la bevanda che dettero a Cristo - andava ripetendo tra sé, riaccomodando le pieghe del suo abito nero e abbassandosi il lungo velo di crespo nero sulla faccia.

Di nuovo, avvicinandosi all'altare maggiore, s'inchinò, si segnò, disse un Gloria Patri vago, per abitudine. E fu con un gesto di decisione che ella infilò la porta piccola e lasciò sbattere la portiera.

La carrozza a due cavalli, un landau di nolo, stava ferma ai cinque gradini. Tutto il chiostro, largo, quadrato, era deserto. Guardavano forse le nobili suore, di dietro alle graticciate? Pioveva fino fino; il cocchiere immobile, indifferente, si riparava sotto un ampio ombrello. La carrozza portava la lettera M e il numero 522. Lo sportello verso la chiesa era aperto. Tutto questo vide Lucia. Discese con passo fermo, senza guardarsi intorno, fu di un salto solo nella carrozza. Una voce gridò al cocchiere: A Posilipo - lo sportello si richiuse d'un colpo. La carrozza partì.

- O cara, cara, cara - mormorava Andrea, cercando di abbracciarla.

Ella si sciolse e ridendo ironicamente, gli disse:

- Sapete che la nostra posizione si trova nella Madame Bovary? È un romanzo di Flaubert.

- Io non l'ho letto. Come puoi essere così cattiva a dirmi queste cose?

- Gli è che noi facciamo del dramma borghese o del dramma provinciale, che vale lo stesso.

- Non so niente io: so che ti amo.

- Era tutto quello che volevi dirmi? - domandò lei ghignando.

- O Lucia, sii umana. È vero che io ho perduto ogni spirito, ogni dignità: ma è per amore di te. Pensa quanto ho sofferto in questi tre giorni. Volevo andare a buttarmi dai ponti della Valle, per la disperazione.

- Chi dice di voler suicidarsi non lo fa.

- Ma se ti amo, non voglio morire. O cattiva, non mi hai dato un solo bacio.

- Non vi sono più baci pel nostro amore - sentenziò lei.

Vestita di nero, col velo ancora abbassato, nell'ombra verde delle tendine, senza che si vedessero nè i piedi nascosti sotto la gonna, nè le mani nascoste sotto i guanti, senza un filo di bianco nella sua persona, ella aveva una apparenza tragica. Un vivissimo senso di paura fé trasalire Andrea e gli parve di essere perduto, irresistibilmente perduto, per una strega maligna. Ma come ella si mosse e il noto profumo d'ambra si svolse nel piccolo ambiente, quella vivezza di paura scemò, scomparve.

- Che hai? - disse lui, non trovando nulla da dire, disanimato, vedendo svanire i suoi progetti.

- Nulla.

- Mi ami?

- Ti amo - fu la risposta glaciale di Lucia.

- Quanto?

- Non lo so.

- Perchè hai detto che non vi sono più baci pel nostro amore?

- Perchè tu sei come Siebel, maledetto da Mefistofele. Siebel non poteva toccare un fiore, senza che avvizzisse e morisse. Tu mi hai baciata e io avvizzisco e muoio. Non vi sono più fiori per Margherita, non vi sono più baci pel nostro amore.

- Ho compreso - disse Andrea, ma era trasognato, addolorato.

- Era questo che ti volevo dire. Noi dobbiamo lasciarci.

- No - gridò Andrea, in collera.

- Sì: è la dura legge del dovere che lo impone.

- Il dovere è una cosa, l'amore è un'altra.

- Appunto per questo. Ami tu Caterina?

- Amo te - e chiuse gli occhi.

- Ebbene, sei più felice di me, io amo Caterina, io amo Alberto: sono per me due esseri adorabili.

- Tu ami troppe persone - osservò lui, amaramente.

Cercò prenderle una mano; ella si schermì. Fuori, la pioggia cresceva, la carrozza rotolava, senza rumore, sul selciato bagnato di S. Lucia.

- Il mio cuore è largo, Andrea.

- Tu devi amare me solo.

- Non posso. Io amo tua moglie e mio marito, non posso sacrificarli a te. Diciamoci addio.

- Non posso, Lucia. Io debbo amarti, sempre. Tu devi essere mia.

- Mai, mai, mai.

- Ma non hai tu paura di me? - le gridò lui, rosso in viso, furibondo. - Ma credi di potermi dire impunemente tutto questo? Non hai paura che io ti uccida? Non potrei farlo oggi stesso?

- Serviti pure - disse ella, tranquillamente.

- Perdonami, Lucia: sono uno sciocco e un selvaggio. Sei la mia vittima, lo comprendo. Ti rendo infelice e ti maltratto anche. Tutti i torti sono miei. Vuoi tu perdonarmi? Dimmi che mi perdoni.

- Ti perdono - e gli porse la mano, che egli baciò, umilmente, sulla pelle del guanto.

- Sentimi bene, Andrea - riprese ella: - dopo ti persuaderai che io ho ragione. Dolente, ma volenteroso, mi darai l'ultimo addio. Mi ascolti?

- Parla pure. Tu non mi convincerai, perchè ti amo.

- Ti convincerò, lo vedrai. In quello che accade, in questo dramma tumultuoso e tenebroso, io non ho colpa, tu lo sai. Io non cercavo l'amore, io non cercavo te. Avevo sposato Alberto, facendogli sacrifizio di tutta la mia vita, volentieri, con affetto. Ti avevo fuggito prima: ti ho ritrovato poi, due volte, sul mio cammino, col tuo amore crescente, invadente. Non volevo, non volevo, tu sai che io non volevo. Puoi dirlo?

- Sì, posso dirlo: tu non volevi - ripetè Andrea, come un'eco.

- Rendimi questa giustizia. Ho combattuto, palmo a palmo, con te che mi amavi, con l'amore che mi voleva. Ho vegliato, ho pianto, ho chiesto pietà al cielo: muto il cielo, muto il mondo, inesorabile il destino, implacabile statua di bronzo, senza viscere, che le lagrime umane non arriveranno mai a commuovere. È la fatalità che lo ha voluto.

- La fatalità, la fatalità - ripetè Andrea, convinto.

- Ora, io mi sento pura di colpa, quantunque più volte la mia delicata coscienza mi abbia fatto dire che sono un essere malvagio. Con la fatalità non si combatte: noi abbiamo chinato il capo e abbiamo amato. O Andrea, non dovrei dirtelo, ma l'ora è suprema, e qui le anime si debbono rivelare nude di ogni artificio: io ti ho tutto sagrificato....

- Tu sei un angelo....

- No, sono una misera donna che ama e che intende il sacrificio. Pace, tranquillità, doveri coniugali, doveri di amicizia, serenità di coscienza, amore mistico, tutto mi hai preso. Che mi puoi dare tu in cambio?

- Ahimè! io non posso che amarti - egli disse, desolato della propria miseria.

- L'amore non è tutto, Andrea.

- È tutto per me, Lucia.

- Faresti tutto per l'amore?

- Tutto.

- Di'la verità, parla come se tu fossi in agonìa, per passare innanzi all'Eterno tuo giudice: faresti tutto?

E gli aveva prese le mani, lo guardava negli occhi, fisamente, ardentemente, quasi volesse trargli fuori l'anima. Andrea, semplicemente, nella reddizione completa della sua vita, disse:

- Tutto.

Ella si lasciò baciare tutte due le mani. Pensava. Poi sollevò un poco la tendina verde e guardò nella via. Pioveva sempre, più forte anzi, di traverso, certe gocce come aghi di acciaio, lunghe e acute. Erano a Mergellina. Sotto la pioggia il mare era di un bigio sporco e una bruma avvolgeva la macchia verde della Villa, la macchia brulla del forte Ovo. Non una barca, non una vela sul mare.

- Che desolazione - mormorò Lucia - sulla terra e sul mare! Il nostro amore è malaugurato.

- Lucia, Lucia bella, non dirle queste cose. Non mi hai dato un bacio, da che sei entrata.

- Il bacio è il tuo ritornello. Baciami pure.

Sollevò il velo, lo gettò indietro, si lasciò baciare sulle labbra che restarono chiuse e fredde. Egli si staccò, umiliato:

- Sei senza passione: io ti sono indifferente - le disse.

- Ma non capisci tu, sciagurato, che io non posso appartenerti? Non capisci che salirei alla più alta felicità essendo tua, e che me ne privo? Non capisci tu la rinunzia alla gioventù, alla passione, alla vita, che faccio io? O il disgraziato che non capisce e che mi fa spasimare!

- Io ti ammiro, Lucia. Niuna donna ti vale e io non ti merito.

Il cocchiere si fermò. Erano arrivati a Posilipo, sulla via che passa tra le ville salienti alla collina e le ville digradanti al mare.

- Va ai Bagnoli - gli disse Andrea, dallo sportello.

- Dove mi conduci, Andrea?

- Lontano....

- No: ho da tornare in città. Alberto mi aspetta.

- Non parlarmi di Alberto.

- Parliamone invece. Egli è ammalato. Gli ho detto che andavo a confessarmi. Tu mi devi ricondurre presto a casa.

- Io non voglio ricondurti più - disse egli energicamente.

Lucia lo guardò, interrogandolo; ma un fugace sorriso le aveva carezzato le labbra.

- Tu devi stare con me, tu devi venire con me: io non ti lascio, Lucia.

Ella non rispondeva, contemplandolo, esterrefatta.

- Tu impazzisci, Andrea.

- Non impazzisco, Lucia. Parlo sul serio, la mia volontà è ferma.

La carrozza si fermò, era la spiaggia dei Bagnoli.

- Scendiamo un poco. Qui è deserto e piove: nessuno ci vedrà.

Egli ubbidiente, aprì lo sportello, l'aiutò a scendere, le dette il braccio. La carrozza rimase sulla via, essi discesero sulla spiaggia, sotto la pioggia fine, immergendo i piedi nella sabbia molle. Il paesaggio, deserto, era avvolto nella umidità acquitrinosa. Dinanzi a loro Nisida, l'isola dei galeotti, si faceva nera sul fondo chiaro dell'orizzonte. Lì sotto, il mare era bruno, torbido, come se fossero venute a galla tutte le mostruosità livide del fondo: lontano, verso Baia, diventava di un bianco argenteo e gelato. Alle loro spalle, la trattoria dei Bagnoli aveva tutte le sue finestre chiuse, il pergolato nudo; la facciata gialla si macchiava per la pioggia. Poi, dietro, si allargava, bigia, incassata fra le colline, la pianura dei Bagnoli, dove i soldati vengono a fare le manovre, dove i duellanti napoletani vengono a battersi.

- Pare un paesaggio del nord - disse ella, stringendosi al braccio del suo cavaliere - un paesaggio triste e morto. Non è la Bretagna, poiché la Bretagna ha i suoi scogli irti e i picchi disperati. Non è neppure l'Olanda, poiché la Schelda è bianca, grassa, placida, immersa in una nebbia lattea. È la Danimarca, è Amleto che guarda, con gli occhi pensosi, dove la follìa si concentra, il Baltico che si fa grigio.

Egli stava a sentire, seguendo solo il suono musicale di quella voce che gli vibrava nell'anima. Si bagnavano a quella pioggia sottile, lanceolata, ma non se ne accorgevano.

- Sei mai venuto qui, Andrea, quando il paesaggio era azzurro?

- Oh sì: vedi, lassù, dietro quelle finestre chiuse, in un grande stanzone di osteria, mi son battuto.

- O amore mio, con chi?

- Con Cicillo Cantelmo, un amico.

- Per chi?

- .... per una femmina.

Un silenzio imbarazzante si fece.

- Come io non so nulla della tua vita, Andrea - riprese ella, con dolcezza, attaccandosi sempre più al suo braccio, avviticchiata a lui. - Io ti sono estranea.

- Il passato non è amore. Tutto quello che fu, è morto.

- O amore, io sono morta, io sono morta alla gioia.

- Lasciati portar via da me: sul mio cuore, rinascerai.

- Tu parli oggi come un poeta, Andrea, come un sognatore.

- Sei tu che mi hai insegnato questo linguaggio: io non lo conoscevo: io non avevo mai sognato. - Lucia, vientene via con me.

- È tardi, è tardi - riprese lei. - Torniamo, in carrozza, torniamo a Napoli.

Tornarono in carrozza, rientrarono in quel piccol nido verde, separato dal mondo esterno. Erano ambedue tristi. Come presero la via di Fuorigrotta, Lucia trasalì, si rivolse ad Andrea:

- E l'avvenire?

- Non pensarvi: lascialo giungere.

- Tu sei sempre un fanciullo, Andrea.

- No: sono un uomo, lo vedrai. Vuoi tu affidarti?

- Ho paura, ho paura - e si avviticchiò a lui.

- Di che hai paura?

- Non lo so.... Ho paura di perdermi. Questa amore è una rovina, Andrea. Io lo conosco l'avvenire. - Vuoi tu che te lo dica? Vuoi che ti descriva i due destini che ci aspettano?

- Dillo, ma dammi le tue mani: dillo, ma sorridi.

- Noi abbiamo due vie. La prima è quella del dovere. Al finire di questa passeggiata, malinconica e cupa, sotto la pioggia, in questa carrozza che sembra un convoglio funebre, condotto da uno spettro di cocchiere, darsi un bacio gelido e dirsi addio. Rinunziare all'amore. Separarsi per tutto il tempo, non ritrovarsi mai. Riprendere, tu, presso Caterina, io, presso Alberto, quella vita arida e secca come la pomice, quell'esistenza volgare e borghese, che uccide l'anima. Quanto fu splendido sogno, quanto fu realtà seducente, dimenticare: ecco l'avvenire.

- No, non posso.

- Ce n'è un altro di avvenire. È il peccato ipocrita, è la colpa segreta, è l'adulterio pauroso e tremante, che si avvilisce, che inganna, che si bacia di nascosto, che dipende dai servi, dai portinai, dai postini, dalle cameriere, da tutti. È quello che abbiamo fatto sinora: è la odiosità, è la volgarità, è il modo di tradire come tutti tradiscono. Amare, come tutti gli altri amano! Rifare, quello che centomila hanno fatto! È indegno di una donna come me, è indegno di un uomo come te.

- Una volta mi dicesti che l'inganno è una pietà - mormorò lui. - Tu ami Caterina e Alberto: in questo modo li salveresti.

Ella squadrò Andrea, questo suo scolare che aveva imparato così bene le sue teorie amorose e che ella faceva giungere sino a rinnegare la verità. Egli aveva profittato troppo. Egli era già giunto alle sottigliezze sentimentali.

- Allora - disse Lucia cupamente - poiché io non potrò mai rassegnarmi a nascondere l'amor mio, poiché io non posso più ingannare, meglio è lasciarci.

- No, non posso.

- Meglio è lasciarci.

- Non posso. Se debbo lasciarti, muoio.

- E che ho da fare io? Non ci è via di scampo. Muori. Morirò anche io.

E rivolta la faccia verso la parete della carrozza, distese i piedi, incrociò le braccia come se aspettasse la morte.

- Ti ho lasciata parlare - disse egli, pacatamente, con un tono decisivo - perchè me lo hai chiesto. Ma io ho il mio progetto, l'unico, il migliore. Tu non vuoi l'adulterio borghese? Ebbene noi avremo l'adulterio sfacciato, lo scandalo clamoroso. Noi partiremo insieme, da Napoli....

- No! - gridò ella, covrendosi la faccia per l'orrore.

- .... partiremo insieme, per non ritornarvi più. Noi ricominceremo altrove, a Londra, a Parigi, a Nizza, in Bretagna, dove tu vorrai, la nostra vita. Napoli non esisterà più per noi. Poiché era destinato che io dovessi amarti, che tu dovessi amarmi, paghiamo il debito al destino.

- Fatalità, fatalità! - e si torceva le braccia disperata.

- Fatalità! - ripetè Andrea amaramente. - Non dovevamo amarci prima. Ora non è più tempo, è troppo tardi, tu mi appartieni.

- O Caterina, o Alberto! - diceva ella, piangendo.

- È la fatalità, Lucia.

- Mio marito, la mia migliore amica! - e i singhiozzi le rompevano il petto.

- Te lo ripeto, hai il cuore troppo grande. Io amo te sola: me solo tu devi amare.

- Che strazio, Andrea!

- Non mi hai tu detto cento volte: portami via? Ecco che ti porto via.

- Porterai teco un cadavere, uno spettro pallido di rimorsi.

- Allora scegliamo l'inganno, l'amore che fanno tutti e che tu non vuoi fare.

- O mio Dio, che supplizio è questo? Io non me lo meritava.

D'improvviso si fece notte. Ella gettò un grido di spavento.

- Niente, è la grotta. Non temere di nulla. Io ti amo.

- Ma questo amore è una sciagura, è una tragedia.

- Non era questo che mi dicesti nel parco?

- Sì - disse ella, atterrata.

- Ebbene, Lucia, io passerò la mia vita a chiederti perdono di averti votata a questa sventura. Io t'ho resa una vittima, lo so. T'ho perduta, lo so. Ti chieggo un sacrificio enorme, lo so. Ma tu sei la donna del sacrificio, tu sei l'esempio della più nobile abnegazione; tu sei la stessa virtù, la stessa purezza. Vedrai come saprò amarti, come ti adorerò.

- E Caterina e Alberto?

- Noi partiremo insieme, per non ritornare più - ribattè lui, ostinato.

- Ci danneremo, Andrea.

- Io ti porterò via. Chiamami pure carnefice, me lo merito. Ma vieni con me.

- Noi saremo infelicissimi.

- Che!

- Madonna mia, Madonna mia, perchè avete voluta la mia perdita?

- Vieni tu oggi o domani?

- Nè oggi, nè domani.... ho paura.... lasciami pensare, lasciami pensare. Sei spietato. Tutti sono spietati meco.

- Tu sei un angelo, Lucia: tu perdonerai. Oggi o domani?

- Sii umano, lasciami il tempo.

- Te lo lascio, amore mio. Aspetterò; poiché so che verrai.

Un pallido raggio di sole ferì la portiera, illuminò la carrozza. Lucia pareva trasognata.

- Mi lascerai alla chiesa della Vittoria. Là pregherò: di là andrò a casa, sono due passi.

- E io che debbo fare? Sei tu che disponi di me.

- Parti oggi stesso per Caserta. Fra cinque o sei giorni ritornerete a Napoli tu e Caterina. Allora.... avrò pensato. Ma tu non scrivermi, non venire, non comparirmi innanzi, non chiedermi appuntamenti. ...

- Ti sono odioso, è vero?

- Ti amo pazzamente. Ma ho bisogno di essere sola.

- Non mi odii, per il male che ti ho fatto?

- Ahimè, no. Tutti siamo capaci di fare il male.

- Tu no. Io sono malvagio, ma ti amo.

- Siamo giunti, Andrea, fa fermare.

- Lucia, pensa che non ci è scampo. Bisogna partire, assolutamente, bisogna. Dammi un bacio, o sposa mia.

In piedi ella si fece baciare.

- A quel giorno, Andrea - disse Lucia, con un gesto tragico, quasi gettasse via la propria vita.

- A quel giorno, Lucia.

Si richiuse lo sportello, la carrozza si allontanò, voltando pel Chiatamone. Ella fece per entrare nella chiesa, ma la trovò chiusa: restò colpita.

- Dunque anche Dio lo vuole. O Signore, ricordatevene nel giorno dell'eterno giudizio.

II

Caterina era ritornata con un certo piacere alla casa di via Costantinopoli, in Napoli: poiché a Centurano, sola, senza Lucia, senza Alberto, e sopratutto senz'Andrea che era andato quattro volte a caccia in quindici giorni per ripagarsi del tempo perduto, si seccava molto. In quei quindici giorni ella aveva fatto fare grande nettezza nella casa di Centurano, messe le fodere ai mobili, tolte le tendine: la camera di Lucia l'aveva lasciata intatta per l'anno venturo. La casa rimaneva affidata a Matteo. Finito questo, fu contenta di venirsene via.

Nei suoi quartieri d'inverno ella voleva fare molte innovazioni. Ne parlava lungamente con Andrea il cui consiglio per lei era prezioso. Per esempio la stanza da pranzo aveva bisogno di un parato nuovo; ma ella aveva pensato di far mettere, all'ingiro, sulla parete, uno zoccolo di legno di quercia scolpito, che salisse all'altezza della persona, un'idea che le aveva suggerito Giovanna Gabrielli-Casacalenda, maestra di eleganza. La spesa era un po'forte e Caterina aveva esitato qualche tempo, malgrado che Andrea le avesse dato facoltà di spendere. Erano ricchi, non spendevano la loro rendita, e la proprietà prosperava; ma ella era naturalmente portata all'economia. In quanto a rinnovare il salotto giallo, poiché Andrea lo trovava troppo sfolgorante e troppo provinciale, non sarebbe stata grave spesa, visto che il tappezziere se lo ripigliava tutto il mobiglio del salotto giallo, e ne avrebbe fornito uno in cambio a colori miti, e forme nuove. Ella interrogava spesso Andrea, che le rispondeva distratto, poiché egli era preoccupato per una lite, a proposito di un muro divisorio, in una casa loro, al Sedile di Porto. Egli esciva sempre, aveva conferenze con gli avvocati, discorreva col suo uomo d'affari. Giusto, quella mattina era escito alle otto, non era ritornato che alle undici, disfatto.

- Ebbene, come va la lite? - gli domandò Caterina a colazione.

- Male.

- Perchè? Il nostro vicino non vuole venire a una transazione?

- Non ci vuole venire, si ostina, dice che è nel suo diritto....

- Ma l'avvocato tuo che fa?

- Che cosa vuoi che faccia? Si dimena, come tutti gli avvocati, o finge di dimenarsi.

- Perchè non mangi?

- Ho poca fame. Sono nervoso.

- Dopo colazione potresti dormire un pochino.

- Ti pare? Ho da escire di nuovo.

- Al Tribunale? Questa lite ti farà ammalare.

- Mi guarirò, mi guarirò.

- Senti un po': se tu lo lasciassi fare il vicino?

- È questione di amor proprio. Ma tu hai ragione, forse.

- Gli è che è una noia questa lite. Stamane Alberto ha mandato a chiedere di te, e non vi eri.

- Chi, Alberto?

- Alberto Sanna.

- Che voleva?

- La cameriera m'ha detto che ti chiedeva perchè, costretto a stare in casa, voleva affidarti un affare. Particolarmente, poi, da parte di Lucia, mi ha detto che Alberto ha sputato sangue, iersera, nel sonno, che non se n'è accorto e che glielo nascondono. Ha anche detto che Lucia piangeva.

- Anche Alberto è un seccatore - disse egli, infastidito, stringendosi nelle spalle.

- È per Lucia che ne ho dispiacere. Chissà come soffre....

Egli tacque.

- Vorrei andarci oggi, per mezz'ora - azzardò ella.

- A che serve?

- Così, per consolare Lucia....

- Oggi io non posso accompagnarti, e sai che mi dispiace mandarti sola.

- Hai ragione, non andrò. Andremo insieme questa sera.

Avevano finito di far colazione, ma rimanevano a tavola. Andrea scherzava con le miche di pane.

- D'altra parte oggi verrà qui Scognamiglio, l'esattore. Porta del denaro che tu prenderai, e gli farai la ricevuta per me. Gli dirai che può dare una dilazione agli inquilini del terzo piano, numero 79, in via Speranzella. Sono povera gente.

- Gli ho da dire altro?

- Dagli la mesata sua.

- Centosessanta lire?

- Sì: fatti dare la ricevuta.

- Va bene. Vuoi ancora del caffè?

- Sì: dammene ancora. È debole oggi.

- Siccome sei nervoso.... Voleva dirti: andremo noi al ballo dell'Unione?

- .... sì.

- Posso farmi fare, per allora, un abito di broccato crème?

- Ti starà bene il colore?

- La sarta dice di sì.

- Esse dicono sempre così. Ma fattelo pure.

- Metterò le perle al collo.

Egli non rispose. Guardava nella sua tazza e pensava. Poi la fissò lungamente, tanto che Caterina se ne meravigliò.

- Orsù - disse poi, guardando l'orologio - io debbo andarmene.

Si alzò e ella lo seguì, com'era solita. Egli attraversò la casa, tutta: al suo scrittoio si fermò, cavò dalla scrivania un portafogli molto grosso e se lo pose in tasca.

- T'ingrossa - disse ella, ridendo.

- Non importa.

In camera egli gironzò un poco, come se cercasse qualche cosa dimenticata. Poi prese i guanti e il cappello.

- Dovresti prendere il paletôt: l'aria è rigida.

- Hai ragione, lo prenderò.

Finì di abbottonarsi i guanti: ella, ritta, lo guardava coi suoi occhi sereni. Egli si chinò e le dette un bacio, distratto, a caso. Poi si avviò, accompagnato da lei.

- A rivederci, Andrea.

- .... a rivederci.

Discese le scale: ella, dalla ringhiera del pianerottolo, gli domandò:

- Ritorni tardi?

- No. Addio, Caterina.

Lucia era rimasta a letto tardi. Nella notte, aveva detto ad Alberto, ella aveva avuto la febbre. Difatti le labbra erano aride e macchiate, gli occhi pesti, con una larga ombra di livido. Si era alzata alle undici, sfiaccolata, avvolgendosi in una veste da camera di raso nero, assistendo alla colazione di suo marito - due uova battute, nel caffè con latte, roba eccellente pel petto - reggendosi la testa con la mano. Ogni tanto, dei rossori le salivano alla faccia e ella respingeva i capelli indietro, sul collo, con un gesto vago di dolore.

- Che hai oggi? sei più triste del solito.

- Vorrei vederti bene, Alberto mio. Vorrei darti il sangue delle mie vene.

- E che? Sto tanto male, io?

- No, Alberto, no. È la stagione poco propizia per i petti delicati.

- O dunque? Ma capisco: tu sei tanto buona da allarmarti. Grazie, cara. Se non avessi te, a quest'ora sarei morto.

- Non dirlo, non dirlo.

- Eccola che piange, adesso, la mia creatura! Se ho scherzato! Sono uno sciocco, io; faccio certi scherzi stupidi che ti fanno piangere. Ti prego, non piangere più.

- Non piango, Alberto mio.

- Piglia un po'del mio caffè.

- No, grazie: non ho voglia.

- Piglialo, piglialo.

- Ho da fare la comunione, oggi, verso l'una.

- Ah!... scusami allora. Non capisco mai nulla. In che chiesa vai?

- Alla chiesa solita, Santa Chiara.

- Ma la tua pietà religiosa ti fa penare, cara.

- Tutto mi fa soffrire, Alberto mio. È il mio destino. Ma soffrire per Dio è bello.

- Facciamoci monaci tutti due, Lucia.

- Tu scherzi: ma io volevo farmi monaca sul serio. Fu mio padre che non volle. Faccia il Signore che egli non si penta mai di questo divieto.

- E perchè, Lucia? Pensa: se ti fossi fatta monaca, non avresti conosciuto me, non ci saremmo amati, e non saresti la mia moglie cara.

- A che serve l'amore, a che serve il matrimonio? Tutto è corruzione, tutto è putredine nel mondo.

- Lucia, tu sei lugubre.

- Perdonami, Alberto; ma la tetraggine, che m'infosca l'anima, si espande e contrista colui che amo. Sarò sorridente per non contristarti.

- Povera cara! so quanto ti costo. Ma vedrai, starò molto meglio, presto, e ci divertiremo in questo inverno. Avremo feste, balli, corse....

- Mai più sarò lieta.

- Lucia, vuoi ch'io ti sgridi?

- No, no: non parliamone più.

- Se tu devi andare alla tua chiesa, non hai che il tempo.

- Mi mandi via, Alberto?

- È mezzodì: fino a che arrivi lassù, a Santa Chiara.... anzi se ci vai più presto, ritorni prima.

- .... è vero, ritorno prima. Debbo andare, nevvèro?

- Certo. L'aria ti farà bene. Va a piedi: anche il cammino ti gioverà.

- Tu che farai intanto?

- Ti aspetterò.

- .... mi aspetterai?

- Sì: forse dormirò, sulla poltrona.

- Hai le mani calde, Alberto?

- Ma no: senti.

- Dolore al petto, ne hai?

-Niente: solo qualche puntura nelle costole, così, vagante: punture meccaniche, come dice il medico.

- Ma che pensi? Non vedi che sto meglio? Iermattina ho tossito dieciotto volte: stamattina, diciassette. Vi è una migliorìa.

- Alberto, mio, possa tu avere la salute!

- Ma sì: diventerò forte come Andrea. Ah, quel birbone di Andrea! Stamattina l'ho mandato a chiamare, ma non è venuto. È sempre in giro, lui: può uscire, malgrado il freddo. È fortunato Andrea. Ella stava a sentire, con gli occhi abbassati, con le braccia pendenti.

- Va a vestirti, va, cara.

Ella se ne andò, lentamente, voltandosi indietro a guardarlo. Ritornò dopo mezz'ora, tutta vestita di nero, coperta da un mantello di pelliccia, sotto cui nascondeva le mani. Venne e si sedette, come già stanca, accanto a lui.

- Non potrai andare a piedi, Lucia. Prendi una carrozza.

- .... la prenderò - diss'ella, con voce fiacca.

- Che hai lì sotto?

- Il libro di preghiere, il velo, il rosario.

- Tutto un bagaglio di pietà ha la mia monacella. Fatti santa, bella mia. Noi andremo tutti in paradiso mercè tua.

- Non ridere mai della religione, Alberto.

- Non rido mai delle cose in cui tu credi. È ora, core mio: va e ritorna presto.

Lucia gli buttò le braccia al collo, lo baciò sulla faccia scarna, e gli disse sottovoce:

- Perdonami.

- Ho da perdonarti, perchè tu prenda la comunione? Te l'ha detto il confessore? Ti assolvo.

Ella si curvò, profondamente. Poi si rialzò, guardò attorno con un'occhiata smarrita. Escì, vacillante, a capo basso: dopo un istante ritornò.

- Avevo dimenticato di salutarti, Alberto. Gli strinse la mano.

- Ricordati di me nella chiesa, santarella mia.

- Io pregherò per te, Alberto.

E se ne andò, alta, diritta, nera.

III.

Annottava da mezz'ora: nel crepuscolo di dicembre, l'aria si era fatta più rigida. Sotto il lume acceso, Caterina scriveva a sua cugina Giuditta, al collegio, che per l'altra domenica sarebbe andata a prenderla. L'orologio suonò le sei e mezzo.

- Andrea non viene - pensò Caterina - ho fatto proprio bene a dirgli di prendere il paletôt:queste sere si fanno fredde.

Finì la lettera, la chiuse, poi battè sul timbro. Venne Giulietta.

- Farete impostare questa lettera, col francobollo da un soldo.

- Debbo far preparare il pranzo?

- Sì: a momenti il signore verrà.

Ma il signore tardò sino alle sette, sino alle sette e mezzo. Caterina non s'impazientiva, solo aveva un segreto dispetto per questa lite del muro divisorio, che prendeva tutte le giornate di Andrea. Diceva anche fra sé che questa casa di Costantinopoli era un po'fredda e che ci sarebbero voluti dei caminetti. Quanto tempo ci vuole per costruire un caminetto? Andrea ne avrebbe avuto piacere.

Suonarono alla porta. Certo doveva essere Andrea. Invece entrò Giulietta.

- Questa lettera da casa Sanna e questa dalla piccola posta.

- Va bene. Andate pure: fate tener caldo il pranzo.

Sebbene fosse un po'disillusa, perchè Andrea non era giunto - ed erano quasi le otto - Caterina aprì con premura la lettera di casa Sanna:

"Signora Caterina, per carità, venite un momento.

"ALBERTO".

Il carattere era tutto tremolante, a sgorbi, di penna che vacilla fra le dita di chi scrive. La soprascritta era di un'altra calligrafia. Caterina ne fu sgomentata. Che poteva essere accaduto? Male ad Alberto, no, poiché avrebbe scritto Lucia: male a Lucia, allora, sicuramente. Chi sa che male, chi sa che cosa! Bisognava andare. Suonò il timbro:

- Fate attaccare, Giulietta.

Quella la guardò meravigliata ed escì. D'un tratto Caterina, che andava a prendere un cappello e uno scialle, si fermò. E Andrea? S'era scordata di Andrea? Se Andrea ritornava e non la trovava, sarebbe andato in collera. Che fare? Sedette un momento, raccogliendo le sue idee: non era abituata a queste posizioni difficili, ella che non aveva volontà a sé. Finalmente si decise a scrivere due righe ad Andrea, chiedendogli scusa se usciva, per una mezz'ora, lasciandogli la lettera di Alberto come giustificazione; sarebbe tornata subito: egli pranzasse. Mise questa carta bene in vista sulla scrivania e vi posò il fermacarte.

Dopo si trovò ancora fra le mani la lettera della piccola posta. - Sarà Giuditta - pensò.

L'aprì, distratta, pensando a quello che era potuto accadere a Lucia. Lesse:

"O Caterina, pietà di me, o Caterina, abbi compassione, pietà, pietà, pietà! Sono una infelice. Parto con Andrea. Sono una creatura sventurata, non mi vedrai più. Soffro, spasimo, parto, muoio. Abbi pietà!

"LUCIA".

Lesse un'altra volta, rilesse, lesse per la quarta volta. Si sedette, accanto alla scrivania, con la lettera fra le mani. Era stupefatta.

- È attaccato - entrò a dire Giulietta.

Caterina chinò il capo, come se dicesse di avere inteso. Poi si rizzò: sotto i piedi sentì roteare il pavimento.

- Se mi muovo, cado - pensò.

Stette ferma: il capogiro crebbe, i mobili girarono attorno a lei, gli orecchi le fischiarono, una luce abbagliante le colpì gli occhi.

- Muoio, mi pare - pensò.

Ma il capogiro decrebbe, i giri diventarono sempre più larghi, sempre più lenti. Finì. Allora tornò a leggere la lettera. La ripose nella busta, se la mise in tasca, e vi tenne la mano sopra. Poi andò in camera, all'oscuro, prese il cappello, prese lo scialle, ma non se li mise. Li portava in mano, anche in anticamera.

- Tornate presto, signora? - domandò Giulietta.

Ella la guardò, trasognata.

- .... sì, credo.

- Al signore che gli dico?

- Vi è.... sì, vi è un biglietto.

Discese le scale, entrò nella carrozza chiusa. Il cocchiere doveva essere stato avvisato da Giulietta, perchè non chiese indirizzo e si avviò per san Sebastiano. Caterina aveva posato lo scialle e il cappello dirimpetto a lei e, seduta in punta al cuscino, senza appoggiarsi, teneva ancora la mano sulla lettera, in saccoccia. Dai cristalli abbassati delle portiere entrava l'aria rigida: ella ne provava impressione, al collo, di malessere. Poi, non potette resistere e, al chiarore fugace dei lampioni a gas, rilesse, per la sesta volta, le parole di Lucia. Pel moto della carrozza, per le ombre subitanee che succedevano alle luci, le parole scritte balzavano avanti, indietro, sotto, sopra - e Caterina se le sentiva balzare dentro la testa, urtando la fronte, urtando la nuca, battendo alla tempia destra, battendo alla tempia sinistra.

Era un tempestìo di colpetti rapidi, un battito di tamburello sotto il cranio: ella crollava il capo, ogni tanto, come per vincere questa impressione. Piegò il foglio: l'impressione si attenuò, scomparve, e la stupefazione avvolse di nuovo quel cervello.

Ella salì lentamente le scale, portandosi bene stretto il suo scialle, per un moto macchinale. Trovò la porta aperta, spalancata: nell'anticamera la cameriera parlottava vivamente col servitore, puntando il suo discorso di gesti espressivi. Quando la videro entrare, pian piano, vestita da casa, senza cappello, senza guanti, tacquero. Poi, come ella si fermava, presa da una indecisione, non comprendendo dove fosse, non sapendo che cosa fosse venuta a fare, la cameriera le disse sottovoce:

- Il signore l'aspettava.

Di quale signore parlava? Caterina guardava la cameriera, fisamente, senza batter palpebra.

- Il povero signore ha di nuovo fatto il sangue, verso le tre. Se ne è accorto questa volta: stasera, quando ha ricevuto la lettera della signora, si è fatto rosso, ha strillato, si è riscaldato, ha tossito, e ha buttato di nuovo il sangue, in salute vostra....

La signora, il sangue? Di che le parlavano?

- Ora vi accompagno di là, signorina. Ma fatevi capaci tutti e due: era una cosa che così doveva succedere.

A queste parole Caterina tremò tutta, da capo a piedi: uno sconvolgimento le attraversò il volto. Inchiodata al suo posto, guardava con gli occhi pieni di dolore la cameriera.

- E che ci volete fare, signora mia? Andiamo da quel povero signore.

La precedette: ella andò dietro, docilmente. Nel salotto di Lucia vi era un grande disordine. Arrovesciate le poltroncine; sfogliati, sparpagliati i quaderni di musica sul pianoforte; il cestello da lavoro capovolto, vuoto, rotolati i gomitoli, disperse le lane, giacente per terra, come un cencio, il grosso canevaccio che Lucia ricamava; il tavolinetto da scrivere con la cartella aperta, i cassetti vuotati, le lettere cadute sul tappeto: un campo di battaglia.

- È il signore che ha fatto questo. Pareva un pazzo - spiegò la cameriera.

Lasciarono a destra il salone, oscuro; entrarono nella camera. Una penombra vi regnava: vi era solo accesa una lampada da notte, dietro un cristallo opaco, posta in modo che il letto rimanesse in ombra. Silenzio profondo. Solitudine. Un acuto odore di medicina saliva nell'aria, insieme a quel puzzo speciale delle stanze degli ammalati. Caterina, istintivamente, aguzzò gli occhi e si avanzò verso il letto. Alberto vi giaceva, lungo disteso, supino, appoggiando la testa e le spalle a una pila digradante di cuscini. Era vestito, ma aveva la camicia lacera sul petto e le gambe avvolte in uno scialle da donna. Accanto a lui, sul tavolino da notte, boccette, fiale, bicchieri, ostie, scatoline rosse di pillole, pacchetti di cartelline di medicamenti sventrate. Di sotto il cuscino spuntava un fazzoletto, il fazzoletto bianco dove lui sputava. Dalla parte dove Lucia dormiva, nella viottola, era arrovesciato l'inginocchiatoio.

Caterina si chinò sul letto. Egli aveva gli occhi chiusi, la bocca semiaperta, donde usciva un respiro corto e lieve: appena appena si sollevava il petto. Egli aprì gli occhi e, vedendola, gli si gonfiarono di lagrime. Le lagrime discesero, lente, per le guance sparute, caddero sul collo: la cameriera cavò il fazzoletto dal taschino del grembiule, e glielo passò sulla faccia. Egli le fece un cenno con la mano, come per ringraziarla e per licenziarla.

- Volete un pezzetto di neve, ancora?

- Sì - fu un soffio fievole.

La cameriera lo prese da una scodella e glielo mise in bocca.

- La cartellina.... non è ora ancora?

- No: vattene.

Ella se ne andò pian piano, dopo aver fatto un giro per la stanza. Caterina era rimasta ritta, stringendo al petto il suo scialle. - Ora capiva tutto quello che vedeva e che sentiva: anzi la sensazione diventava così acuta che ella soffriva al rumore delle parole, che la luce le acciecava gli occhi, che quell'ammalato le appariva in tutta l'anatomia di un corpo etico, dal profilo a lama di coltello, al mento saliente e magro, al petto scheletrito, alle gambe miserabili. Ella sentiva troppo, vedeva troppo, capiva troppo.

- Venite più vicino e sedetevi. Io non posso alzar la voce, nè voltarmi. Potrebbe prodursi una nuova emottisi.

Ella prese una sedia, sedette di contro il letto, in modo da veder Alberto in viso, incrociò le mani in grembo e aspettò. Egli inghiottì con difficoltà il pezzetto di neve, poi, con quanta desolazione può esservi in una voce rauca e bassa, le disse:

- Avete saputo, eh?

A lei batterono le palpebre due o tre volte, ma non trovò nulla da dirgli. Alberto con gli occhi socchiusi, il mento sollevato e il capo affondato nei cuscini, non la guardava, fissava vagamente la tendina bianca del letto.

- Non me lo sarei mai aspettato, un tradimento simile. Ve lo sareste aspettato voi? No, è vero?

Ella accennò di no. Assolutamente non trovava la forza di parlare: pareva che la sua volontà, inerte, non giungesse più sino ai nervi.

- Lucia pareva che mi volesse tanto bene! Era così buona, non pensava che a me. Voi lo vedevate, come lo vedevano gli altri, quanto ella mi volesse bene. Come ha potuto farmi questo?

Egli si lamentava a bassa voce, risparmiando il fiato, non rivolgendosi a Caterina, lagnandosi alla stanza, al letto, alle cortine.

- Anche stamattina mi ha baciato, tre volte. Io doveva capirlo che ella se ne andava, non dovevo lasciarla escire.

Una tossettina agra gli raspò la gola.

- Datemi, datemi un pezzetto di neve.

Ella gli porse la scodella: Alberto, senza guardare, si mise un pezzetto di neve in bocca e tacque, ripigliando fiato.

- Vi ha scritto lei? - domandò poi.

Caterina cavò di tasca la lettera e gliela porse.

Alberto l'alzò all'altezza degli occhi e lesse, ansiosamente.

- Qui non vi è niente, nè dove vanno, nè a che ora partono. Ma io l'ho saputo, a che ora sono partiti. Sono partiti col treno delle due e mezzo, col diretto Torino-Parigi. Hanno impostate le lettere alla ferrovia. Andrea che vi ha scritto? Che dice lui? Perchè mi ha fatto questo? Che vi scrive?

- Nulla - rispose Caterina, e le cadde la testa sul petto.

- Nulla? Ma sono proprio due infami? Sono proprio due assassini? Sentite, sentite: è certo che essi mi hanno ucciso.

Si era quasi levato sul letto, strangolato da una rabbia impotente, stringendo il piccolo pugno, schiudendo la bocca per respirare, per poter gridare. Ella lo guardava, con gli occhi spalancati, colta di nuovo dallo stupore, che ogni tanto le immobilizzava il cervello.

- Voi dunque non avete ricevuto che questa lettera, voi dunque non sapete niente di quello che hanno fatto? Sapete solamente che se ne sono andati? Per questo siete così fredda? Dovreste sapere, dovreste sapere.... che infamia, che infamia....

Ella fece uno sforzo di volontà, rialzò il capo, si avvicinò a lui, lo interrogò con lo sguardo.

- Ve lo racconterò pian piano. Il medico mi ha raccomandato di non sprecare il fiato. Quando mi vedete troppo eccitato, fermatemi. Un tradimento orribile. Durava da un pezzo, sapete, dalla villeggiatura di Centurano. O Dio, eravamo così felici a Centurano....

Uno smarrimento si dipinse sul volto della donna che lo ascoltava: ma egli non ci pensava.

-.... invece quegli infami assassini ci tradivano. Anzi, che Centurano! È stato anche prima del mio matrimonio. Una sera che rimasero soli, a casa vostra, Andrea baciò Lucia, sul collo....

Caterina si contorse le mani, in grembo, come per una convulsione che non potesse espandersi.

- .... dopo, hanno fatto l'amore sotto i nostri occhi, scrivendosi, parlandosi, dandosi appuntamenti, con una sfacciataggine!... Non ci siamo accorti di niente. Tutto per quella dannata Esposizione! E che ne potevo sapere io, che mi avrebbero fatto questo? Sapete, si sono ancora baciati....

Egli stringeva i denti, narrando queste cose, gettando intorno intorno occhiate feroci, provando un piacere rabbioso, un'ebbrezza di collera, a ricordare tutti i particolari voluttuosi di quell'amore. Caterina, invece, tendendo il capo verso lui, conservava sul viso la sua espressione di sorpresa dolorosa.

-.... si sono baciati, i maledetti assassini. Egli me le ha morsicate le labbra umide e rosse della mia Lucia; quelle labbra che erano mie, solamente mie, egli me le ha prese, mettendoci i suoi grossi baci brutali, che le avranno fatte appassire. Vorrei che tu avessi respirato l'arsenico, la stricnina, in quei baci, e che ti avessero avvelenato nella loro dolcezza, brutto ladro, traditore. Ah! erano buoni i baci di Lucia, neh? Ah! ti son piaciuti e te li sei presi e te li sei portati via, ladrone di campagna, brigante, brigante....

Un colpo di tosse lo affogò: tossì lungamente, con la testa che sbalzava sul cuscino, col petto che palpitava, con un sonito ròco, come di membrana che si laceri. Tremante tutto, prese il fazzoletto e vi sputò entro. Con un gesto frettoloso e spaventato, si sollevò per vedere che avesse sputato, guardò con cura.

- È bianco - disse con un filo di voce, ricadendo sui cuscini, fiaccato, pallido ancora d'ansietà, il petto anelante come un mantice.

Si riposò per un pezzo, poiché l'accesso era stato forte. Ella aspettava, seguendo tutti i suoi movimenti. Quando egli aveva sputato, un piccolo moto di nausea le aveva fatto voltare la testa in là.

- Datemi un cucchiarino di codeina. È la bottiglina azzurra, che ha il cucchiaio accanto.

Caterina errò un poco con le mani sul tavolino da notte, non trovando quello che cercava. Quando gli versò la cucchiaiata, le sue dita tremavano. Egli bevette, la ringraziò, la guardò fiso, forse perchè quel tremore, quel silenzio e quella immobilità di lei cominciavano a colpirlo.

- Vi ha dovuto fare una grande impressione - mormorò. - Io era già sconvolto, mezzo morto, perchè avevo sputato certi fili di sangue. Subito avevo mandato pel medico, per Lucia, alla chiesa di santa Chiara.. Viene il medico, Lucia non viene. Non l'hanno trovata in chiesa. Mi dispero sempre più, vado, vengo, disordino tutta la casa. Quando ecco, arriva una lettera portata da un fattorino. L'apro, grido, cado per terra, mi mordo le mani e rompo un cristallo. Butto in aria mobili, tutto quanto ha appartenuto a Lucia. Se l'avessi potuta avere un minuto innanzi a me, ammalato, debole come sono, l'avrei strangolata. Dopo mi è venuto un impeto di tosse. Non ho sputato nulla. Poi un piccolo raschio: era rosso, rosso, rosso vivo, rosso fiammante. M'hanno ucciso, mi hanno ucciso....

La febbre della polmonite, che lo aveva accasciato in un sopore, sino al momento in cui era venuta Caterina, ora passava allo stadio acuto, crescendo di calore, salendogli dal petto infiammato alla testa, facendogli avvampare il cervello. Le sue idee, divenute incoerenti, si scomponevano.

- .... che è accaduto dopo? Non mi ricordo più. Vi ho mandata a chiamare, è venuto di nuovo il medico. Vedete che ho gittato a terra l'inginocchiatoio: volevo sfondarlo con un calcio, ma non ho potuto. Ella si è portata via la sua Madonnina bizantina. Ella era pia, era religiosa, si confessava, si comunicava: che poteva sapere io, che facesse questo e poi commettesse quell'orribile peccato! Ma sapete, come amanti non si erano presi ancora, aspettavano la luna di miele come due sposi.... infami, assassini.... si prenderanno stanotte, domani, mentre io agonizzo qui, solo, come un disperato, come un cane....

Ella ebbe un movimento di terrore, di faccia a quel piccolo energumeno, avvolto in uno scialle da donna.

- .... io le aveva sempre voluto bene - riprese lui, dopo una lunga pausa, parlando piano - l'ho sposata per amore, perchè era bella, perchè era buona, perchè era istruita, perchè parlava poeticamente, perchè era infelice in casa di suo padre. Della dote non mi sono curato, se era scarsa. Qualche amico mi disse allora che le donne sposano sempre per un interesse. Io non ci ho creduto. Ella mi scriveva certe lettere così belle! Oh, ella era famosa per scrivere lettere! Ne ha scritte a Galimberti che è impazzito, ne ha scritte a me, ne ha scritte a voi, ne ha scritte ad Andrea. Glie le dava nei libri, le metteva sotto l'orologio, dappertutto. Io doveva capire, che lei mi sposava per interesse. Sapete che cosa ha portato via, insieme con la Madonna? I suoi brillanti, i brillanti che le avevo dato io!

E un ghigno d'ironia apparve sulle livide labbra dell'ammalato.

- .... i brillanti, capite? Quelli di mamma mia, che era una donna onesta. Ella li porterà alle orecchie, per lui che le bacerà il collo; li metterà fra i capelli, ed egli bacerà quei capelli; li metterà sul petto, e lui dormirà su quel petto. O Dio, se ci siete, Dio ingiusto, Dio spietato, fatemi schiattare un'ora prima del tempo!

Un silenzio tetro regnò nella stanza, dopo questa imprecazione. Ella, un momento si era fatta indietro, riparandosi con le mani, quasi che temesse di quel delirante, a cui la febbre del sangue e la febbre del cervello ingarbugliava le idee, eccitava le forze, e dava loro la vigorìa fittizia di un uomo sano.

-.... ci hanno traditi dappertutto. In casa, all'Esposizione, in carrozza, dappertutto, dappertutto ce l'hanno fatta, come due babbei che siamo. Nel bosco, nel giardino inglese, si sono distesi l'uno accanto all'altro, in un letto di verdura! Si sono data la mano: per le scale, al primo pianerottolo, si sono baciati, mentre noi salivamo avanti. Sul terrazzino, all'angolo, si sono baciati di nuovo. È un orrore, è una vergogna quello che hanno fatto. Credo che i servitori se ne siano accorti a Centurano. Si saranno burlati di noi: quella canaglia avrà riso sulle nostre spalle....

Ansava, con due macchie di un rosso-mattone sui pomelli.

- E sapete perchè li chiamo assassini, perchè dico che mi hanno ucciso? Ne ho ragione, per Dio! Il più odioso, il più crudele di tutto questo, è che per essi, pel loro dannato amore, io mi son preso questo malanno, che mi sarebbe stato risparmiato. In una notte fresca, per una notte intiera, Lucia è stata fuori al balcone e Andrea pure: io ho dormito una notte intiera col balcone aperto, con l'aria fredda che mi entrava nei polmoni, che me li ha infiammati, che me li ha fatti ammalare. Essi si guardavano, si chiamavano, si buttavano baci: io pigliava la tosse, che mi è durata due mesi e oggi mi ha fatto sputare rosso....

La guardò: ella si nascondeva la faccia fra le mani, inorridita.

- Voi non capite, è vero, come io so tutto questo? Ve lo ricordate quel romanzo che stava scrivendo Lucia, ogni notte? Un'altra falsità. Non era un romanzo: era il suo giornale. Ogni giorno vi scriveva tutto quello che le accadeva, con tanti pensieri, con tante fantasie. Tutto l'amore vi è per filo e per segno, ogni sguardo, ogni bacio, ogni fatto. Oh vi sono brani magnifici di descrizione, vi sono cose bellissime, narrate lì dentro. È una lettura istruttiva, e interessante. Voi ne profitterete, se volete. Leggete, leggete, che vi divertirete.

E allora, sogghignando come un Mefistofele scarno e tisico, cavò di sotto il cuscino un grosso manoscritto, coperto di carta azzurra. Lo gittò in grembo a Caterina; ella lo lasciò là, senza toccarlo, quasi temendo di scottarsi.

- Sì - disse lui, giunto al colmo dell'amarezza - Lucia ha voluto che io sapessi come andò il fatto. Ha preso la Madonna, ha preso i brillanti, ha preso le lettere di Andrea, ma s'è voluta benignamente scordare il giornale. Leggetevelo dunque. È un bel romanzo, un bel dramma.

Era esausto. Lo sforzo febbrile lo abbatteva ora in una sonnolenza, con gli occhi socchiusi, le mani abbandonate e gialle quale la cera, su cui si gonfiavano le vene violacee. Caterina, nella penombra, sfogliava, sfogliava il giornale, macchinalmente, prima senza leggerlo, poi leggendo una frase qua e là, afferrando un'idea in mezzo alle lamentazioni fantastiche, trovando un fatto in mezzo alle divagazioni rettoriche, di cui era pieno quel manoscritto. A qualche punto trasaliva e smetteva di leggere, gittando il capo indietro. Egli, nel torpore, tossicchiava senza forza, senza aprire gli occhi. A un tratto, uno scoppio violento di tosse gli lacerò il petto: la tosse cominciava piano, strideva, si abbassava, pareva finita, ma ricominciava insistente, dura: nei brevi intervalli egli si lamentava, con un piccolo gemito, quasi non ne potesse più, tenendosi le costole. Poi sputò di nuovo: di nuovo fece quel gesto precipitoso per vedere. S'abbandonò, con un grido debole di dolore. Aveva sputato rosso. Ella aveva assistito a questa scena: quando vide il sangue, trasalì e chiuse gli occhi, come se svenisse

- Dunque, non mi giovano queste medicine? Questo medico mi conta delle frottole, dunque? Perchè non la ristagna questa emottisi? Ho mangiato tanta neve, ho preso tanto sciroppo di codeina, tanto acido gallico, per ristagnare il sangue! L'ho da sputare tutto il sangue? Perchè non mi ha dato questa sera l'ergotina, invece di domani, se è una medicina più possente?

I suoi gemiti di ammalato empivano la stanza, assidui, rôchi, tormentosi: egli aveva quella intonazione speciale degli infermi, a cui pare si usi la più grave ingiustizia, non guarendoli. Seguitava a prendersela col medico, con le medicine, con lo sciroppo che non gli calmava la tosse, con la neve inefficace, che non stagnava l'emottisi. Poi, brontolando ancora, finì per dire a Caterina:

- Scusate, datemi quella cartellina di acido gallico e un'ostia.

Con la pazienza di chi è abituato a queste cose, egli si fece la pillola, la ingoiò, facendo un atto di rassegnazione. Ella aveva chiuso il giornale.

- Non lo leggete più? Ne avete abbastanza, è vero? Invece io l'ho letto tutto e lo rileggerò, per imparare come si commettano queste cose spaventose. Eppure io era incapace di fare una cosa simile a Lucia: mi pareva la più bella, la più cara fra le donne. Io n'era innamorato, via, diciamolo, innamorato come una bestia. Non doveva farmelo, quello che m'ha fatto. Sapeva che ero ammalato, doveva risparmiarmi. Sapeva che sono solo, non doveva abbandonarmi....

Egli considerava la stanza deserta, l'inginocchiatoio arrovesciato, il posto della Madonna vuoto, i cassetti del cassettone aperti, e di nuovo gli cadevano le lagrime lungo le gote. Erano lagrime scarse e rare, che gli arrossivano la pelle stirata.

- Che contate di fare, voi, signora Caterina?

Ella si riscosse, lo interrogò, meravigliata.

- Vi chiedevo, che cosa farete voi?

- Niente - pronunziò ella, gravemente.

La parola desolata si allargò nella stanza, e la fece parere immensa nella sua vacuità.

- Niente; è vero. Che s'ha a fare? Niente. Quelli si amano, si sono presi, se ne sono andati, e buonanotte a chi resta. Seguirli? Sarebbe inutile: inutile raggiungerli. Già chi ci va? M'hanno assassinato. Eppure io sono tanto debole, tanto vile, tanto ridicolo, tanto inetto che, malgrado tutto, sento che voglio bene ancora a Lucia. Le voglio bene, non ci è che dire, malgrado la sua malvagità, malgrado il tradimento, malgrado la bugia continua: le voglio bene, perchè gliene voglio, ecco. Sono così legato a lei, così avvinghiato, che la sua mancanza mi farà morire, se questa emottisi non lo fa.

Oh che donna, che donna è mai quella, come vi prende, come vi porta via, come non vi lascia mai più....

Spalancava gli occhi, quasi la vedesse apparire, visione seducente, le tendeva le braccia, le tendeva le labbra, chiamandola, delirando per uno di quei trasporti d'amore che hanno gli ammalati giovani.

- Oh ritornasse per un sol giorno, per un sol momento! Ritornasse per una sola volta, per poi andarsene di nuovo! Oh ritornasse, che le perdonerei! Ritornasse, ritornasse per vedermi morire! Non mi lasciasse morire qui, in questo grande letto gelido, che la mia febbre non riscalda, in questa larga camera, dove ho paura di stare solo!

Vaneggiava. Frugò di nuovo sotto il cuscino, ne cavò una lettera e un involtino di carta.

- ... sentite, m'ha mandato questo, insieme alla lettera. Sono gli anelli nuziali. Ecco quello che io le detti, ecco quello che voi deste ad Andrea. Credete voi che essa ritorni, mai?

- No - disse Caterina, rizzandosi in piedi - essi non ritorneranno mai più.

E preso l'anello suo se ne andò, mentre Alberto vaneggiava ancora.

- .... almeno avesse mentito un po'di più, almeno avesse aspettata la mia morte! Non doveva aspettare tanto, la sciagurata...

IV.

Nella notte, nella sua camera oscura, seduta accanto al letto, Caterina pensava. Era rientrata in casa, senza parlare a nessuno: nessuno le aveva detto nulla, poiché tutti sapevano. La casa era in ordine, composta, fredda e silenziosa: sul tavolino era ancora il biglietto che ella aveva scritto a suo marito, per scusarsi di escire sola.

Lo lacerò e gettò i pezzettini nello stracciacarte. Giulietta che la seguiva a passi lenti, cercando sempre di dirle qualche parola di consolazione, fu licenziata da lei come ogni sera, con un saluto breve. La cameriera disse al cuoco e al cocchiere che la signora non aveva versato una lagrima, ma che aveva una faccia brutta assai. In fondo la compativano, ma era una cosa preveduta, tutti loro lo sapevano, da Centurano: bisognava essere ciechi per non averlo visto. Poi il conciliabolo si disciolse, e un profondo silenzio avvolse la casa.

Caterina, in camera sua, aveva smorzato il lume, ma non si era spogliata. Aveva un insistente bisogno di ombra in cui chinare la faccia e pensare. Malgrado l'oscurità, vedeva il biancore del letto, che le faceva spavento. Se ne stava seduta, l'una mano sull'altra, posando la punta delle dita sull'anulare, dove due anelli erano infilati. Ogni tanto, quando le arrivava la sensazione di quel secondo anello, sussultava e gemeva in se stessa.

Così ricordava tutto il passato. La sua vita, uniforme e pacata, le si svolgeva dinanzi con una nettezza di particolari come se la rivivesse. Aveva avuto la mamma sino a sette anni, il papà sino a nove, era stata con sua zia sino a undici anni. Una infanzia tranquilla, salvo il dolore indistinto, informe, di quelle due morti, un dolore senza gridi e senza pianti. Si era sempre vergognata di piangere, quando la gente la vedeva: aveva pianto per i morti, di notte, nel suo letticciuolo di bimba, tirandosi il lenzuolo sulla testa. Dopo, in casa di sua zia, aveva avuto una grande malattia, molto complicata, molto pericolosa, tutto lo sfogo di quelle malattie che l'infanzia deve avere. Si ricordava che le avevan fatto fare la prima comunione in fretta e in furia, temendo che morisse. Ella non aveva capito nulla e non aveva provato una forte impressione: così da quella prima volta le era rimasta una pietà religiosa molto calma, senza entusiasmi mistici, ma rigorosa come per lei erano rigorosi tutti i suoi doveri.

Quando s'era guarita, la zia l'aveva posta in collegio, il primo di Napoli, e le aveva amministrato la sua dote. Era una zia fredda e onesta, senza figliuoli, che non si effondeva in espansioni, ma veniva puntualmente il giovedì al parlatorio, e la domenica se la portava fuori, al passeggio, al teatro diurno. Caterina si ricordava di quel primo anno di collegio, dove si trovava meglio che in casa sua, dove si abbandonava al piacere interiore, tutto quieto, di starsene fra le altre fanciulle, senza giuocare, ma vedendole giuocare, senza parlare, ma udendole parlare. Invero lo studio era un po'duro per lei, ed ella doveva applicarsi molto per imparare; le maestre della prima classe le davano sempre il massimo dei punti per la condotta, ma punti mediocri per lo studio. Non era stata mai in castigo quel primo anno, e all'esame finale, fra ventotto, era stata la quindicesima: aveva avuto una medaglia d'argento per la buona condotta.

A questo punto cominciava il dualismo nella sua vita di collegio, poiché appariva Lucia, che aveva trovata nella seconda classe. Alunna meravigliosa che superava tutte le altre, fanciulla sottile, magra, dalle lunghe trecce nere che le pendevano sulle spalle, che passava due giorni in iscuola e i tre giorni all'infermeria, che era la carità della maestra insegnante, la carità della maestra assistente, la carità di tutte le sue compagne. Era una bambina malaticcia e pensierosa, i cui grandi occhioni pareva divorassero tutto il viso, che riusciva a tutto, senza aprire i libri. Molte fanciulle ambivano di avere la sua amicizia, ma un giorno ella, con la sua voce esile, aveva detto a Caterina:

- M'han detto che non avete nè mamma ne babbo: anche a me è morta la mamma e porto questa fascia nera al braccio, pel suo lutto. Volete essere amica mia?

D'un tratto - si ricordava Caterina - ella si era messa ad amare col suo piccolo cuore, ma con tutte le sue forze, questa creatura malinconica e snella come un giunco, che non giuocava mai e parlava come una donnina di quindici anni, quando ne aveva undici. Si ricordava tutto questo amore infantile, fatto forte dalla convivenza. Nelle ore di ricreazione avevano passeggiato pei corridoi, tenendosi per mano senza parlare, andando su e giù, come le altre andavano: nelle ore di scuola s'erano sedute nello stesso banco, daccanto, prestandosi la penna, il pezzetto di carta, il lapis: a tavola sedevano dirimpetto, si guardavano, e Caterina passava la sua parte di dolce a Lucia, che mangiava solo quello: in cappella, pregavano daccanto: nel dormitorio erano poco lontane. In verità, per ingegno, per bellezza, per statura, Lucia era superiore a Caterina, e Caterina aveva riconosciuto tacitamente tutto questo. Anche nel collegio lo riconoscevano. In collegio distinguevano le coppie di amiche così: una che amava e l'altra che si lasciava amare. Quella che si lasciava amare era la bellezza; quella che amava era la capezza, le redini dell'asino, qualche cosa di umile, di devoto, di paziente, di servile. La bellezza aveva tutti i diritti; la capezza nessun diritto e tutti i doveri. Le si permetteva di amare, ecco tutto. Nella coppia Altimare e Spaccapietra, Lucia era la bellezza e Caterina la capezza.

Infatti ella si ricordava di essere andata varie volte in castigo per lei, o per averla seguita, quasi trascinata, in una capricciosa fantasia, o per averla difesa contro la maestra, o per averle fatti i compiti di aritmetica, troppo gravi per la testolina poetica di Lucia. Lucia piangeva, si disperava, cadeva in deliquio, quando Caterina era punita per colpa sua; e Caterina finiva per consolarla, per dirle che non era nulla, per pregarla di smettere, che lei in castigo ci andava volentieri. In verità, Lucia era una creatura profondamente affettuosa, espansiva sino all'entusiasmo, i cui baci avevano qualche cosa di frenetico, che offriva sempre il proprio sacrificio all'amicizia: Caterina, che non trovava parole per esprimersi, il cui affetto era tranquillo e muto, che non poteva entusiasmarsi mai e che non era mai svenuta, si vergognava talvolta di amar poco. In tutto, Lucia la superava.

Così erano passate di classe in classe, Caterina sempre fra le mediocri, prendendo qualche medaglia di bronzo, qualche menzione onorevole, non suonando mai alle premiazioni, alunna incolore, apprezzata poco dai professori, ma non trattata male. Non aveva neppure nulla d'interessante nel carattere, come Artemisia Minichini, che era insolente e scettica, come Giovanna Casacalenda, che era civetta e provocante: la direttrice non la sorvegliava neppure. Il maggiore suo pregio era l'amicizia per Lucia. Non la si conosceva per altro. - Dov'è Altimare? - Spaccapietra, dicci dov'è Altimare. - Come sta Altimare? - Spaccapietra, tu devi sapere come sta Altimare.

Invece Lucia faceva ogni anno un esame brillantissimo, prendeva la medaglia d'oro per la composizione, recitava nelle commediole delle premiazioni, scriveva gli indirizzi di congratulazione per l'onomastico della direttrice. I compiti suoi facevano impressione: una volta se ne lesse uno, davanti a tre classi riunite. Ma quello che più spiccava, era il suo strano carattere, che destava la curiosità dell'intero collegio. I suoi accessi di misticismo, le sue malinconie profonde, i suoi pianti negli angoli oscuri del collegio, la sua passione pei fiori, le sue nausee all'ora del refettorio, le sue convulsioni nervose, tenevano sempre desta l'attenzione del collegio. Quando ella passava, alta, sottile, gli occhi pensosi e vaganti, le braccia prosciolte, le alunne si voltavano, se la indicavano, ne parlavano sottovoce.

La direttrice la sorvegliava, Cherubina Friscia aveva speciali istruzioni che riguardavano Lucia Altimare, i professori la tenevano d'occhio. Al parlatorio le altre fanciulle la indicavano, pian piano, alle loro madri come un tipo strano. Ella lo sapeva; e girava occhiate languide e aveva i movimenti belli e malinconici della testa. In verità, il suo carattere era la sofferenza: sofferenza lenta, continua, assidua, che l'abbatteva per settimane intiere e poi la gettava in certe crisi dolorose che facevano pietà. Oh, Caterina ne aveva sempre avuto una compassione profonda che non sapeva troppo manifestare, ma che non era per questo meno sincera, meno intensa!

Poi, l'ultimo anno era stato agitato; era una meraviglia se Caterina, in mezzo a quelle fanciulle, che fremevano di andarsene, che anelavano di vivere, che avevano già gli innamorati, i fidanzati, i mariti, gli amanti in prospettiva, che odiavano il collegio, che s'impazientivano alle lezioni, che rispondevano impertinenze alle maestre, era una meraviglia che ella avesse conservata la sua tranquillità. Sua zia le aveva detto che Andrea Lieti sarebbe stato suo marito, ella era tranquilla sul proprio avvenire. Invece era inquieta sempre per Lucia, che in quest'ultimo anno era stata sempre più malaticcia, che aveva fatto innamorare Galimberti, che aveva deciso di farsi monaca, che aveva tentato di suicidarsi - Caterina l'aveva salvata.

E infine, come un sogno, nella memoria ricompariva l'ultima notte del collegio, in cui erano andate nella cappella, si erano inginocchiate e avevano giurato, innanzi alla Madonna, di amarsi sempre.

Scompariva Lucia, entrava Andrea in iscena. Andrea era stato buono e amabile con Caterina, nel tempo che le faceva la corte. Si era cominciato come per un matrimonio di convenienza, perchè il giovanotto voleva ammogliarsi e la dote gli conveniva, perchè la fanciulla, senza parenti, doveva maritarsi e guadagnava moltissimo, sposando Andrea; subito i due fidanzati si erano intesi perfettamente. Andrea aveva un temperamento forte, violento alle volte, scoppiante in certi sfoghi furiosi di collera; ma il temperamento di lei, mite e tranquillo, era fatto per calmarlo. Egli non le aveva scritto lettere nè donato fiori, nè era venuto più di due o tre volte alla settimana, nel tempo in cui erano fidanzati; ma Caterina non aveva sentito la mancanza di queste forme dell'amore. Essa trovava l'amore negli occhi onesti e allegri di Andrea, che si posavano su lei così vividi. Subito si era messa ad ammirarlo per la sua bellezza erculea, per la sua salute fiorente, per la sua vigorìa, per la sua grazia di atleta signorile che sta bene in giacca e in marsina.

Subito subito, si era messa ad amarlo, perchè lo trovava buono, perchè lo trovava onesto, perchè lo trovava giusto. Quel gagliardo che in certi momenti diventava un bambino, che in certi momenti trovava delicatezze femminili, la commuoveva. Come sempre, per difetto di forma, per timidità, ella non trovava il modo di manifestare questa commozione.

Anche dopo, nel matrimonio, essa era stata sempre un po'riservata, facendosi piccola piccola innanzi a suo marito, non trovando frasi o pensieri eleganti o idee poetiche, per dirgli che gli voleva bene. Ma forse egli doveva intenderlo, perchè ella, dalla mattina alla sera, si occupava del suo benessere, della casa, del pranzo, prevedendo quello che egli desiderava, facendogli trovare il salotto fresco in estate, la camera calda in inverno, la vivanda che preferiva, e la moglie sempre elegante, sempre serena, sempre sorridente. No, ella non sapeva dirgli quanta felicità dilatasse il suo piccolo cuore quando Andrea la sollevava sul suo largo petto, la baciava sul collo, e la chiamava Ninì; ma ogni giorno ella gli provava la sua riconoscenza, non pensando che a lui, non occupandosi che di lui. Ella non gli diceva che nei giorni di caccia, quando restava sola, si annoiava lungamente, pensando sempre a lui che era lontano: al ritorno, egli era così felicemente stanco, così allegro, che ella non gli parlava di quelle ore solitarie. Se si dividevano per otto o dieci giorni, ella gli scriveva ogni giorno, ma brevemente, sugli andamenti della casa, su chi era venuto. Ella non sapeva far fiorire le sue lettere: cominciava caro Andrea e finiva, la tua affezionatissima moglie Caterina. Internamente ella si doleva un poco di questa sua timidità e pensava talvolta di essere molto stupida. Già quel povero Galimberti glielo aveva detto, una volta:

- Spaccapietra, voi mancate assolutamente di fantasia.

Allora ella, per rincorarsi, pensava che Andrea doveva intenderlo quanto essa gli volesse bene, da tutte le azioni della sua vita, senza che ella glielo dicesse. Per fortuna, Andrea era un carattere aperto, franco, non gli piacevano le smorfie, non si sdilinquiva in frasi, sapeva amare robustamente, senza chiedere ogni momento alla moglie, nella luna di miele:

- Mi vuoi bene?

Tanto, ella non sapeva rispondere che questo:

- Sì.

Di nuovo veniva in campo Lucia, più bella, più nervosa, più sofferente, più fantastica. Si trovavano di fronte, nella sua vita, Lucia e Andrea. Oh si ricordava, si ricordava quanto aveva sofferto tacitamente per il dissidio profondo, per l'antipatia reciproca, che esisteva fra questi due esseri che amava. Il suo cuore era combattuto, in una segreta battaglia, fra l'amore per Andrea che trovava odiosa Lucia, e l'amore per Lucia che disprezzava Andrea. Ella non osava convincere ne l'uno ne l'altro: nè sapeva dividersi. Voleva bene ad ambedue, non egualmente, ma diversamente. Quando essi si avvicinarono e l'antipatia scomparve e nacque la cordialità, ella inneggiò nel suo cuore a questo miracolo, che aveva desiderato con tutte le sue forze. Non poteva esprimere nè all'uno nè all'altro quanto di più li amasse, perchè avevano voluto essere amici - ma tutto un anno ella aveva cercato di dimostrare loro la sua gratitudine. Era vissuta fra loro due, per loro due, pensando sempre al modo di render loro gradevole la vita, preoccupandosi del loro spirito e del loro corpo, non avendo in mente che il benessere di queste due persone, in cui si riassumeva la sua vita.

Così aveva vissuto Caterina Lieti, così la vita intiera le si svolgeva dinanzi, come una rappresentazione a cui assistesse, in quella notte d'inverno. I suoi ricordi erano chiari e precisi, come era stata chiara e precisa la sua esistenza. Ma con una pazienza tranquilla, ficcando gli occhi nel buio, volendo discernere meglio, ella ricercò qualche altro incidente, qualche cosa di singolare, di eccezionale che non rassomigliasse a quanto aveva ricordato sin'allora. Non vi era stato nulla, proprio nulla? Due volte rifece questo esame: non trovò niente. La sua coscienza era stata calma, tutta eguale, uniforme, riassunta in due costanti ed efficaci amori: Andrea, Lucia.

Ebbene, ora intendeva tutto. La scienza della vita era arrivata di un colpo solo, ma aveva subito scacciato la ingenuità e la fede del suo cuore. La sua intelligenza si era aperta alla lezione violenta e selvaggia, applicata come una martellata. Si sentiva un'altra donna, fatta più grande, più solida, col giudizio acuto e freddo, con l'occhio indagatore e la coscienza implacabile. Non trovava più in sé nè indulgenza, nè pietà, nè illusione, nè bontà, ma trovava una giustizia inflessibile che esaminava persone, cose, avvenimenti.

Ora intendeva tutto. La personalità di Lucia invadeva la vita intorno: Lucia protagonista, Lucia sovrana. Questa personalità saliva all'orizzonte, profilandosi nettamente, in un contorno rilevato, come scolpito, senza sfumature, senza nebulosità, senza illusioni ottiche, crudele nella sua verità. Invano Caterina chiudeva gli occhi abbarbagliati, per non vedere questa verità: la verità le filtrava attraverso le palpebre, come un raggio di sole. Questa figura così grande e così sviluppata attirava a sé tutte le altre, le affascinava, le seduceva, se le pigliava, se le incorporava - e giù, nel basso, non restavano che certe ombre piccole e dolenti, che si agitavano, facendo gesti vaghi e disperati, in una nebbia bigia. Lucia sovraneggiava, bella e feroce, senza chinare gli occhi su quelli che si torcevano le braccia, senza ascoltarne i gemiti, gli occhi socchiusi per non vedere, le orecchie insensibili: contemplando sé, adorando sé, idoleggiando sé.

Era dunque una creatura mostruosa, uno spirito guasto dall'infanzia, un egoismo che si gonfiava, si gonfiava, e assumeva la faccia bella e crudele della fantasia. Al fondo, il cuore freddo e arido, senza un palpito di entusiasmo, per nulla: e alla superficie una immaginazione pomposa, che ingrandiva ogni sensazione e ogni impressione. Dentro, nel cuore, la mancanza completa del sentimento: all'esterno tutte le forme del sentimentalismo. Dentro l'indifferenza per ogni essere umano; e fuori, il vaneggiamento sulle nobili utopie dell'umanità, le aspirazioni fluttuanti intorno a un ideale incerto. Dentro, la pietra pomice che non si ammollisce, che non si commuove, che rimane dura, spugnosa e irta; e fuori, la dolcezza della voce e la soavità della parola. E l'artificio così profondamente radicato nell'anima, da sembrare natura; l'artificio così completo, che di notte, solo, dinanzi a se stesso, trova modo di ingannare se stesso e di credersi veramente innamorato, veramente infelice; l'artificio così diventato carattere, temperamento, sangue, nervi, da avere la profonda convinzione della propria bontà, della propria virtù, della propria eccellenza.

La figura si ergeva sempre più, rivelando cinicamente la falsità del suo carattere, mostrando la menzogna incastrata in tutte le sue linee. Dare la fantasia per errore, la fantasia per sentimento, la fantasia per amore, la fantasia per amicizia, la fantasia per dolore: non avere altro che fantasia smagliante, rovente e darla in cambio delle più soavi e placide cose. Fantasticare su Dio, fantasticare sulla Madonna, fantasticare sul mondo, fantasticare sull'affetto, fantasticare sempre; e mettere la falsità del sogno, nella realtà della vita. Avere la scienza della fantasia che rende provocante l'occhio, voluttuosa la voce, affascinante il sorriso, irresistibile il bacio; avere il gusto fantastico dei contrasti, stuzzicare i propri nervi col tormento altrui, creare il dramma per progetto, artificiale per sé, reale e terribile per gli altri. Così Lucia.

Questo mostro sorridente e piangente, dalle lagrime commoventi, dalla voce incantatrice, dalle flessuosità innamoranti, dalla poesia ammaliatrice della parola; questo egoismo profondo e femminile, aveva preso per sé tutto quanto aveva d'attorno. Caterina l'aveva compatita e amata, Galimberti l'aveva amata e compatita, Alberto l'aveva amata, Andrea l'aveva amata. Ella si era posta in mezzo a loro e ne aveva succhiato tutto l'amore. Al languore del suo volto, tutti avevano languito; ai suoi mistici abbattimenti, tutti avevano sofferto; alla sua passione posticcia, tutti s'erano bruciati profondamente nella carne. Il suo egoismo si era ingrassato di sacrifizi e di abnegazione: e con tutto questo, coloro che l'amavano, l'amavano sempre più. Chi aveva provato di avvicinarsi a lei, era stato attirato e assorbito. Coloro che essa prendeva, non li liberava più. Le anime s'incorporavano in lei, pensavano quello che essa voleva pensassero, fantasticavano le sue fantasie, sognavano i suoi sogni, trasalivano ai suoi sussulti. I corpi si attaccavano a lei, invincibilmente, senza scampo, ricevendo da lei la salute, da lei il morbo.

E per l'ingrandimento di questo egoismo altissimo, per la sua gloria, per il suo trionfo, per l'apoteosi di questo egoismo, Caterina vedeva l'infelicità di quanti avevano circondato Lucia: la sorte di Galimberti che moriva pazzo al manicomio, la miseria della madre e della sorella affamate e desolate, l'agonia disonorata e lugubre di Alberto abbandonato, il disonore di suo padre e del suo nome, la rovina di Andrea che lasciava casa, moglie, patria, per vivere accanto a Lucia una vita disperata - e infine l'ultima vittima, la più innocente, Caterina, a cui Lucia aveva tolto quanto aveva.

Tutto questo era irreparabile. Orribili le agonie dei morenti che chiamavano Lucia ancora e l'amavano: orribile la vita dei superstiti che la odiavano, la maledicevano, e l'amavano. Irreparabile quello che finiva, irreparabile quello che durava. Lucia assurgeva, troneggiante, gloriosa, sfacciata, formidabile, gittando l'ombra del suo egoismo immane sulla terra, ombreggiando col suo immane egoismo il cielo.

. . . .

L'alba spuntava bigia, livida, gelata. Caterina era ancora là, intirizzita sulla sua sedia, stringendo con le dita irrigidite l'anello nuziale restituito. Quando, alla luce scialba, vide il letto bianco, teso e freddo, ebbe un grido di terrore, un grido straziante, che non pareva umano. Si buttò a braccia aperte dove Andrea dormiva sempre - e pianse su quella tomba.

V.

- Sarebbe meglio se vi metteste a letto, signora - disse pietosamente Giulietta - non vi siete neppure spogliata.

- Non avevo sonno - rispose semplicemente Caterina.

- Volete da colazione?

- No.

- Vi porto almeno il caffè

- Portami il caffè.

Le lagrime erano finite, ma gli occhi le abbruciavano vivamente. Passò nello spogliatoio e se li lavò con l'acqua fresca. Anzi immerse tutta la testa nella catinella, provando un grande refrigerio in quella impressione di freschezza. Giulietta, col caffè, la trovò ancora a prendere quel bagno.

- È venuta la cameriera del signor Sanna. Il povero signore ha farneticato tutta la notte: questa mattina, in salute vostra, ha buttato un'altra volta il sangue. Dice la cameriera che è uno spettacolo da piangere. Come ha potuto succedere, Madonna mia, questo brutto fatto!

Caterina le alzò in volto gli occhi freddi e severi e la guardò. Giulietta, intimidita, tacque.

In cucina, poi, essa disse al servitore, al cocchiere e al cuoco:

- La signora è femmina, come ce ne stanno poche. Vedrete che sopporterà questa disgrazia con coraggio.

- E che ha da fare? - soggiunse il servitore. - Se stava bene il signor Sanna, era ben fatto se fosse andata a stare con lui.

- Sst! - zittì il cuoco - la signora non è femmina da questo. La conosco io, che l'ho in pratica. Non lo farebbe.

- Io dico che il signore non torna più.... - soggiunse, poi, il cuoco. - Ci scherzate? Quella donna Lucia è una femmina fina assai.

Caterina, in camera sua, andava e veniva, riponendo in ordine certi oggetti sparsi, il cappello, lo scialle, aprendo e chiudendo gli armadi: si trattenne qualche tempo ritta innanzi ad essi, passando in rivista gli scaffali della biancheria, contando la roba, come se la volesse catalogare. Si fermava a pensare, ogni tanto, quasi verificasse le cifre che aveva in mente. Questo esame lungo e minuto le fece perdere molto tempo. La roba di suo marito era tutta lì; in un angolo il fucile da caccia, la carniera e la cartucciera. In camera era tutto in ordine. Passò nel salotto, dove la sera prima aveva letto quella lettera. I cassetti della scrivania di suo marito erano aperti, ad uno stava la chiave: li rovistò, carta per carta, lettera per lettera. Erano tutte carte di affari, contratti, donazioni, affitti, fatture, le lettere di amicizia, le lettere che lei, Caterina, gli scriveva quando egli era assente: tutto l'incartamento della Esposizione era là, verbali, rapporti, relazioni, comunicazioni. Ella sfogliò pazientemente questa roba. Lesse tutto, seduta, tenendo il cassetto sulle ginocchia, appoggiando il gomito sulla scrivania, e reggendosi la fronte con la mano. Avvertiva solo un grande stordimento, sentendosi la testa vuota e le orecchie ronzanti. Ma le passava, e ricuperava tutta la lucidità della sua attenzione. Dopo, finita la lettura, impacchettò tutte le lettere, attaccandole con lo spago, riunì in tanti fasci le carte che concernevano gli affari, e vi scrisse, con la sua calligrafia rotonda e chiara, il titolo dell'affare, la data, il nome. Non le tremava la mano, scrivendo, e quando ebbe finita questa lunga faccenda, ripulì la penna sul nettapenne e abbassò il coperchio del calamaio. Ma in fondo al grande cassetto trovò un altro fascio di carte: erano i capitoli matrimoniali, dieci fogli di carta bollata: li lesse tutti, ma li ripose al loro posto, senza scrivervi nulla sopra.

Chiuse i cassetti e riunì la chiave al mazzo delle altre, che serbava in tasca.

- È mezzogiorno - disse Giulietta. - Volete fare colazione o vi volete consumare così?

Ella osava, con la padrona, quell'affettuosa e brusca famigliarità che hanno i servi napoletani, quando vi è una sventura in casa.

- Portami un'altra tazza di caffè.

- Almeno bagnateci una pagnottina dentro. Digiuna non ci potete stare.

Caterina si era seduta sulla poltrona, aspettando che Giulietta le portasse il caffè. Stava così, senza pensare, contando le rose del tappeto, osservando che piegavano una a destra e una a sinistra, cosa a cui non aveva mai badato. Prese l'altro caffè, poi andò a sedersi alla sua scrivanietta, dove conservava tutte le proprie lettere. Queste erano già classificate, per quella costante abitudine di ordine, che l'accompagnava in tutte le sue cose. Ve ne erano di sua zia, di Giuditta, delle sue maestre, di Andrea. Il pacchetto più grosso era quello su cui stava scritto: Lucia. Questo pacchetto era profumato di ambra; ella lo disciolse - e una per una, con un'attenzione tranquilla, rilesse quei fogli di carta velina, scritti di traverso, di su, di giù. Non sorrideva, non impallidiva, non le tremavano le mani, non le tremavano le labbra. La lettura fu lunga, tanto che alla fine una stanchezza le apparve sul viso. Richiuse la scrivanietta, ne tirò la chiavettina che andò a raggiungere le altre, in tasca. Le erano rimaste in grembo, disordinate, aperte, fuori delle buste, le lettere di Lucia: raccolse il suo abito come un grembiale, andò a inginocchiarsi presso il caminetto acceso, e una per una, foglio per foglio, le lettere furono bruciate. La carta velina faceva una fiammetta alta e breve, poi si spegneva, riducendosi in una cenerina biancastra ed evanescente. Più forte si sentiva il profumo dell'ambra gialla, a cui si mischiava l'odore della ceralacca liquefatta dei suggelli e il puzzo di bruciaticcio. Ella, inginocchiata, il capo inclinato, sorvegliava il rogo. Quando fu consumato, mischiò quelle ceneri a quelle della legna, e si rialzò, ripulendosi macchinalmente la veste alle ginocchia.

La cassa forte, in ferro, era là, accanto al camino. Come la scrivania, Andrea l'aveva lasciata aperta e con la chiave vicino. Ella aperse addirittura e passò in rivista quello che vi era. Andrea aveva portato via centomila lire in cuponi di rendita al latore e in azioni della Banca Nazionale. Rimanevano i titoli intestati, quelli della dote di Caterina, e un fascio di altre azioni. Vi era in un cantuccio gli astucci dei gioielli di Caterina. Ella contò il denaro, classificò le gemme, e sopra un pezzetto di carta scrisse quelle cifre; lasciò quella noticina nella scrivania; prese dalla moneta spicciola una carta da dieci lire, la ripose nel suo piccolo portamonete di bulgaro, e chiuse la cassa forte. Così l'ordine di quello scrittoio era completo. Ella si riposò sopra una poltroncina, presa dalla stanchezza.

Ma un nuovo impulso di volontà la fece alzare: passò in un altro salotto, poi nel salone, di cui spalancò le finestre. La giornata splendida di dicembre entrò col suo cielo di un azzurro profondo, col suo bagliore di sole, con la sua aria tiepida. Caterina non aveva nulla da fare nel salone: solo, passando accanto a un balcone, accomodò armoniosamente le pieghe di una cortina; portò da una mensola all'altra due coppe di Murano, e si allontanò un momento, per giudicarne l'effetto. Come ebbe guardato tutto, con la gaia luce che illuminava il mobiglio di broccato grigio-perla a fiori rosso-corallo, i cristalli, le statuine, i gingilli delle mensole, essa richiuse le finestre, ribattè le imposte, e lasciò dietro di sé il salone e il salotto giallo immersi nell'oscurità.

Quando fu nella stanza da pranzo, Giulietta accorse, credendo che Caterina volesse prendere qualche cosa. Invece Caterina considerava le grandi credenze, calcolando mentalmente:

- Dal servizio di Baccarat, quanti bicchieri mancano, Giulietta?

- Manca uno di quei grandi per l'acqua e uno col peduccio, pel vino di Francia.

- Va bene: e di questo qui di Boemia?

- Uno solo: ma fu Monzù, con una gomitata, che lo buttò in aria.

- Capisco. Credo che vi sia una forchetta coi rebbi storti.

- Sì, signorina.

- Va bene; potete andare. Oggi ci è da stirare, mi sembra.

Giulietta se ne andò, tutta consolata. Poiché la signorina aveva il tempo e la voglia di occuparsi così minutamente della casa, è segno che si era già persuasa della disgrazia. E quando gli uomini sono birboni, perchè prendersi tanta collera? Il signore, prima, era buono, poi si era fatto tutt'altro. Giulietta, innanzi a un grande tavolone dove aveva ammucchiata la biancheria, prendeva col cavo della mano dell'acqua, da una scodella e la spruzzava sui panni di bucato. Accanto a lei passò lentamente Caterina, si fermò un istante.

- Badate ai petti delle camicie, Giulietta. La settimana scorsa due erano abbronzati.

- Dipende che feci troppo riscaldare il ferro. Oggi starò attenta.

Caterina entrò in cucina. Monzù, che chiacchierava vivamente con Gaspare il servitore, si tacque. Ella girò intorno il suo sguardo freddo e indagatore, lo sguardo della padrona severa, ma giusta.

- Monzù, raccomandate al garzone di far arrivare l'acqua negli angoli, quando lava. Pulire solo in mezzo non serve a nulla.

- Gliel'ho detto tante volte a quel garzone, ma signora mia, è uno scansafatiche. Quando viene oggi, lo sgriderò.

- I conti sono in regola, Monzù?

- Dovremmo farli lunedì, dopodomani.

- Facciamoli oggi.

E sopra un angolo della tavola, nel gran libro di servizio, legato in pelle rossa, Caterina fece i conti con Monzù. Gli rimaneva il denaro per un'altra settimana almeno.

- Debbo preparare per la signora sola? - chiese lui.

- Non preparate per me, oggi. Io pranzo fuori. Pensate ai servi.

Girando sui tacchi, se ne andò. Il cuoco rivolse uno sguardo trionfante al servitore: egli lo sapeva che la signora era femmina di coraggio e che non si sarebbe disperata.

Caterina rientrò in camera, guardò l'orologio. Erano circa le tre: non aveva che il tempo di vestirsi. Cavò fuori il suo abito di casimiro nero e la pelliccia. Lentamente, portando alla sua acconciatura le cure più minuziose, si rivestì da capo a piedi. Aveva già stretto i capelli alla nuca, in un grosso nodo, tenuto fermo dal pettine biondo di tartaruga. Si guardò bene nello specchio. Era un po'pallida, con due striscie rosse sotto gli occhi: del resto aveva la sua fisonomia abituale. Prese il fazzoletto, il portamonete, e se li mise in tasca: calzandosi i guanti neri, chiamò Giulietta.

- Fate attaccare - disse. Aspettò in camera l'avviso che la carrozza era pronta. Non aveva dimenticato nulla? No, nulla. La casa era assestata da cima a fondo, nulla che trascinasse, nulla che non fosse al suo posto: tutto chiuso, le chiavi passate nell'anello. Vediamo, si era scordata di niente? No. Si palpò nella tasca per sentire se vi era un oggetto che le serviva, e lo sentì sotto le dita. Non aveva scordato nulla. Aspettava, senza impazienza: aveva il tempo, poiché s'era vestita presto, al suo solito.

Quando Giulietta ritornò, ella si alzò, si fece aiutare a mettere la pelliccia nera e, passandole innanzi:

- Giulietta, io vado a Centurano per affari.

- Ma a Centurano non vi è che Matteo!

- Basterà: voi state attenta qui.

- Non potrei venire io?

- Io rimarrò a Centurano una notte sola.

- Allora ritornate domani?

- Naturalmente. A rivederci, Giulietta.

- La Madonna vi accompagni, signorina. Non dubitate, che qui tutto andrà bene.

L'accompagnò sino alla scala. Caterina se ne andava, senza guardarsi attorno, col suo passo eguale, con la veletta calata sugli occhi.

- La Madonna vi accompagni e fate buon viaggio e presto ritorno.

- A rivederci, Giulietta.

Quella lì però s'era messa alla finestra dell'anticamera, che dava sul cortile. Caterina montò in carrozza, non voltò il capo, e disse al cocchiere:

- Alla stazione, alla partenza.

Per la via di Foria incontrò in una daumont Giovanna Casacalenda, con suo marito, il commendatore Gabrielli. Giovanna si ergeva, bella, con gli occhi fieramente voluttuosi sotto la falda nera e piumata del suo cappellone Rubens: il commendatore aveva la sua aria composta di vecchio, la collana di barba ben disegnata dal barbiere, il suo sguardo obliquo dietro gli occhiali d'oro, e il moto stirato del labbro, la sua convulsione apoplettica. Marito e moglie non si parlavano, non si guardavano. Dietro, sul carrozzino alto ed elegante, dalle ruote coi raggi sottili, Roberto Gentile, nel suo pomposo costume di cavalleria, guidava, superbo, inarcando la gamba, sviluppando il torace. Egli guidava, seguendo la daumont, senza che Giovanna Casacalenda fingesse di accorgersene, mentre il commendatore Gabrielli serbava il suo contegno di marito posato e sicuro. Giovanna salutò sorridendo Caterina, il marito fece una scappellata. Era evidente che le amiche non sapevano ancora nulla.

Nel vagone di prima classe dove viaggiava questa piccola signora, sola, vestita di nero, chiusa nella pelliccia, con le mani finemente inguantate di capretto, non vi era che una coppia di viaggiatori tedeschi, marito e moglie, o fratello e sorella, o zio e nipote, o padre e figlia, da non potersi distinguere, tanto erano biondi di capelli, rossi in viso, rassomiglianti e senza età. Erano pieni di scialli, di coperte, di sacchetti, di Baedeker, e parlottavano continuamente, sogguardando ogni tanto la piccola signora che, seduta nell'angolo, guardava la campagna napoletana nel tramonto invernale. Quando si giunse a Caserta, la giovine donnina, traversò il vagone, chinando il capo a un saluto, e discese; i due viaggiatori dettero un sospiro di sollievo.

- Alza il mantice e portami a Centurano - disse ella al cocchiere, salendo in una carrozzella da nolo.

Soltanto, dinanzi al palazzo reale, solenne, silenzioso, tutto chiuso, quasi diventato pallido nella solitudine onde era stato colto di nuovo, ella si chinò a contemplarlo, vedendo sotto l'arco del grande portone una distesa di parco, e lontano lontano un nastro bianco che era la cascata. Ma subito si rigettò indietro e non cavò più fuori la testa per tutta la via. Cresceva il crepuscolo invernale, breve, intenso: una brezza freschissima passava sui campi seminati e fra gli alberi nudi.

Le ville di Centurano erano quasi tutte chiuse, salvo due o tre, dove i proprietarii abitavano di estate e di inverno. Le case dei coloni erano solamente illuminate. La sera veniva, d'un colpo solo. Matteo, che fumava la sua pipa, appoggiato all'arco del portone, non riconobbe Caterina che quando costei ebbe pagato il cocchiere e che costui voltò per andarsene dopo aver augurato la santa notte....

- O signorina.... o signorina.... - balbettava Matteo, tutto confuso, nascondendo dietro il dorso la sua pipa.

- Buona sera, Matteo. È aperto su?

- Ho qui le chiavi, signorina.

- Si può passarvi una notte?

- Certamente, signorina. È sempre tutto pronto, letti rifatti, stanze spazzate.

Preso un lume a olio dalla sua stanza a terreno, egli l'accompagnò per le scale, facendo tintinnare le chiavi.

- E il signore, arriverà fra poco?

- No, il signore non viene. Basterò io.

- Gli volevo far vedere come stavano bene Diana e Fox: ingrassano tanto, non hanno nulla da fare.

- Glielo dirò io, domani.

- Rimanete sola questa notte, signorina?

- Sola: ho da ritrovare certe carte interessanti e non potevo mandare nessuno.

- Ma per il pranzo, signorina? Se vi adattate, quattro vermicelli al sugo di pomidoro e una frittata, Carmela la sa fare. Non è roba per voi, certamente, ma per una sera solamente....

- Ho pranzato a Napoli. Non mi serve nulla.

Malgrado le cure di Matteo, l'appartamento del primo piano aveva l'aspetto triste, l'aria fredda delle case disabitate. Ella rabbrividì, entrando nel salotto, dove aveva passata quasi tutta la sua vita di villeggiatura.

- Ora facciamo un po'di fuoco nel caminetto.

E mentre, inginocchiato, egli soffiava sotto le legna, ella si toglieva i guanti, li stirava, li posava sul tavolino.

- Scusate, signorina, come sta la signora donna Lucia?

- Sta bene.

- Meno male: povera figlia, stava sempre così malatuccia. Con quel marito che non aveva un tornese di salute! E il signor don Alberto, come sta?

- Sta male.

- La cattiva stagione, eh! Ma quando il Signore ci vuole, non si può disubbidire.

- È vero, Matteo. Dunque, in casa tutto è in ordine?

- Tutto, signorina mia. Come mi avete detto di fare, così ho fatto. La stanza della signora donna Lucia sta tale e quale. Volete vederla?

- Vediamola.

Matteo col lume, lei dietro, visitarono quella stanza: ella si trattenne sulla soglia, provando di nuovo quella sensazione di freddo.

- Ogni mattina apro e ci faccio entrare il sole. Carmela spazza, io spolvero. Vedete, vedete, signorina, che polvere non ce n'è. Ditelo al signore.

- Sì, glielo dirò. Chiudete la camera, Matteo. Andiamo nella mia.

Vi andarono: lì dentro ella si mise a battere i denti.

- Accendiamo il fuoco anche qui, signorina?

- Sì, accendetelo: ci vuole anche un altro lume. Smise la sua pelliccia e la buttò sul letto. La camera era piena di ombre, che non diradava la scarsa luce della lampada a beccuccio, che usano i contadini. Matteo ritornò con un lume più grande.

Ella si era seduta sul sofà. Matteo rimaneva ritto innanzi a lei, come se dovesse farle un rapporto.

- Dunque ci sono novità? - chiese Caterina comprendendo che Matteo voleva essere interrogato.

- Ci sta che una settimana fa venne un grande vento, e per la dimenticanza di Carmela che aveva lasciato le finestre aperte, si ruppero quattro vetri nella stanza da pranzo.

- Li avete fatti rimettere?

- Sicuramente.

- Li porterete a conto.

- È venuto il parrocchiano, don Claudio, perchè vogliono rifare il tetto della chiesa e contano sulla carità dei fedeli, e dice che voi, signorina, che fate tante elemosine, non vi scorderete della chiesa.

- Che gli avete risposto?

- Che scriva a voi a Napoli.

- Avete fatto bene. E poi?

- E poi il figlio di Mariagrazia è morto.

- Quel bel bambino?

- Gnorsì: Mariagrazia è stata per morirsene anche lei, in salvamento vostro.

- Direte a Mariagrazia che m'è dispiaciuto il suo caso. Che farà lei?

- Andrà a servire a Napoli. Povera femmina! E Peppe Guardico ci è venuto in Napoli?

- Sì: ci è venuto.

- Allora avrà fatto a voi l'ambasciata della pietra del molino, che s'era spaccata. Vi ho detto tutto? Sì.... così mi pare. No.... mi scordavo di meglio. Un giorno, levando la polvere, Carmela ha trovato una carta scritta, sotto l'orologio. Sempre volevo metterla dentro una busta e mandarla a voi, signorina. Poi, siccome io dovevo venire a Napoli, ho detto: gliela porto io. Vado a prenderla?

- Andate - disse ella.

Una lieve espressione di stanchezza si diffondeva di nuovo sul suo volto; le palpebre appesantite si richiudevano, pel bisogno del riposo. Il calore che veniva dal caminetto aveva diradato e vinta quella impressione di freddo. Ella si scosse due o tre volte per vincere quel torpore. Matteo rientrò, portando un foglietto di carta velina, piegato sino a divenire microscopico.

- Siccome nè io nè Carmela sappiamo leggere, ci poteva essere scritta la sorte vostra, che non ne sapremmo niente.

Ella aprì il foglio e lo lesse. Niente apparve sul suo volto. Lo ripose in tasca.

- È un conto di certa roba, che io ho dimenticato. Potete andare a letto, Matteo.

- Non vi serve altro?

- Niente altro.

- Non abbiate paura di nulla, signorina. Io sto abbasso: il campanello arriva nella stanza mia. Se vi serve qualche cosa, chiamate.

- Vi chiamerò, ma non mi servirà niente.

- Domani mattina, a che ora il caffè? Carmela lo sa fare, il caffè.

- Alle nove. Io partirò col treno delle dodici.

- La carrozzella quindi alle undici abbasso al portone.

- Sì.

- Vi serve niente altro, signorina?

- No.

- Volete scrivere, forse?

- Io non ho da scrivere a nessuno.

- Io me ne vado a cena, due foglie d'insalata e un pezzo di formaggio e poi a letto; ma sempre pronto ai servizi di vostra eccellenza. Per caso, vorreste far riscaldare il letto?

- No.

- Non ci sarebbe che da fare un po'di fuoco in cucina.

- No.

- Buonanotte, signorina. Dormite bene.

- Buonanotte, Matteo.

Se ne andò, col suo lume, tirandosi le porte dietro. Ella intese allontanarsi il rumore dei passi e chiudersi l'ultima porta. In quel momento suonavano le otto e mezzo. Si abbandonò sul sofà, gli occhi chiusi, impallidita, come svenuta.

Aveva aspettato due ore intiere, senza alzarsi da divano, immersa in quella specie di stanchezza che le spezzava le membra. Sentiva scoccare i quarti d'ora, contandoli. Il fuoco del caminetto si era lentamente coperto di cenere, ma nella stanza rimaneva un tepore, un fiato caldo. Ella voltava le spalle al lume. Quando sentì suonare le undici, s'alzò in piedi. La vigorìa era ritornata dopo quelle due ore di riposo. Andò presso i vetri, ma non vide nulla. Poi, senza prendere il lume, in punta di piedi, andò nel salotto che aveva una finestra sul cortile. La stanza di Matteo era oscura: sicuramente Matteo dormiva da due ore. Il silenzio profondo premeva sulla casa.

Allora pensò che l'ora era giunta. Ritornò in camera sua, prese il lume, e con precauzioni infinite attraversò la sua stanza, il salotto, la sala di bigliardo, la stanza da pranzo, l'anticamera. Riparava con la mano il lume quasi volesse diminuirne il chiarore: passava nelle stanze, scivolando, come se non camminasse, e la sua piccola ombra nera si proiettava sulle pareti, diventata immensa. Uscì nel pianerottolo, scese due scalini ed entrò nella cucina.

Aveva posato il lume sulla tavola di marmo bianco. Sempre camminando in punta di piedi, traversò la cucina, appoggiò una sedia alla parete, vi salì sopra e staccò dal muro, dove era sospeso fra le casseruole lucide e le forme dei pasticci, il braciere di rame dai piedi di ottone, foggiati a zampe di gatto. Pesava: per poco ella non si arrovesciò indietro. Lo posò a terra vicino al focolare. Poi, chinandosi innanzi all'arco dove si riponeva il carbone, con la paletta, senza raspare, senza far rumore, empì il braciere di grossi e piccoli pezzi di carbone. Si soffiò sulle dita, per toglierne via la polvere di carbone. Ma quando andò a sollevare il braciere, vide che aveva bisogno di tenerlo con le due mani e che non avrebbe mai potuto portare il lume. Lasciò il braciere e riportò il lume in camera sua. Poi ritornò in cucina all'oscuro, a tentoni, Prese il braciere: a ogni porta lo deponeva e chiudeva la porta. Attraversò così tutta la casa, portandosi con sé quel fardello che le stancava le mani. Nel salotto aveva visto un giornale vecchio; lo prese e se lo portò in camera. Chiuse la porta della sua camera a chiave.

Guardandole vicino al lume, si trovò le mani sporche di carbone e se le lavò nella catinella, asciugandole accuratamente. Andò al balcone, come per chiudere le imposte: nella notte cupa brillavano le altissime stelle, e la fontanella della via cantava la sua eterna e fresca canzoncina. Ella preferì lasciare aperte le imposte. Ritornò al caminetto e vi abbruciò la lettera in cui Lucia le chiedeva pietà, annunciandole che partiva - e il biglietto d'amore ad Andrea trovato da Matteo. Mescolò le ceneri, come aveva fatto a Napoli: così non rimaneva più traccia di nulla. Tolse la pelliccia dal letto e la posò sul divano. Doveva fare più nulla? Sì: le chiavi. Le cavò di tasca e le pose sul piano del caminetto, bene in vista. Non doveva fare più altro.

Allora prese una sedia, la trasportò vicino al letto, la pose sotto l'immagine della Madonna, s'inginocchiò sul tappeto, appoggiando il corpo alla sedia, come al collegio. Lì, con la fronte fra le mani, senza guardare l'immagine, pregò. Le labbra si muovevano lentamente ma nessun sibilo usciva da esse. Non piangeva, non singhiozzava, non sospirava neppure. Non si capiva se ripetesse a mente le preghiere solite o se parlasse alla Vergine, dicendole quello che pensava. Era una preghiera muta, lunga, tranquilla: non un sussulto, non un trasalimento, non un brivido. Si segnò due volte, guardò un istante il quadro della Madonna, e si rialzò. Poi mise la sedia al suo posto.

Prese il giornale e lacerò una striscia che piegò a quattro doppi e che mise sotto la porta, otturandone perfettamente la fissura. Con un turaccioletto di carta tappò il buco della serratura, da cui aveva tolta la chiave. Lacerò un'altra striscia e andò a metterla sotto il balcone: otturò il bucherello, dove passava l'acqua piovana. Mise la testa alla chiusura del balcone per sentire se entrava aria: no, le imposte combaciavano perfettamente, non entrava aria. Guardò attorno pensando se potesse entrare aria da qualche altra parte. No.

Tirò il braciere in mezzo alla stanza: con un pezzetto di carta infiammato al lume accese un paio di carboncini. Soffiò sul fuoco, per farlo dilatare. Poi si rialzò, portò il lume presso il letto, sciolse le tendine bianche del letto; stette immobile un istante, come se pensasse. Si voltò al braciere dove l'un carbone accendeva l'altro e il mucchio acceso si dilatava: sentì una pesantezza percettibile alla testa. D'un colpo soffiò sul lume e si coricò sul letto, tirandosi la tendina, stendendosi al posto dove dormiva sempre. . . . .

. . . .

Quel bel sole d'inverno illuminò una camera, dove una nebbiolina avvolgeva tutto. Dietro le tendine bianche era distesa la piccola morta. Vestiva di nero, i piedi distesi e uniti, la testa appoggiata ai cuscini: pareva diventata più piccola, una bambina. La faccia era terrea. Non si erano scomposti i capelli: la bocca schiusa come in cerca d'aria, le labbra violacee, il petto lievemente sollevato, il resto del corpo affondato. Gli occhi di questa piccola morta erano spalancati, ma vitrei, come nella stupefazione di qualche spettacolo incredibile. E intorno alle mani terree, dalle dita violacee, azzurreggiava un rosario di lapislazzuli, per metà spezzato.

FINE.